工程造价管理指南丛书

PPP项目全生命周期咨询业务指南

中国建设工程造价管理协会

中国建筑工业出版社

图书在版编目（CIP）数据

PPP项目全生命周期咨询业务指南/中国建设工程造价管理协会编.—北京：中国建筑工业出版社，2017.12
（工程造价管理指南丛书）
ISBN 978-7-112-21639-0

Ⅰ.①P… Ⅱ.①中… Ⅲ.①政府投资—合作—社会资本—中国—指南 Ⅳ.①F832.48-62 ②F124.7-62

中国版本图书馆CIP数据核字（2017）第304177号

责任编辑：张礼庆　赵晓菲　朱晓瑜
书籍设计：京点制版
责任校对：关　健

工程造价管理指南丛书
PPP项目全生命周期咨询业务指南
中国建设工程造价管理协会

*

中国建筑工业出版社出版、发行（北京海淀三里河路9号）
各地新华书店、建筑书店经销
北京京点图文设计有限公司制版
廊坊市海涛印刷有限公司印刷

*

开本：787×1092毫米　1/16　印张：20½　字数：312千字
2018年4月第一版　2018年4月第一次印刷
定价：65.00元
ISBN 978-7-112-21639-0
（31292）

版权所有　翻印必究
如有印装质量问题，可寄本社退换
（邮政编码 100037）

编审人员名单

主 编 单 位：中国建设工程造价管理协会

　　　　　　四川开元工程项目管理咨询有限公司

　　　　　　众华嘉诚建设项目管理有限公司

参 编 单 位：上海市建纬律师事务所

　　　　　　捷宏润安工程顾问有限公司

　　　　　　北京求实工程管理有限公司

　　　　　　天职（北京）国际工程项目管理有限公司

　　　　　　郑州市轨道交通有限公司

　　　　　　广东中量工程投资咨询有限公司

　　　　　　北京京园诚得信工程管理有限公司

　　　　　　北京金马威工程咨询有限公司

　　　　　　广州菲达建筑咨询有限公司

　　　　　　中国建筑西南设计研究院有限公司

　　　　　　大成工程咨询有限公司

　　　　　　中联造价咨询有限公司

　　　　　　北京润恒国金工程咨询有限公司

　　　　　　北京赋佳慧祥工程造价咨询有限公司

主要起草人： 舒　宇　潘　敏　周云霞　王小宏　曹　珊　张　凯

薛　安　赵仕坤　张大平　鲍立功　范群英　邹雪云

秦凤华　吴虹欧　南文秀　潘艳霞　黄　维　卢晓禹

于　杰　周和生　袁春林　王晓科　黄　琳　杨利利

韩清锋　朱红星　李冬艳　张玉军　刘洪俊　罗　昕

史丽梅　徐小峥　黎　军　付　佳　朱红黎　田　祎

聂秀杰　周帮荣　李金明

主要审查人： 吴佐民　恽其鋆　曹良春　周　霞　倪　健　李海彬

岳秀芬　韩光耀　杨宝昆　马海顺

前　言

随着社会的进步、经济的发展，PPP模式在我国基础设施与公共服务领域的推广方兴未艾，已经成为我国重要的投融资和建设模式之一。面对PPP项目咨询的发展新变化，抓住投资增长和市场化改革的历史发展机遇、顺应市场变革的要求是咨询企业发展的当务之急，为了帮助和指导广大咨询企业顺利开展PPP项目咨询服务工作，使咨询企业成为"项目决策的参与者、项目成本的控制者、项目价值的提升者、项目实施的管理者"，中国建设工程造价管理协会会同有关单位编制完成了《PPP项目全生命周期咨询业务指南》（以下简称"指南"）。

本指南共包含九章和附则，主要内容包括：总则、术语、一般规定、项目立项阶段、项目识别阶段、项目准备阶段、项目采购阶段、项目执行阶段、项目移交阶段、附则。

基于PPP项目表现出多主体性、多阶段性、专业性、复杂性、及系统性，个性化特征和要求明显，且咨询服务工作面向PPP项目的全生命周期，故编制时既要考虑全面性又要兼顾侧重点，难免会有疏漏和不足，欢迎各有关单位和专业人士提出宝贵意见，以便在修订时补充与完善。

本书附则部分提供了PPP相关各阶段咨询的参考模板，以供实操中应用。

目　录

第一章　总　则 …………………………………………………… 001

第二章　术　语 …………………………………………………… 002

第三章　一般规定 ………………………………………………… 005
　一、任务、内容和阶段划分 …………………………………… 005
　二、项目组织与实施 …………………………………………… 006
　三、合同管理 …………………………………………………… 008
　四、信息管理 …………………………………………………… 009
　五、质量管理 …………………………………………………… 010
　六、风险管理 …………………………………………………… 010
　七、档案管理 …………………………………………………… 011

第四章　项目立项阶段 …………………………………………… 013
　一、业务范围和操作流程 ……………………………………… 013
　二、项目建议书 ………………………………………………… 015
　三、项目可行性研究 …………………………………………… 017

第五章　项目识别阶段 …………………………………………… 023
　一、业务范围和操作流程 ……………………………………… 023
　二、项目发起与筛选 …………………………………………… 023
　三、项目尽职调查 ……………………………………………… 026

四、编制项目初步实施方案 ……………………………………… 036
　　五、物有所值评价 ………………………………………………… 037
　　六、财政承受能力论证 …………………………………………… 046

第六章　项目准备阶段 ……………………………………………… 055
　　一、业务范围和操作要求流程 …………………………………… 055
　　二、项目实施方案的编制 ………………………………………… 056
　　三、项目实施方案的评审 ………………………………………… 066

第七章　项目采购阶段 ……………………………………………… 069
　　一、业务范围和操作流程 ………………………………………… 069
　　二、资格预审文件编制和协助资格预审 ………………………… 073
　　三、采购文件编制与评审 ………………………………………… 075
　　四、响应文件的编制 ……………………………………………… 077
　　五、组织采购和响应文件的评审 ………………………………… 077
　　六、协助合同谈判和签署 ………………………………………… 080

第八章　项目执行阶段 ……………………………………………… 082
　　一、业务范围和操作流程 ………………………………………… 082
　　二、协助设立项目公司 …………………………………………… 082
　　三、融资咨询 ……………………………………………………… 084
　　四、设计文件的适配性与经济性评价 …………………………… 085
　　五、项目概算编制及评审 ………………………………………… 086
　　六、项目建设的全过程造价咨询 ………………………………… 088
　　七、项目建设的全过程项目监管 ………………………………… 089
　　八、项目竣工决算编制与审计重点 ……………………………… 090
　　九、项目绩效评价与支付评审 …………………………………… 094
　　十、项目中期评估 ………………………………………………… 104

十一、项目再谈判的相关咨询 ··· 106

第九章 项目移交阶段 ··· 107
 一、业务范围和操作流程 ··· 107
 二、项目移交（终止）方案编制 ··· 107
 三、资产评估及性能测试 ··· 109
 四、项目后评价 ··· 111

附　则 ··· 113
 范本一：PPP 立项阶段咨询文件参考模板 ··· 113
 范本二：PPP 识别阶段咨询文件参考模板 ··· 114
 范本三：PPP 准备阶段咨询文件参考模板 ··· 153
 范本四：PPP 采购阶段咨询文件参考模板 ··· 178
 范本五：PPP 执行阶段咨询文件参考模板 ··· 218
 范本六：PPP 移交阶段咨询文件参考模板 ··· 281
 范本七：PPP 项目咨询服务合同参考模板 ··· 311

参考文献 ··· 316

第一章 总则

1. 为了指导咨询企业开展政府和社会资本合作模式（Public-Private Partnership，简称 PPP 模式）的咨询服务工作，引导咨询企业开展面向 PPP 项目全生命周期的咨询服务，根据《中华人民共和国预算法》《中华人民共和国政府采购法》《中华人民共和国招标投标法》等法律、法规、规章及规范性文件制定本指南。

2. 咨询企业承担 PPP 项目全生命周期咨询服务（简称"PPP 项目咨询"），应树立以价值管理为核心的项目管理理念，发挥价值管理的核心作用；应针对 PPP 项目各个阶段，依据相关规范编制各阶段的成果文件，真实反映各阶段的工作内容；咨询企业应主动配合 PPP 项目各参与方以价值管理为核心开展面向 PPP 项目的全生命周期咨询业务。

3. PPP 项目咨询单位应恪守合法、独立、客观、公正和诚实信用的原则，以勤勉尽责的专业态度提供 PPP 项目咨询服务。

4. 接受委托开展咨询活动应签订书面的咨询合同，明确咨询服务的内容、范围、双方的责权利、服务周期、服务酬金、支付方式、支付时间及成果文件。

5. 本指南可以用于咨询企业协助政府或政府指定的实施机构开展 PPP 项目活动，也可以用于指导协助社会资本方开展 PPP 项目活动。参与咨询的企业以及承担咨询业务的咨询人员均不得接受有利益或利害冲突的双方或多方委托，进行同一项目、同一阶段、同一内容的咨询业务。

6. 本指南旨在指导 PPP 项目全生命周期的咨询活动，也可以用以指导其中一个或多个阶段的咨询活动。

7. PPP 项目咨询活动及其成果文件应符合国家相关规定。

第二章 术 语

1. 全生命周期（Whole Life Cycle），指从项目前期、设计、融资、建造、运营、维护至移交（终止）的完整周期。

2. 产出说明（Output Specification），指项目建成后项目资产所应达到的经济、技术标准，以及公共产品和服务的交付范围、标准和绩效水平等。

3. 尽职调查（Due Diligence），指咨询企业联合其他相关企业接受政府方或社会资本方的委托，对待调查企业或 PPP 项目的背景、财务、业务或其他专门事项进行客观、公正的调查、研究和核实，并形成书面报告的过程。

4. 物有所值（Value for Money，VFM），指一个组织运用其可利用资源所能获得的长期最大利益。物有所值评价，是国际上普遍采用的一种评价，传统上由政府提供的公共产品和服务是否可运用政府和社会资本合作模式的评估体系，旨在实现公共资源配置利用效率最优化。

5. 公共部门比较值（Public Sector Comparator，PSC），指在全生命周期内，政府采用传统采购模式提供公共产品和服务的全部成本的现值，主要包括建设运营净成本、可转移风险承担成本、自留风险承担成本和竞争性中立调整成本等。

6. 使用者付费（User Charge），指由最终消费用户直接付费购买公共产品和服务。

7. 可行性缺口补助（Viability Gap Funding，VGF），指使用者付费不足以满足社会资本或项目公司成本回收和合理回报，而由政府以财政补贴、股本投入、优惠贷款和其他优惠政策的形式，给予社会资本或项目公司的经济补助。

8. 政府付费（Government Payment），指政府直接付费购买公共产品和服务，主要包括可用性付费（Availability Payment）、使用量付费（Usage Payment）和绩效付费（Performance Payment）。

9. 委托运营（Operations & Maintenance，O&M），指政府将存量公共资产的运营维护职责委托给社会资本或项目公司，社会资本或项目公司不负责用户服务的政府和社会资本合作项目运作方式。政府保留资产所有权，只向社会资本或项目公司支付委托运营费。

10. 管理合同（Management Contract，MC），指政府将存量公共资产的运营、维护及用户服务职责授权给社会资本或项目公司的项目运作方式。政府保留资产所有权，只向社会资本或项目公司支付管理费。管理合同通常作为转让—运营—移交（Transfer–Operate–Transfer，TOT）的过渡方式。

11. 建设—运营—移交（Build–Operate–Transfer，BOT），指由社会资本或项目公司承担新建项目设计、融资、建造、运营、维护和用户服务职责，合同期满后项目资产及相关权利等移交给政府的项目运作方式。

12. 建设—拥有—运营（Build–Own–Operate，BOO），由BOT方式演变而来，二者区别主要是BOO方式下社会资本或项目公司拥有项目所有权，但必须在合同中注明保证公益性的约束条款，一般不涉及项目期满移交。

13. 转让—运营—移交（Transfer–Operate–Transfer，TOT），指政府将存量资产所有权有偿转让给社会资本或项目公司，并由其负责运营、维护和用户服务，合同期满后资产及其所有权等移交给政府的项目运作方式。

14. 改建—运营—移交（Rehabilitate–Operate–Transfer，ROT），指政府在TOT模式的基础上，增加改扩建内容的项目运作方式。

15. 建设—拥有—运营—转让（Build–Own–Operate–Transfer，BOOT），由BOO方式演变而来，社会资本或项目公司对所建项目设施拥有所有权并负责运营，经过一定期限后，再将该项目移交给政府。

16. 建设—租赁—转让（Build–Lease–Transfer，BLT），社会资本或项目公司把所建项目在完工后一定期限内出租给政府，以租赁分期付款方式收回工程投资和运营收益，期满后再将所有权转让给政府。

17. 设计—建设—融资—运营—移交（Design–Build–Finance–Operate–Transfer，DBFOT），指从项目的设计开始就特许给某一机构进行，直到项目经营期收回投资和取得投资效益后，再将该项目移交给政府。

第三章 一般规定

一、任务、内容和阶段划分

1. PPP项目咨询的任务是咨询企业依据国家有关规定、按照合同约定为项目提供咨询服务。

2. PPP项目全生命周期咨询服务可划分为立项、识别、准备、采购、执行、移交六个咨询服务阶段。

3. 立项阶段，咨询企业可开展下列咨询业务：

（1）编写项目建议书；

（2）进行项目可行性研究，编制和审核可行性研究报告、投资估算、经济评价。

4. 识别阶段，咨询企业可开展下列咨询业务：

（1）项目发起与筛选；

（2）项目尽职调查；

（3）项目初步实施方案的编制；

（4）物有所值评价；

（5）财政承受能力论证。

5. 准备阶段，咨询企业可开展下列咨询业务：

（1）项目实施方案的编制；

（2）项目实施方案的评审。

6. 采购阶段，咨询企业可开展下列咨询业务：

（1）资格预审文件编制和协助资格预审；

（2）采购文件编制与评审；

（3）协助社会资本方编制项目响应文件；

（4）组织采购和响应文件的评审；

（5）协助合同谈判和签署。

7. 执行阶段，咨询企业可开展下列咨询业务：

（1）协助设立项目公司；

（2）融资咨询；

（3）设计文件的适配性与经济性评价；

（4）项目概算编制及评审；

（5）协助项目公司进行项目建设全过程造价咨询；

（6）代表政府方对项目总投资进行全过程监管；

（7）项目竣工结（决）算编制与审计；

（8）项目绩效评价与支付评审；

（9）项目中期评估；

（10）项目再谈判的相关咨询。

8. 移交阶段，咨询企业可开展下列咨询业务：

（1）项目移交（终止）方案编制；

（2）资产清查、性能测试及估值；

（3）项目后评价。

二、项目组织与实施

1. 咨询企业 PPP 项目咨询业务实施主要包括以下基本程序：

（1）接受 PPP 项目相关方的委托，签订 PPP 项目咨询合同；

（2）成立 PPP 项目咨询项目组；

（3）制定 PPP 项目咨询方案；

（4）通过案卷研究、政策分析、数据填报、实地调研、座谈会及问卷调查等方法收集相关业务数据及资料；

（5）对数据及资料进行甄别、汇总和分析；

（6）编制成果文件，包括报告、方案、咨询意见或建议书等；

（7）与委托人就PPP项目成果文件进行充分沟通，并根据委托人的合理意见对成果文件进行完善；

（8）咨询企业内部对成果文件进行审核；

（9）提交PPP项目成果文件，根据政府及财政部门的评审意见进行修改；

（10）咨询文件归档；

（11）客户回访与评价。

2. 咨询企业承担PPP项目咨询业务后，应根据项目特点和PPP项目咨询合同等编制咨询方案。咨询方案的内容应包括项目概况、咨询服务范围和要求、工作组织、工作程序、工作方法、进度计划、人员安排、技术方案、质量管理、后续服务等。

3. 咨询企业应按PPP项目咨询合同的要求制定详细的工作进度计划，各类咨询成果文件的提交时间应与总体进度相协调，咨询的工作进度计划除应服从咨询合同的要求外，还应满足各类咨询成果文件编制的合理工期要求。

4. 咨询企业应建立咨询项目组织机构，明确咨询项目工作人员的职责。PPP项目咨询的工作人员应包括工程技术、工程经济、项目管理、法律、金融、财务、采购、资产评估的编制、审核等相关专业人员。各类咨询人员的安排除应符合PPP项目咨询合同要求外，还应符合项目质量管理和档案管理等其他方面的要求。同时应完善PPP项目咨询业务的流程管理。

5. 咨询企业应建立有效的内部组织管理和外部组织协调体系，并应符合下列规定：

（1）内部组织管理体系应包括承担咨询项目的管理模式、企业各级组织管理的职责与分工、现场管理和非现场管理的协调方式，项目负责人和各专业负责人的职责等；

（2）外部组织协调体系应以咨询合同约定的服务内容为核心，明确协调人员，在确保PPP项目参与各方权利与义务的前提下，协调好与委托人及参与各方的关系，促进咨询工作的顺利实施。

三、合同管理

1. 由于PPP项目的复杂性、长期性和多变性，需要建立复杂而全面的合同体系，咨询企业通过合同管理旨在加强对PPP合同的起草、谈判、履行、变更、解除、转让、移交（终止）的全过程管理，更好地支持PPP的实际运作。

2. 咨询企业应针对PPP项目咨询的业务特点和委托内容，建立全面的合同管理和评价体系，并应通过流程控制、企业标准等措施来保证咨询质量，使项目运行顺畅，达到PPP项目物有所值、物超所值的目标。

3. PPP项目合同管理应遵行以下原则：

（1）平等合作原则。政府方与社会资本方是基于PPP项目合同的平等法律主体，双方应在充分协商、互利互惠的基础上订立合同，并依法平等地主张合同权利、履行合同义务。

（2）维护公益原则。PPP项目合同中除应规定政府方对社会资本方提供公共产品或服务行使绩效监测和质量控制等权利外，还应保证政府方合理的监督权和介入权，以加强对社会资本方的履约管理，优先保障公共安全和公共利益。

（3）诚实守信原则。政府方和社会资本方应在PPP项目合同中明确界定双方在项目融资、建设、运营、移交等全生命周期内的权利义务，并在合同管理的全过程中真实表达意思表示，认真恪守合同约定，妥善履行合同义务，依法承担违约责任。

（4）公平效率原则。在PPP项目合同中要始终贯彻物有所值原则，在风险分担和利益分配方面兼顾公平与效率：既要通过在政府方和社会资本方之间合理分配项目风险，实现公共服务供给效率和资金使用效益的提升，又要在设置合作期限、方式和投资回报机制时，统筹考虑社会资本的合理收益预期、政府方的财政承受能力以及使用者的支付能力，防止任何一方因此过分受损或超额获益。

（5）兼顾灵活原则。鉴于PPP项目的生命周期通常较长，在合同订立时既要充分考虑项目全生命周期内的实际需求，保证合同内容的完整性和相对稳定性，也要合理设置一些关于期限变更（延期和提前终止）、内容变更（产出标准调整、价格调整等）、主体变更（股权转让、合同转让）的灵活调整机制，为未来可能长达20~30年的合同执行期预留调整和变更空间。

4. PPP项目合同管理要关注以下几个方面：

（1）根据政府的实际履约能力作出明确的可执行的操作模式；

（2）为便于项目的实施与运营，需要确保合同主体的稳定性；

（3）对投资规模、投资计划与资金到位方案政府支出责任及社会资本收益水平等进行系统、科学的核算和评估；

（4）针对特许经营权，要强化监管措施，防止垄断利益损害；

（5）拥有有效的争议解决机制。

四、信息管理

1. 信息管理应包括PPP项目全生命周期各个阶段的信息数据库的建立、项目管理软件的使用及咨询企业管理系统的建设，利用计算机网络通信技术、建筑信息模型（BIM）技术等为PPP项目提供全生命周期的信息化管理服务。

2. 信息管理应贯穿PPP项目咨询的全过程，信息管理的内容主要包括项目融资、运作方式、交易结构、回报机制、风险管理、合同及履约监管、投资估算、设计概算、施工图预算、合同价款确定、工程计量与支付及竣工结（决）算、项目运营维护、绩效管理、资产管理、移交管理等，并应对过程中收集的工程项目信息资料及时处理。

3. 咨询企业应利用现代化的信息管理手段，自行建立或利用相关项目信息资料、各类典型项目数据库，以及在PPP项目咨询业务中积累的数据，建立并完善PPP项目咨询数据库。

4. 咨询企业应逐步建立项目管理系统和企业管理系统，项目管理系统涉及咨询合同管理、咨询业务管理等。企业管理系统在项目管理系统基础上，考虑自动化办公（OA）、人力资源及财务管理等内容。

五、质量管理

1. 咨询企业应针对 PPP 项目咨询的业务特点建立质量管理和评价体系，并应通过流程控制、企业标准等措施来保证咨询质量。

2. 咨询企业提交的各类成果文件应由项目组成员编制，并应由审核人、审定人进行审核和审定。

3. 承担咨询业务的编制人应审核委托人提供书面资料的完整性、有效性、合规性，并应对自身所收集的 PPP 项目基础资料、编制依据和方法参数的全面性、真实性和适用性负责，按照相关规范和 PPP 项目咨询合同的要求，编制工程咨询成果文件，并整理过程文件。

4. 承担咨询业务的审核人应审核委托人提供书面资料的完整性、有效性、合规性，应审核编制人所收集的 PPP 项目基础资料、编制依据和方法参数的全面性、真实性和适用性，并对编制人的过程文件及成果文件进行复核。

5. 承担咨询业务的审定人应审核委托人提供书面资料的完整性、有效性、合规性，应审核编制人及审核人所使用基础资料、编制依据和方法参数的全面性、真实性和适用性，并应依据规范和咨询的要求，重点审核咨询的方法和过程是否科学合理，项目实施方案内容是否完整，交易边界、产出范围及绩效标准是否清晰，风险识别和分配是否充分、合理，利益共享机制能否实现激励相容，运作方式及采购方式选择是否合理、合规、合法，合同体系、监管架构是否健全等，对 PPP 项目咨询质量进行整体控制。

六、风险管理

1. 咨询企业应建立包括风险识别、风险估测、风险评价和风险应对在内的企业风险管理体系。

2. 咨询企业应采用系统的、科学的方法对 PPP 项目咨询各类风险进行识别和分析，明确全面的风险管理范围，围绕全生命周期开展风险控制和管理。

3.咨询企业要将风险应对措施落实到企业的制度、组织、业务流程和职责当中，开展全方面和全过程的风险管理。

4.咨询企业要采用积极的措施来控制PPP项目咨询风险。制定切实可行的风险防范预案，最大限度地对PPP项目咨询所面临的风险做好充分的准备，严格按风险防范预案实施，将PPP项目咨询风险降至最低。

七、档案管理

1.咨询企业应依照《中华人民共和国档案法》和《建设工程造价咨询规范》GB/T 51095—2015的有关规定，建立、健全档案管理的各项规章制度，包括：档案收集制度、统计制度、保密制度、借阅制度、库房管理制度以及档案管理人员守则等。

2.PPP项目全生命周期技术档案可分为过程文件和成果文件。

过程文件一般包括：

（1）项目合同、股东合同、融资合同、工程承包合同、运维服务合同、原料供应合同、产品采购合同和保险合同、工程施工合同或协议书、补充合同或补充协议书；

（2）资格预审文件、投标文件及其附件、招标文件及招标补遗文件；

（3）竣工验收报告及完整的竣工验收资料；

（4）工程结算书及完整的结算资料、图纸会审记录、工程的洽商、变更、会议纪要等书面协议或文件、施工过程中项目公司确认的材料、设备价款、甲供材料、设备清单、承包人的营业执照及资质等级证书等。

成果文件一般包括：

项目建议书、项目可行性研究报告、投资估算、工程概算、工程预算、工程量清单、招标控制价、工程计量支付文件、工程索赔处理报告、工程结算报告、工程财务决算报告、PPP项目初步实施方案、物有所值评价报告、物有所值专家评分表和专家意见表、财政承受能力论证报告、PPP项目实施方案、实施方案论证专家意见表、实施方案的批复、财务测算表、项目公司年度收支审计报告、绩效评价报告、中期评估报告、资产评估报告、项目后评价报告等。

3. PPP项目全生命周期技术档案应按委托服务合同建立，按服务项目分类整理归纳。

4. PPP项目全生命周期成果文件保存期应符合相关行政管理部门的有关规定。

5. 咨询企业应加强咨询档案现代化管理，运用计算机对档案进行编目、检索、借阅管理和综合利用，为PPP项目咨询工作提供准确、方便和快捷的信息与服务。

第四章 项目立项阶段

一、业务范围和操作流程

咨询企业在项目立项阶段咨询业务范围主要包括：项目建议书与项目可行性研究。

项目立项阶段流程和主要工作内容如图 4-1 所示。

项目立项阶段咨询企业接受政府部门的委托开展咨询业务，通常需要关注下列事项：

1. 项目建议书是为项目筹建单位或项目法人根据国民经济的发展、国家和地方中长期规划、产业政策、生产力布局、国内外市场、所在地的内外部条件，提出的具体项目建议文件，是专门对拟建项目提出的框架性总体设想。编制时要从宏观上论述项目设立的必要性和可能性，把项目投资的设想变为概略的投资建议，需要提供项目审批机关作出初步决策，进而减少项目选择的盲目性，同时为下一步项目可行性研究打下基础。

2. 项目可行性研究是建设项目的首要环节，对投资建设项目能否取得预期的经济、社会效益起着关键作用，决定投资项目的具体建设规模、项目方案、建设方式，决定采用何种建设形式和标准，以及建设哪些主体工程和配套工程、建设进度安排、资金筹措等事项，其中任何一项决策的失误，都有可能导致项目的失败。

3. 项目可行性研究应对项目的市场前景、建设规模、工艺路线、设备选型、环境影响、资金筹措、盈利前期等方面进行研究，应从技术、经济、工程等角度对项目进行调查研究和分析比较，应对拟建项目进行全面技术经济分析

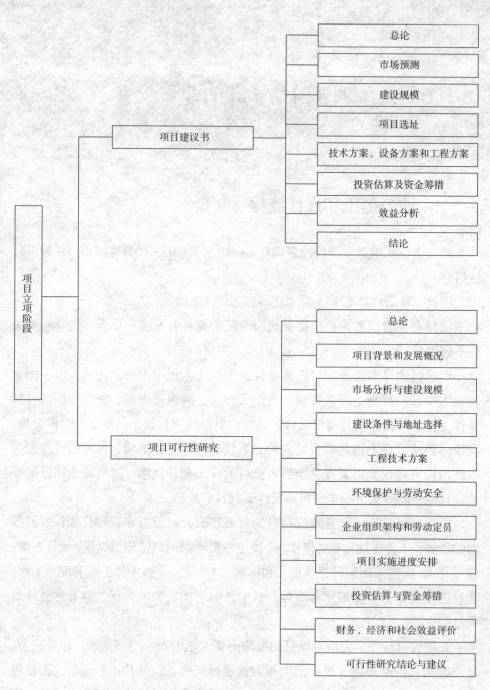

图 4-1 项目立项阶段流程和主要工作内容

的科学论证，才能为项目决策提供咨询意见。项目可行性研究报告编制的优劣将直接关系到整个项目建设的盈利水平，甚至关系到项目的最终成败。项目可行性研究应具有公正性、可靠性、科学性、预见性的特点。

4. 项目可行性研究的主要咨询工作一般包括：建设项目投资策划、编制建设项目投资估算及建设项目财务评价报告等，目的是对拟建项目的必要性和可行性进行技术、经济论证，对不同建设方案进行技术、经济比选，并最终作出判断和决定。

5. PPP项目可行性研究与传统可行性研究比较，其区别主要体现在：PPP项目可行性研究需要为是否采用PPP模式提出指导意见；PPP项目可行性研究侧重运营维护成本的测算；PPP项目可行性研究需要对未来的市场及盈利进行更严谨的预测。

6. 立项阶段咨询业务的要求一般包括：经济论证充分，确保其科学性和真实性；工程经济效益、社会效益、环境效益分析方法得当、符合实际，内容达到现行的规定与要求；客观的建设方案技术、经济比选；投资估算项目齐全、有深度、指标得当、计算正确；计价依据使用得当，附表、附图完整；报告编制内容、依据、深度、格式等要求应符合现行国家发展改革委等部门的规定。

二、项目建议书

1. 以城市设施为例，项目建议书的主要内容包括：总论；市场预测；建设规模；项目选址；技术方案、设备方案和工程方案；投资估算及资金筹措；效益分析；结论。

具体如下：

（1）总论

内容主要包括：项目名称；承办单位概况；拟建地点；建设规模；建设年限；估算投资；效益分析。

（2）市场预测

内容主要包括：供应现状（本系统现有设施规模、能力及问题）；供应预测（本系统在建和规划建设的设施规模、能力);需求预测(根据当前城市社会经济发展对系统设施的需求情况,预测城市社会经济发展对系统设施的未来需求量)。

(3) 建设规模

内容主要包括:建设规模与方案比选;推荐建设规模及理由。

(4) 项目选址

内容主要包括:场址现状(地点与地理位置、土地可能性类别及占地面积等);场址建设条件(地质、气候、交通、公用设施、资源、相关政策、法律法规、征地拆迁工作、施工等)。

(5) 技术方案、设备方案和工程方案

内容主要包括:技术方案(技术方案选择、主要工艺流程图、主要技术经济指标表);主要设备方案;工程方案(建筑物的建筑特征,结构方案,建筑安装工程量及"三材"用量估算,主要建、构筑物工程一览表)。

(6) 投资估算及资金筹措

内容主要包括:投资估算(建设投资估算、流动资金估算、总投资估算表);资金筹措(自筹资金、其他来源)。

(7) 效益分析

内容主要包括:经济效益(基础数据与参数选取、成本费用估算、财务分析);社会效益(项目对社会的影响分析、项目与所在地互适性分析、社会风险分析、社会评价结论)。

(8) 结论

内容主要包括:结论与建议;附件(包括附表和附图)。

2. 咨询企业接受政府相关部门及项目实施机构的委托对项目进行初步可行性评估,应涵盖PPP项目前期、设计、融资、建造、运营、维护至移交(终止)的全生命周期的各个阶段。

3. PPP项目建设投资估算包括项目建设总投资(如建设投资、工程建设其他费用、建设期贷款利息等)、政府方在项目前期筹划的费用以及政府方投资人在项目管理过程中发生的各项投资费用(包括不能从项目公司收益中获得补偿的费用)。

三、项目可行性研究

1. 可行性研究报告属于新建或改建项目必须提交的资料，项目初步实施方案和产出说明的编写应以可行性研究报告或预可行性研究报告为依据。

2. 项目可行性研究报告的主要内容包括：总论；项目背景和发展概况；市场分析与建设规模；建设条件与地址选择；工程技术方案；环境保护与劳动安全；企业组织架构和劳动定员；项目实施进度安排；投资估算与资金筹措；财务、经济和社会效益评价；可行性研究结论与建议。

（1）总论

总论作为可行性研究报告的首要部分，需综合叙述研究报告中各部分的主要问题和研究结论，并对项目的可行与否提出最终建议，为可行性研究的审批提供依据。

内容主要包括：项目概况（包括项目名称、实施单位、主管部门、拟建地区和地点、承担可行性研究工作的单位和法人代表、研究工作依据、研究工作概况、项目建设的必要性、项目开展及可行性研究工作概况）；可行性研究结论（包括市场预测和项目规模、原材料和动力供应、地址、工程技术方案、环境保护、企业组织架构及劳动定员、建设进度、投资估算和资金筹措、财务和经济评价、综合评价结论）；主要技术经济指标表（包括项目的技术参数、指标及经济指标）；存在的问题及建议（包括对可行性研究中提出的主要问题进行说明并提出解决方案及建议）。

（2）项目背景和发展概况

内容主要包括：项目提出的背景（包括国家或行业发展规划、项目发起人以及发起缘由等）；项目发展概况（包括已进行的调查研究项目及其成果、试验试制工作情况、地址初勘和初步测量工作情况、项目建议书的撰写和提出及审批过程、投资的必要性等）。

（3）市场分析与建设规模

任何一个项目，其生产规模的确定、技术的选择、投资估算甚至地址的选择，都必须在对市场需求情况有了充分了解以后才能决定。市场分析的结果，还可以决定产品或服务的价格、销售收入，最终影响到项目的盈利性和可行性。在可行性研究报告中，要详细阐述市场需求预测、价格分析，并确定建设规模。

内容主要包括：市场调查（包括拟建项目产出物用途调查、产品或服务现有供应能力调查、产品或服务供应量及销售量调查、替代产品或服务调查、产品或服务价格调查、国外 PPP 市场调查）；市场预测（包括国内 PPP 市场需求预测、产品或服务消耗对象、产品或服务的消费条件、产品或服务更新周期的特点、可能出现的替代产品或服务、产品或服务使用中可能产生的新用途）；产品或服务出口或进口替代分析（包括替代出口分析、出口可行性分析、价格预测）；市场推销战略（包括推销方式、推销措施、促销价格制度、产品或服务销售费用预测）；产品或服务方案及建设规模（包括产品或服务方案、建设规模）；产品或服务销售收入预测（根据确定的产品或服务方案、建设方案、建设规模以及预测的产品或服务价格可以估算产品或服务销售收入）。

（4）建设条件与地址选择

根据市场分析的结果，对资源、原料、动力等需求和供应的可靠性进行研究，并对可供选择的建设地址作进一步技术和经济分析，确定建设地址方案。

内容主要包括：资源和原材料的选择（包括资源详述、原材料及主要辅助材料供应、需要做试验的原料）；建设地区的选择（包括自然条件、基础设施、社会经济条件、其他应考虑的因素）；建设地址选择（包括地址多方案比较、地址推荐方案）。

（5）工程技术方案

技术方案是可行性研究的重要组成部分。

技术方案主要研究项目应采用的工程技术方法和工艺流程、主要设备及其相应的总平面布置、主要项目组成及建构筑物形式等技术方案。在此基础上，估算土建工程量和其他工程量。在这一部分中，除文字叙述外，还应将一些重要的数据和指标列表说明，并绘制总平面布置图、工艺流程示意图等。

工程技术方案的内容主要包括：项目组成（凡由本项目投资的所有单项工程、配套工程，包括设施、后勤、运输、生活福利设施等，均属项目组成的范围）；工程技术方案（包括建设标准、施工方法、技术参数、工艺流程、主要工艺设备选择、主要原材料等）；项目总平面布置和运输（包括总平面布置原则、运输方案、仓储方案、占地面积及分析）；项目土建工程（包括主要建、构筑物的建筑特征及结构设计，特殊基础工程的设计，建筑材料，土建工程造价估算）；项目其他工程（包括给水排水工程、消防工程、地震设防、生活福利设施等）。

（6）环境保护与劳动安全

在项目建设过程中，必须贯彻执行国家有关环境保护和职业安全卫生方面的法律法规，对项目可能对环境造成的近期和远期影响、可能影响劳动者健康和安全的因素，都要在可行性研究阶段进行分析，提出防治措施，并对其进行评价，推荐技术可行、经济且布局合理，对环境有害影响较小的最佳方案。按照国家现行规定，凡是对环境有影响的建设项目都必须执行环境影响报告书的审批制度，同时，在可行性研究报告中，对环境保护和劳动安全要有专门论述。

内容主要包括：建设地区的环境现状；项目主要污染源和污染物（包括但不限于主要污染源、主要污染物）；项目拟采用的环境保护标准；治理环境的方案；环境监测制度的建议；环境保护投资估算；环境影响评价结论；劳动保护与安全卫生（包括生产过程中职业危害因素的分析、职业安全卫生主要设施、劳动安全与职业卫生机构、消防措施和设施方案建议）。

（7）企业组织架构和劳动定员

根据项目规模、项目组成和工艺流程，研究提出相应的企业组织机构、劳动定员总数和劳动力来源及相应的人员培训计划。

内容主要包括：设计企业组织架构（包括企业组织形式、企业工作制度）；劳动定员和人员培训（包括劳动定员、年总工资和职工年平均工资估算、人员培训及费用估算）。

（8）项目实施进度安排

项目实施时期的进度安排亦可称为投资时间，是指从正式确定建设项目到项目达到正常生产这段时间。这一时期包括项目实施准备、资金筹集安排、勘察设计和设备订货、施工准备、工程施工、生产准备、试运转直到竣工验收和交付使用等各工作阶段。这些阶段的各项投资活动和各个工作环节，有些是相互影响、前后紧密衔接的，也有些是同时开展、相互交叉进行的。因此，在可行性研究阶段，需要将项目实施时期各个阶段的各个工作环节进行统一规划、综合平衡，做出合理又切实可行的安排。

内容主要包括：项目实施的各阶段计划（包括建立项目实施管理机构、资金筹集安排、技术获得与转让、勘察设计和设备订货、施工准备、生产准备、竣工验收）；项目实施进度表（包括横道图、网络图）；项目实施费用（包括建设单位管理费、生产筹备费、生产职工培训费、办公和生活家具购置费、勘察设计费、其他应支出的费用）。

（9）投资估算与资金筹措

建设项目的投资估算和资金筹措分析，是项目可行性研究报告的重要组成部分。每个项目均需估算所需要的投资总额，分析投资的筹措方式，并制定用款计划。

内容主要包括：项目总投资估算（包括固定资产总额、流动资金估算）；资金筹措（包括资金来源、项目筹资方案）；投资使用计划（包括投资使用计划、借款偿还计划）。

（10）财务、经济和社会效益评价

在建设项目的技术路线确定以后，必须对不同的方案进行财务、经济和社会效益评价，判断项目是否合理，并比选出优秀方案。本部分的评价结论是建议方案取舍的主要依据之一，也是对建设项目进行投资决策的重要依据。

内容主要包括：财务评价，国民经济评价，以及社会效益和社会影响分析。

①财务评价：财务评价是考察项目建成后的获利能力、债务偿还能力及外汇平衡能力，以判断建设项目在财务上的可行性。财务评价多以动态为主、静态分析与动态分析相结合的办法进行，并用财务评价指标和相应的基准参数——财务基准收益率、行业平均投资回收期、平均投资利润率、投资利税率相比较，以判断项目在财务上是否可行。

②国民经济评价：国民经济评价是项目经济评价的核心部分，是决策部门

考虑项目取舍的重要依据。建设项目的国民经济评价采用费用与效益分析的方法，运用影子价格、影子汇率、影子工资和社会折现率等参数，计算项目对国民经济的净贡献，评价项目在经济上的合理性。国民经济评价采用国民经济盈利能力分析和外汇效果分析，以经济内部收益率（EIRR）作为主要的评价指标。根据项目的具体特点和实际需要，也可计算经济净现值（ENPV）指标；涉及产品出口创汇或替代进口节汇的项目，要计算经济外汇净现值（ENPV）、经济换汇成本或经济节汇成本。并需要对项目进行不确定分析，在对建设项目进行评价时，所采用的数据多数来自预测和估算。由于资料和信息的有限性，而将来的实际情况可能与此有出入，这会给项目投资决策带来一定风险。为避免或尽可能减少风险，就要分析不确定性因素对项目经济评价指标的影响，以确定项目的可靠性，这就是不确定性分析。根据分析内容和侧重面不同，不确定性分析可分为盈亏平衡分析、敏感性分析和概率分析。在可行性研究中，一般要进行盈亏平衡分析、敏感性分析和概率分析，可视项目情况而定。

③社会效益和社会影响分析：在可行性研究中，除对以上各项指标进行计算和分析以外，还应对项目的社会效益和社会影响进行分析，也就是对不能定量的效益影响进行定性描述。

（11）可行性研究结论与建议

内容主要包括结论与建议、可行性研究报告附件、附图及附表四部分。

①结论与建议。部分是根据前面各节的研究分析结果，对项目在技术上、经济上进行全面的评价，对建设方案进行总结，提出结论性意见和建议。包括对推荐的拟建方案的建设条件、产品或服务方案、工艺技术、经济效益、社会效益、环境影响提出结论性意见，对主要的对比方案进行说明，对可行性研究中尚未解决的主要问题提出解决方案和建议，对应修改的主要问题进行说明并提出修改意见，对不可行的项目提出其不可行的主要问题及处理意见，以及可行性研究中主要争议问题的结论。

②可行性研究报告附件。包括项目立项批文、建设地址选择报告书、资源勘探报告、贷款意向书、环境影响报告、需单独进行可行性研究的单项或配套工程的可行性研究报告、需要的市场调查报告、引进技术项目的考察报告、

引进外资的各类协议文件、其他主要对比方案说明等）。

③附图。包括地址地形或位置图、总平面布置方案图、工艺流程图、主要建筑和构筑物布置方案简图等。

④附表。包括项目实施计划表、投资估算表、流动资金估算表、年成本费用估算表、销售收入及税金估算表、利润表、现金流量表、资金来源及运用表、资产负债表、敏感性分析表等。

3. PPP项目实施方案的内容主要包括：项目概况；运作方式；社会资本方遴选方案；投融资和财务方案；建设运营和移交方案；合同结构与主要内容；风险分担；保障与监管措施等。

4. 项目可行性研究需要收集和熟悉的相关咨询依据主要包括：

（1）国民经济发展的长远规划，国家经济建设的方针政策、任务和技术经济政策；

（2）项目建议书和咨询合同委托的要求；

（3）有关的基础数据资料，包括同类项目的技术经济参数、指标等；

（4）有关工程技术经济方面的规范、标准、定额等，以及国家目前施行的技术法规和技术标准；

（5）国家或有关部门颁布的有关项目前期评价的基本参数和指标。

5. 编制咨询成果文件

编制项目可行性研究的主要成果文件，包括：编制说明及评价、投资估算表、流动资金估算表、年成本费用估算表、销售收入及税金估算表、利润表、现金流量表、资金来源及运用表、资产负债表、敏感性分析等。

咨询成果应在具备充分咨询依据的基础上，按客观情况实事求是地进行技术经济和技术方案比选，确保项目前期咨询及可行性研究的严肃性、客观性、真实性、科学性和可行性。

咨询成果文件的内容应符合并达到国家及相关政府主管部门的现行规定与要求，项目齐全、指标正确、计算可行。工程效益（包括经济效益、社会效益、环境效益）分析方法正确，符合实际，结论可靠。

第五章 项目识别阶段

一、业务范围和操作流程

咨询企业在项目识别阶段咨询业务范围主要包括：项目发起与筛选；项目尽职调查；编制项目初步实施方案；物有所值评价；财政承受能力论证。

项目识别阶段流程和主要工作内容如图 5-1 所示。

二、项目发起与筛选

1. PPP 项目按发起人不同可以分为由政府方发起和社会资本方发起两种形式，但通常以政府方发起为主。该阶段的主要工作是组织完成 PPP 储备项目的立项、用地、环评审批、核准、备案。咨询企业该阶段的咨询工作是协助政府方或社会资本方发起项目。

（1）政府方发起

政府相关部门负责向交通、住房城乡建设、环保、能源、教育、医疗、体育健身和文化设施等行业主管部门征集潜在政府和社会资本合作项目。行业主管部门从国民经济和社会发展规划及行业专项规划中的新建、改建项目或存量公共资产中遴选潜在项目。

（2）社会资本方发起

社会资本方应以项目建议书的方式向政府相关部门推荐潜在的政府和社会资本合作项目。

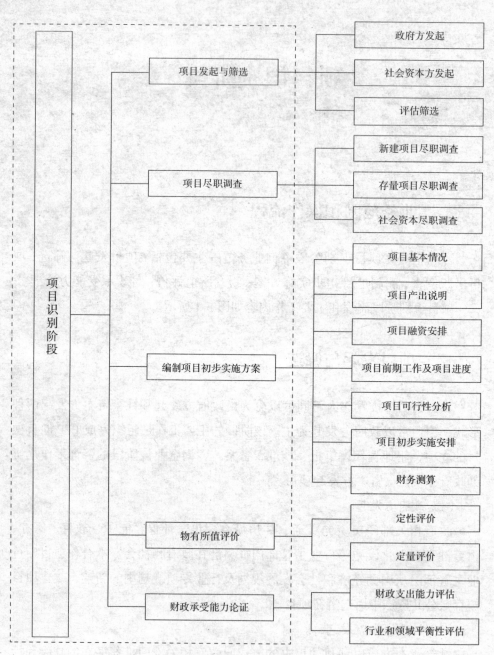

图 5-1 项目识别阶段流程和主要工作内容

PPP模式是建立政府和社会资本的长期合作关系，如果政府仅把PPP模式看成融资渠道，或社会资本仅希望赶上PPP模式热潮趁机快速获得投资回报，都是违背政府推广PPP模式的初衷的，必将导致假PPP项目和失败的PPP项目的现象大量发生。因此，为有效推进PPP项目的实施落地，政府相关部门和社会资本都应转变传统观念，政府相关部门应当就PPP项目的财政支出编制科学的财政预算，积极协助社会资本办理相关行政审批手续，由社会公共服务的提供者转变为社会公共服务的监管者，实现政府职能转变；社会资本在保证自身盈利的同时，也应当积极投入资金、先进的技术及管理经验，为公众提供更优质的社会公共服务。如此才可能实现PPP模式下政府、社会资本以及公众的三方共赢，实现政府推广PPP模式的初衷和目的。

2. 政府相关部门会同行业主管部门，对潜在政府和社会资本合作项目进行评价筛选，确定备选项目。政府相关部门应根据筛选结果制定项目年度和中期开发计划。

3. PPP项目筛选路径

（1）项目需求初步分析

PPP项目的开展，要适合本地区经济和社会发展的实际需要，项目是否可以采用PPP模式，需要进行调研和论证，通过分析项目的实际需求，确保项目的可行性与可操作性，以及项目财务的可持续性。

（2）投资区域全面调研

在项目筛选过程中，也需要对投资区域进行全面调研。对投资区域的考察应主要包括以下几个方面：宏观经济运行情况；金融规模；区域政策和政府财力；信用度；资源情况以及竞争对手或合作对象等情况。

（3）项目资料准备

对于列入年度开发计划的项目，项目发起方应按政府相关部门的要求提交相关资料。新建及改建项目应提交可行性研究报告、项目产出说明和初步实施方案；存量项目应提交存量公共资产的历史资料、项目产出说明和初步实施方案。

4. 咨询企业在协助政府相关部门筛选 PPP 项目时的咨询关注要点：

（1）PPP 项目主要为基础设施或公共服务类项目，筛选时需要考虑项目本身与公共产品或公共服务需求之间的关系，设定的产出目标需要符合国家产业发展方向，并且与地方社会经济发展实际状况以及需求相适应。

（2）项目通常具有价格调整机制相对灵活、市场化程度相对较高、投资规模相对较大、需求长期稳定等特点。

（3）政府和社会资本在 PPP 项目中建立长期稳定的合作伙伴关系，双方各尽其责、利益共享、风险共担。PPP 项目的风险通常能够被有效识别，并能够在政府和社会资本之间合理分配。

5. 适宜采用 PPP 模式的项目现行主要有以下 19 个行业：能源、交通运输、水利建设、生态建设和环境保护、市政工程、片区开发、农业、林业、科技、保障性安居工程、旅游、医疗卫生、养老、教育、文化、体育、社会保障、政府基础设施和其他。

三、项目尽职调查

1. 在 PPP 项目实施过程中，常见的尽职调查通常包括新建项目尽职调查、存量项目（包括改建或扩建等）尽职调查及社会资本尽职调查三种形式：

（1）新建项目尽职调查：咨询企业开展新建项目尽职调查，能够为政府方或社会资本方是否引入 PPP 模式实施项目提供决策参考。新建项目的尽职调查内容主要包括：项目基本情况；项目背景；所在区域环境；项目实施的可行性；项目实施主要内容；项目可融资性；项目市场调查及现金流测算；项目的付费机制及价格调整机制；政府财力水平和相关配套安排；项目退出机制；项目可能面临的风险；项目实施对当地市场环境及对关联企业技术管理创新的影响等。

（2）存量项目尽职调查：咨询企业开展政府相关部门或者社会资本方委托的对存量项目进行尽职调查时，除储存量资产权属、债权债务关系等外，尽职调查内容与新建项目尽职调查内容相同。

（3）社会资本尽职调查：咨询企业接受政府相关部门委托，对拟参与项目的社会资本方开展尽职调查，内容主要包括：社会资本方的股权结构、对外投资及关联企业；资产规模及财务状况；经营状况及盈利水平；技术与科研能力、运营与融资能力；安全和环保；组织、人力资源和劳资关系；资质及资信；业绩；重要诉讼等。

2.尽职调查业务开展后取得的资料、素材、数据等经过加工和整理后，应将其补充至相关PPP项目的数据库中。

3.PPP项目尽职调查具体操作要求如下：

（1）尽职调查基本要求及方式

1）尽职调查的基本要求

PPP项目尽职调查是指咨询企业接受政府相关部门或社会资本方的委托，根据项目的具体要求，运用案卷研究、访谈、现场勘查、书面核实等方法，对标的公司或项目的背景、财务、法律、业务或其他专门事项进行客观、公正的调查、研究和核实，并形成书面报告的过程。咨询企业在开展PPP项目尽职调查过程时，通常关注下列事项：

①明确尽职调查的类型和目的

尽职调查通常分为专项调查和综合调查。专项调查是对项目或公司的背景、财务、业务、法律或其他专门事项中的一项进行调查分析，综合调查则对上述事项中的多项进行调查分析。

实施尽职调查前通常与委托人进行详细沟通，充分了解本次尽职调查的主要目的及调查对象。对新建或存量PPP项目开展尽职调查的目的通常是为政府方或社会资本方更好地了解项目开展的背景、项目概况、项目进展、运作方式、风险分配、回报机制等，为各方是否实施PPP项目提供决策参考。对社会资本开展尽职调查的目的，是便于政府遴选出合格、适当的PPP项目主要参与者和实施者，从而推进PPP项目顺利实施。确定尽职调查的目的和对象后，需要进一步明确尽职调查的具体范围、工作重点及主要事项，使尽职调查工作具有针对性。

②组建具有专业胜任能力的调查团队

在尽职调查开展前，根据被调查对象和调查的具体范围、工作重点，组建具有专业胜任能力的项目团队。尽职调查项目团队通常具备财务、法律、行业技术、市场分析、PPP 运作知识和企业管理等方面的专业能力。项目团队要求恪尽职守、尽心尽责、忠诚履职。项目团队需对被调查对象进行真实、全面、客观的了解，对于在调查工作中发现的重要问题，应做进一步深入的调查分析。

③深入开展调查，客观公正研判

为了真实、全面了解被调查对象某些方面的情况，尽职调查工作需要在深入被调查对象的实际操作流程和业务状态过程中，尽可能获取第一手资料，同时，也应站在第三方角度，客观公正地进行调查和研判。

2）PPP 项目尽职调查的主要方式包括：案卷研究、访谈、现场勘查、书面核实以及其他必要的方式。

PPP 项目尽职调查报告（或简称"PPP 尽调报告"）由标题、文号、正文和附件构成。具体要求如下：

①尽职调查报告标题和文号

PPP 尽职调查报告标题通常简明清晰，一般采用"被调查对象＋尽职调查报告"的形式。报告文号包括咨询企业特征字、种类特征字、年份、报告序号。

②尽职调查报告正文

PPP 项目尽职调查报告正文通常包括：

绪言；被调查对象基本情况（通常根据被调查对象特征及调查目的，在尽职调查报告中对被调查对象进行必要的描述）；尽职调查要素（主要包括委托人、调查对象和范围、调查目的和任务、调查期间、调查方式以及调查程序等）；调查过程及方式（报告通常需要说明调查过程及采用的调查方式）；调查结论（通常包含调查结论、相关建议等）；其他事项说明（对在调查中发现的特殊事项或范围受限的解释或说明）。

尽职调查报告应载明报告日，报告日通常为咨询企业形成最终调查结论的日期。同时，报告需要加盖咨询企业公章。

3）尽职调查报告附件

尽职调查报告附件通常包括：尽职调查委托书、尽职调查对象相关文件、其他重要文件等。

（2）新建项目尽职调查操作要求

新建 PPP 项目是指尚未进入可研审批或建设程序的政府和社会资本拟合作实施 PPP 模式下的项目。新建 PPP 项目，由于项目各方面情况尚不明晰，尤其是社会资本方，可能需要对新建 PPP 项目进行尽职调查，从而有利于全面了解项目情况，便于做出投资决策和判断。

开展新建 PPP 项目尽职调查时，通常需要收集如下资料：

1）与项目相关的法律法规、规章制度及政策；

2）宏观经济、区域经济、产业发展基本情况及前景相关资料；

3）与项目建设和运营相关的技术规范与标准；

4）银行利率及汇率、项目所在地、产业投资、税收优惠政策、政府财力情况等；

5）项目列入开发计划、列作示范项目的相关文件；

6）项目相关批文、项目可行性研究报告、项目产出说明、项目初步实施方案；

7）项目物有所值评价报告及项目财政承受能力论证；

8）对项目实施行政监管和执行管理的机构设置情况；

9）其他相关资料。

咨询企业受社会资本委托对新建 PPP 项目进行尽职调查时，通常对 PPP 项目的下列内容进行调查了解：

① 项目基本情况

对项目基本情况的调查了解，主要包括项目名称、项目发起方、项目建设规模、项目总投资额、项目产出涉及的具体公共产品或公共服务内容、项目合作期、项目回报及其调整机制、项目风险分配等内容。通过对项目基本情况的了解，大致把握项目的总体概况。

② 项目背景及区域状况

项目背景主要包括拟实施的 PPP 项目公共产品或公共服务的需求及供给情况、实施 PPP 项目的必要性和意义。项目区域状况包括项目区域位置、区域人口状况、区域经济发展状况、社会发展状况、市政、交通及公共服务发展情况以及地方政府关于土地、产业投资、税收等方面的优惠政策，相关收费标准，地方财力情况等。

③ 项目实施的可行性

根据项目的可行性研究报告及其他调研资料，从拟实施 PPP 项目的自然环境、原料供应、交通运输、项目工艺路线、资金筹措、项目建设、运营管理、市场需求、市场竞争等方面调研项目的可行性，考虑 PPP 项目全生命周期内可能遇到的重大节点问题对项目实施的影响程度，最终对项目实施的可行性做出客观分析。

④ 项目实施的主要内容

一般包括对社会资本选择的条件和方式、项目风险内容及风险分配原则、项目拟采用的运作方式及项目合作期限、项目建设投资总额、项目回报及现金流测算、项目定价机制及调整方式、绩效考核内容及标准、项目投融资结构及相关配套安排、PPP 项目合同的主要权利义务内容、政府或项目实施机构等对项目的监管内容及方式等。上述内容主要从项目（初步）实施方案中获得，也可直接与政府相关部门、项目实施机构进行沟通获取。

同时，需要明确主要内容的各个细节，应做到边界清晰、权利义务详尽具体；尚未完全调查了解清楚的事项应做好备忘，防止遗漏。

⑤ 项目的可融资性

PPP 项目投资总额大、期限长，建设运营资金主要通过融资获得，除了自身的融资能力外，社会资本更关注项目在设计、建设、运营阶段项目自身的融资可行性，包括能否利用项目资产和项目收益权进行抵押质押融资、能否通过发行项目收益债等方式融资。在调查项目可融资性时，通常还关注 PPP 项目对增资扩股或股权转让等方式的特殊限制等。

⑥ 项目市场调查及现金流测算

PPP 项目实施前，应对影响市场需求的各方面因素进行客观、合理的分析，进而做好项目现金流测算。

在进行项目市场调查时，需要对影响供给和需求的各个因素进行调查分析。影响需求的因素一般包括公共产品或公共服务的价格、替代品的价格、消费者收入水平、消费者的数量和习惯偏好、消费者的预期等;影响供给的因素一般包括现有的生产供应能力、生产成本构成、技术水平等。分析时,可以通过时间序列的纵向比较,发现相应的规律和趋势,也可以通过横向比较,反映市场竞争格局和态势。完成市场分析后,需要结合PPP项目自身的实际情况,对现金流测算进行复核,应做到有依有据、客观合理,符合项目实际、行业当前情况及客观发展规律。

⑦ 项目的付费机制及价格调整机制

项目的付费机制是社会资本、政府、使用者等重点关注的核心内容,涉及各方的核心利益。在对PPP项目尽职调查时,根据PPP项目的行业、运作方式及具体情况的不同,需要明确该项目拟采取政府付费、使用者付费、可行性缺口补助中的哪一种付费机制,各种付费机制下具体的条件、绩效标准、扣减机制、定价方式、计算方式、惟一性条款、补助形式等如何确定,调整机制是否设定明确的条件和标准等。如在政府付费机制下,具体依据项目的可用性、使用量和绩效指标中的哪种具体方式向项目公司付费,如采用可用性付费方式,可用性与不可用性应有清晰的界定;采用绩效付费方式,应设定详细的绩效标准等。

同时,还应了解在相应付费机制下设置的定价和调价机制,以明确项目定价的依据、标准,调价的条件、方法和程序等内容。对项目的付费机制和调整机制,一定要明确操作方式和标准,便于准确测算项目回报,减少项目实施纠纷。

⑧ 项目相关配套安排

PPP项目往往涉及社会公共产品或公共服务,需要政府协调并提供与PPP项目匹配的政策措施及设施,包括项目用地、税收优惠、信贷扶持、项目审批、水电气路等连接设施。

⑨ 项目退出机制

社会资本退出包括项目合作期满时的正常退出和项目合作期间的非正常退出。正常退出时,需要调查移交标准、移交方式、移交内容、是否存在补偿以及补偿的测算方式。非正常退出时,需要调查应事先约定相关事项和处置措施。

⑩ 项目可能面临的风险

PPP项目时间跨度长、参与方多、涉及因素复杂。在尽职调查中，需要全面调查分析PPP项目可能面临的各阶段风险、各种类别风险，识别包括政策风险、法律风险、市场风险、金融风险、安全风险、财务风险、质量风险、不可抗力风险等各项风险内容，并对风险做恰当分析，提出防范措施。

⑪ 社会资本参与PPP项目的可能性与优劣势分析

调查类似项目在传统投资模式下各参与方的角色定位和大致运行情况，以及采用PPP模式时社会资本的资源整合能力、主观能动性，比较优势和劣势。

⑫ 项目调查总体结论

调查结论主要包括PPP项目的可行性、社会资本参与PPP项目的效率和效益、项目主要风险、分配及防范，以及对项目存在的问题和不足提出改进措施和建议。

⑬ 其他

（3）存量项目尽职调查操作要求

存量PPP项目是指政府方基于已全部或者部分建成的公共产品或者公共服务项目设施，按约定的条件与社会资本开展合作的项目。存量PPP项目的尽职调查，除收集新建PPP项目尽职调查所需资料外，通常还需收集如下资料：

1）存量资产的相关批文、规划设计、建设及竣工验收资料；

2）项目用地资料，包括用地红线图、用地批文、宗地规划条件资料；

3）项目已建设内容、已投资金额、项目已形成资产相关产权证明文件；

4）项目后续建设内容及投资额；

5）项目历史运营资料；

6）项目财务资料及审计报告；

7）其他相关资料。

（4）存量项目尽职调查期间的其他调查

咨询企业接受社会资本委托对存量PPP项目尽职调查时，除对新建PPP项目应调查了解的内容外，通常还需要对下列内容进行调查了解：

1）项目进展情况

一般情况下，存量PPP项目大多已开始进行建设或部分投入运营，在调查该类项目时，需要对项目截至调查时点的历史投资情况、建设内容、建设进度、完工程度、款项支付等情况进行调查了解，把握项目所处阶段实际情况。

2）历史运营和收益情况

对于存量PPP项目，需要了解项目截至调查时点已完成的投资额和项目历史运营情况，通过现场勘查项目运转情况、资产投入和使用情况、收集项目运营日记、项目财务资料等方式，准确反映项目实际运营情况，特别关注项目在建设和运营中已经存在的主要问题和法律纠纷，分析问题产生的原因及影响，为下一阶段开展PPP合作提供客观真实的基础材料。

3）衔接风险

对于存量PPP项目，在调查时通常需考虑与自身的协同效应、存量PPP项目整合的成本与风险。一般情况下，应考虑存量PPP项目在审批文件、产权转移、用工合同接续、岗位交接和调整、合同对接等方面的延续性和可操作性，关注资产权属关系是否清晰，资产形成过程中形成合同及债权债务关系等，充分识别存量PPP项目的可整合性和衔接风险。

（5）社会资本尽职调查操作要求

社会资本是PPP项目的主要参与方，对PPP项目能否成功实施和运行至关重要。在项目采购阶段，需对潜在的社会资本和拟正式签约的社会资本进行调查了解，通常在经营业绩、财务状况、管理能力、管理团队稳定性、投资偏好、资金实力、运营能力、项目诉求等方面需做深入的调查，进而分析与确定社会资本实施PPP项目的综合能力。

对社会资本进行尽职调查时，通常收集如下资料：

1）企业基本情况、组织机构、公司章程、历次验资报告、营业执照及相关资质；

2）企业财务报表及审计报告、主要资产（含知识产权）及投资情况表、长短期借款合同；

3）企业主要产品资料、销售合同情况表；

4）员工名册及社保缴纳情况表；

5）主要管理制度和激励制度、会议纪要、年度工作总结；

6）已经签订和实施的PPP项目合同、项目实施的基本情况及PPP项目经验；

7）其他相关资料。

对社会资本进行尽职调查时，通常需要关注如下主要内容：

1）企业概况

主要包括企业工商注册情况、历史沿革及历次股权变化、企业主营业务及产品、组织结构及下属分公司和子公司情况、行业资质获得情况、管理层及员工构成、主要荣誉等。

2）企业财务状况

主要包括：资产权属、是否存在虚增资产、主要资产运营的情况，应付款、借款以及或有事项或表外事项等负债管理情况；所有者权益中实缴资本、资本公积、盈余公积等的合理合规性；近几年营业收入、主营业务成本、期间费用、非正常损益、税收、现金流量等企业运营情况；重大投资及分、子公司等经营情况。

3）人员及管理情况

主要包括：人员总数、构成（性别构成、年龄构成、学历构成、职业职称构成）、管理团队、技术研发团队、管理模式。

4）行业情况及企业在行业中的竞争地位

主要包括行业政策、行业需求及其影响因素、目前行业竞争格局、主要竞争对手情况、企业在行业及区域中的竞争地位、优劣势分析等。

5）企业在相关行业领域的业绩、经验、能力和优势

主要包括企业从事相关行业项目业绩（客户名称、签约情况、完成进度、结算情况）、业主评价反馈意见书、经验总结、企业承接PPP项目的能力和优势分析。

6）企业的融资能力分析

PPP项目投资额巨大，通常需要社会资本具有强大的融资能力。

在调查社会资本融资能力时,可基于财务调查情况计算其资产负债率、速动比率、利息保障倍数,了解其负债程度和潜在融资空间,并需要了解企业主要资产的抵押情况、授信额度及其使用、银企关系、通过发行债券和股票等方式融资的可行性、控股股东的资金实力和可担保情况等。

7)对企业产生重大影响的有关抵押、担保、诉讼及或有事项

通过查询会议纪要、借款合同、律师函等,了解企业存在的有关抵押、担保、诉讼事项,同时还应关注安全、环保、税务、协议(义务)约定等可能产生的其他或有事项对企业的重大影响。

社会资本的尽职调查除了上述所提的内容外还需要增加如下内容:

1)财务情况调查

主要对社会资本的资产负债情况、主要资产情况、盈利情况、现金流情况等进行调查和分析。

2)业务情况调查

对社会资本的主要经营业务、行业竞争状况、行业地位进行调查和分析。

3)法律情况调查

对社会资本的主体资格、合同签订、债权债务、知识产权、重大诉讼等情况进行调查和分析。

4)从事PPP相关行业的资源和能力

通常需要对社会资本在近几年从事与PPP项目相关的业务情况进行重点调查,包括已签订的合同及履约情况、客户评价反馈情况、从事PPP项目相关业务的资源、能力和经验等。

5)风险提示

尽职调查报告通常披露根据上述尽职调查所发现的异常事项,并进行风险提示。

4.尽职调查小组应当对政府承诺的内容、提供相应的配套投入进行调查和明确,在防止国有资产恶意流失、确保资产保值增值、人民群众利益不受损失的前提下,审核各类政府承诺及配套投入的合法合规性。具体应调查:项目可能的各类政府补贴的申请规程、专项资金使用办法、特殊行业或领域的

扶持政策文件等，项目水、电、气、暖等配套设施的现状和周边、相邻建构筑物配套设施的现状。

四、编制项目初步实施方案

1. 实施机构应对PPP项目拟设定主要边界条件，如股权结构、投融资安排、合作周期、收益回报水平等设置调查表，可委托第三方咨询机构代为征询被调查社会资本的意见和建议。

2. 开展项目市场测试，针对PPP项目拟设定条件，征求潜在的社会资本的意见，测试实施方案是否符合市场需求，PPP项目市场接受程度和竞争充分性。

3. 咨询企业接受政府相关部门或社会资本的委托，通过收集相关法律法规、发展规划、批文、规划方案、可行性研究报告及批复等相关资料，编制项目初步实施方案。项目初步实施方案一般要求内容完整、结论合理、语言简明扼要，其主要内容包括：

（1）项目基本情况：项目名称、类型（新建或改建、扩建）、地点、项目规模与期限，项目建设目标、技术路线及实现途径等。

（2）项目产出说明：项目提供产品或服务的质量、数量、价格和标准、项目的可持续性、受众对象或服务对象的数量与规模等。

（3）项目融资安排：项目总投资、资本构成、资产负债、股权结构、融资结构和主要融资成本等。

（4）项目前期工作及项目进度：项目前期工作合规性（可研、环评、土地等）、所处进度（申报、设计、融资、采购、施工、运营）、时间安排。

（5）项目可行性分析：项目政策环境、区域环境可行性分析，行业主管部门和融资方意愿，项目对社会资本的吸引力分析等。对于存量项目通常还关注债权人转换配合意愿及担保解除可能性。

（6）项目初步实施安排：社会资本选择方式、项目公司设立情况、政府和社会资本的权利义务、风险分担、PPP项目运作方式、投融资结构、政府配套安排、合同期限、收益回报方式、收费定价调整机制、政府现有支持安排、潜在社会资本情况等。

（7）财务测算：投资回报测算、现金流量分析、项目财务状况、项目存续期间政府补贴情况等。

五、物有所值评价

（一）物有所值评价方法

物有所值评价方法包括定性评价法和定量评价法。

物有所值定性评价一般采用专家评判法，按评价准备、组成专家组、设置评价指标、拟定评分标准、制作评价会议材料、召开专家组会议、形成定性评价结论等步骤实施。

物有所值定量评价是在假定采用PPP模式与政府传统模式产出绩效相同的前提下，对政府方净成本的现值（PPP值）和公共部门比较值（PSC值）进行比较，形成物有所值量值、物有所值指数。判断PPP模式能否降低项目全生命周期成本，认定通过或者未通过的定量评价方法。

（二）物有所值评价基本要求

1. 物有所值评价的基本要素

（1）委托人和项目实施机构

委托人通常为财政部门（政府和社会资本合作中心）或行业主管部门。项目实施机构是代表政府一方负责项目准备、采购、监管和移交等工作的机构，政府或其指定的有关职能部门或事业单位可作为项目实施机构。委托人和项目实施机构通常为评价报告使用者。

（2）评价目的

在项目识别阶段进行物有所值评价的目的主要是为判断应否采用PPP模式、采用何种PPP运作方式等项目决策提供参考依据，同时也为项目全生命周期内风险分配、成本测算和数据收集等提供参考依据。

定性分析重点关注 PPP 项目采用 PPP 模式与采用政府传统模式相比能否增加公共供给、优化风险分配、提高效率、促进创新和公平竞争等，从项目规模、项目资产寿命、项目收益、项目融资可行性角度分析，项目采用 PPP 模式是否更为合理。

定量分析定量评价是在假定采用 PPP 模式与政府传统投资方式产出绩效相同的前提下，通过对 PPP 项目全生命周期内政府方净成本的现值（PPP 值）与公共部门比较值（PSC 值）进行比较，判断 PPP 模式能否降低项目全生命周期成本。

（3）评价对象

评价对象是政府拟采用 PPP 模式的项目。

（4）评价期间

物有所值评价期间指开展定性评价或定量评价过程应考虑或测算的起止时间长度。通常情况下，PPP 项目的物有所值评价所对应的评价期间通常与 PPP 项目合作期间保持一致。评价期间一般自合作之日起计算，至 PPP 项目合作期限届满时止。

（5）评价假设

开展物有所值定量评价，应设定合理的评价假设。评价假设反映定量评价过程中不确定因素的取值过程，有助于评价报告阅读者正确理解并合理运用物有所值定量评价结论。

（6）评价方法

物有所值评价方法的选择通常由评价目的所决定，并受项目内容及项目所处环境的影响。通常在项目识别、项目准备环节开展定性评价；在项目识别、项目准备、项目采购、项目执行和项目移交阶段，均可开展物有所值定量评价。当评价目的系为项目全生命周期内风险分配、成本测算、数据收集提供参考数据，以及为项目合同变更或调整、项目合同补充约定或再谈判、价格调整、项目中期评估、绩效评价提供参考依据的，应采用定量评价法。

2. 专家组的组成及要求

定性评价专家组应由经济、技术和法律等方面的专家组成。专家组专家数量、具体组成由项目本级财政部门（或政府和社会资本合作模式中心）会同行业主管部门根据具体项目情况确定。定性分析所需材料应于专家小组会议召开之日前规定时间内送达专家。

3. 物有所值评价资料的收集

对项目进行物有所值评价的资料主要为项目基本信息，为评价决策提供重要依据，物有所值定性与定量评价所需收集的资料不同。

定性评价需要收集如下相关资料：政府与社会资本合作相关法律法规、规章制度及政策；项目所在行业的行业政策、行业标准及专业技术规范；项目列入开发计划、列作示范项目的相关文件；项目可行性研究报告；项目初步实施方案，项目产出说明；财政部门（政府和社会资本合作中心）、相关行业主管部门以及项目实施机构与项目相关的申请文件及批复，相关会议纪要；对项目实施行政监管和执行管理的机构设置情况；项目用地资料，包括用地红线图、用地批文、宗地规划条件等；其他相关资料。

定量评价需收集的资料，除定性评价所需收集的资料外，还需要取得以下资料：近年来相同或相似地区采用政府传统模式实施的、与PPP项目产出相同或非常相似项目的财务、投资建设、运营维护等资料；项目用地资料，包括用地红线图、用地批文、宗地规划条件等资料；项目相关价格信息、价格指数、采购文件、投标人响应文件等；使用者付费的价格标准及相关文件；项目初步设计、施工图设计等设计文件；对于存量项目，需提供存量资产建设的相关批文、规划设计、建设验收以及运营维护等资料；其他相关资料。

（三）物有所值定性评价

1. 定性评价的方法

项目识别阶段对PPP项目进行定性评价主要采用专家评判法。专家评判法是指通过专家对设置的评价指标进行评分，以对项目是否适宜采用PPP模式作出评价和判断。

2. 定性评价的基本指标

物有所值定性评价的基本评价指标共六项，分别为全生命周期整合程度、风险识别与分配、绩效导向与鼓励创新、潜在竞争程度、政府机构能力、可融资性。

（1）全生命周期整合程度指标

全生命周期整合程度指标主要考核在项目全生命周期内，项目设计、投融资、建造、运营和维护等环节能否实现长期、充分整合。项目设计方案及设计能力是否影响建造成本及运营绩效；投融资能力是PPP模式对社会资本所要求的基本内容；建造质量对维护成本和运营绩效产生着重大影响；建设周期的长短影响着建设成本和可运营周期；在运营周期，项目运营与项目维护相辅相成，项目管理水平影响着项目维护成本，项目维护质量又影响着运营绩效。全生命周期整合程度指标可以派生出合作起始状况、合作期限、社会资本能够统筹安排的因素等子指标。

（2）风险识别与分配指标

风险识别与分配指标主要考核项目全生命周期内各风险因素是否得到充分识别并在政府和社会资本之间进行合理分配。风险识别与分配指标一般包括风险识别方法、风险识别充分性、风险分配原则、风险后果可承担性、风险分配可调整性等子指标。

（3）绩效导向与鼓励创新指标

绩效导向与鼓励创新指标主要考核是指建立以基础设施及公共服务供给数量、质量和效率为导向的绩效标准和监管机制，鼓励社会资本创新。绩效导向与鼓励创新指标可派生出报价标的和评标办法、项目产出说明、创新约束、绩效标准、落实政府采购政策等子指标。

（4）潜在竞争程度指标

潜在竞争程度指标主要考核项目对社会资本参与竞争的吸引力。潜在竞争程度指标可派生出市场测试、意向社会资本的数量与质量、市场成熟度以及促进竞争的措施等子指标。

（5）政府机构能力指标

政府机构能力指标主要考核政府转变职能、优化服务、依法履约、行政监管和项目执行管理等能力。政府机构能力指标可派生出政府的PPP理念、PPP法制环境、PPP模式的运作经验、操作程序、监管能力等子指标。

（6）可融资性指标

可融资性指标主要考核项目的市场融资能力。可融资性指标可派生出融资方式和融资条件、融资机构竞争程度、融资过程中的政府角色等子指标。

（四）物有所值定性评价的补充评价指标

物有所值定性评价的补充评价指标主要是基本评价指标未涵盖的其他影响PPP项目实现物有所值的因素。补充评价指标通常包括项目规模、预期使用寿命、主要固定资产种类、全生命周期成本测算准确性、运营收入增长潜力以及行业示范性，也可以根据项目所在地区及所处行业的具体情况设置有利于评价PPP项目是否能实现物有所值的其他补充评价指标。

1. 项目规模指标

项目规模指标主要考核项目的规模是否能够吸引社会资本参与，项目规模是否能够摊薄前期费用。过大或过小的规模都不利于物有所值目标的实现。项目规模过大，具备相应实力的潜在社会资本数量较少，无法吸引社会资本的充分竞争；因PPP项目的准备、论证、采购等前期费用较大，若项目规模过小，前期费用占项目全生命周期成本的比例会处于较高的水平。

2. 预期使用寿命指标

预期使用寿命指标主要考核项目的预期使用寿命是否能为利用PPP模式提高效率和降低全生命周期成本提供基础条件。社会资本发挥技术优势、管理经验以降低成本和提高效率通常需要较长的时间周期，项目预期使用寿命太短，不利于社会资本提高效率和降低全生命周期成本。不同地区、不同行业利用PPP模式提高效率和降低全生命周期成本不同，所要求的项目预期使用寿命也可能不同。

3. 主要固定资产种类指标

主要固定资产种类指标考核项目主要固定资产种类是否有利于社会资本发挥其长期整合优势。一个项目的资产种类的多少，可能会影响社会资本发挥技术优势和管理经验的潜力。对于资产种类较多的项目，对项目进行设计、建设、运营及维护所要求的专业技术能力和管理能力较高，政府与社会资本进行合作，更能利用社会资本在专业技术及管理经验方面的优势，实现优势互补、合作共赢。

4. 全生命周期成本测算准确性指标

全生命周期成本测算准确性指标主要考核对影响全生命周期成本的主要因素进行识别的完整度，对未来服务需求作出合理预测的年限，全生命周期成本是否能够准确测算，合作周期届满时项目资产处置与移交的要求是否清晰、全面。全生命周期成本是确定PPP合作期长短、付费多少、政府补贴等的重要依据。若无法合理测算项目的全生命周期成本，难以针对全生命周期成本设置合理的控制价，社会资本在降低全生命周期成本方面的竞争可能不充分。

5. 运营收入增长潜力指标

运营收入增长潜力指标主要考核社会资本在满足公共需求前提下增加额外收入和提高项目资产利用率的可能性。社会资本合作方通过实施项目，在满足公共需求的前提下，增加额外收入，可以降低政府的成本和公众的支出。

6. 行业示范性指标

行业示范性指标主要考核项目采用PPP模式运作对所在地区或所处行业的示范作用，是否能带动或推进所在地区或所处行业的市场化程度。

（五）定性评价程序

采用专家评判法进行PPP项目物有所值定性评价，评价过程主要包括评价准备、组成专家组、设置评价指标、拟定评分标准、制作评价会议材料、召开专家组会议、形成定性评价结论等。

1. 评价准备

评价准备阶段，咨询企业应当获取项目初步实施方案、可行性研究报告等资料，了解项目概况、项目产出说明、PPP运作方式、风险分配基本框架、付费机制和调价机制等内容。

2. 组成专家组

定性评价专家组应由经济、技术和法律三个方面的专家组成。通常，专家组人员不少于9名。

3. 设置评价指标

评价指标分为基本评价指标和补充评价指标。基本评价指标包括全生命周期整合程度、风险识别与分配、绩效导向与鼓励创新、潜在竞争程度、政府机构能力、可融资性等六项，缺一不可。补充评价指标主要是六项基本评价指标未涵盖的其他影响因素，包括项目规模大小、预期使用寿命长短、主要固定资产种类、全生命周期成本测算准确性、运营收入增长潜力、行业示范性等。不同的PPP项目，补充评价指标可能存在差异，可选择定性评价补充指标中的全部或部分指标，也可根据项目所在地区、所处行业以及项目特点设置其他补充评价指标。

4. 拟定评分标准

拟定评分标准包括确定各评价指标的权重、拟定各评价指标的评分等级和评分标准。

如：根据财政部《关于印发〈PPP物有所值评价指引（试行）〉的通知》（财金[2015]167号），在各项评价指标中，六项基本评价指标权重合计为80%，其中任一基本评价指标的权重一般不超过20%；补充评价指标权重合计为20%，其中任一补充评价指标的权重一般不超过10%。

每项指标评分分为有利、较有利、一般、较不利、不利五个等级，即对应分值分别为100~81，80~61，60~41，40~21，20~0分。执行物有所值定性评价业务的咨询企业，通常根据每项评价指标的考核要点、派生子指标的考察内容，针对每项评价指标各个等级制定清晰准确的评分标准。

5. 制作评价会议材料

制作评价会议材料，应当根据PPP实施方案内容和设置的评价指标，着重就对应于各评价指标考核或考察要点的项目具体情况进行客观描述和详细介绍，避免主观臆断或人为导向。

6. 召开专家组会议

召开专家组会议前，执行物有所值定性评价业务的咨询企业，一般需要将设置的评价指标、拟定的评分标准以及制作的评价会议材料等定性评价所需资料提交给专家，确保专家掌握必要信息，并保证专家的独立性。专家组会议基本程序如下：

（1）专家在充分讨论后按评价指标逐项打分；

（2）按照指标权重计算加权平均分，得到评分结果，形成专家组意见。

7.形成定性评价结论

合理利用专家组意见形成定性评价结论。原则上，评分结果在60分（含）以上的，通过定性评价；否则，未通过定性评价。

8.定性评价结论及分析

对定性评价结论，应当进行必要的分析。对定性评价结论进行分析的目的，在于指出采用PPP模式及其实施方案存在的不足，并提出合理化建议，以提高PPP项目的物有所值程度。定性评价结论评分结果越高，说明政府采用PPP模式替代传统投资模式的可行性、有益性以及可实现性越高。

（六）物有所值定量评价

1.PPP值的测算

在项目不同阶段，PPP值的计算依据不同。项目识别和准备阶段PPP值是基于实施方案测算政府在股权投资、运营补贴、风险承担、配套投入等方面的财政支出责任的现值。

2.PSC值的测算

PSC值是以下三项成本的全生命周期现值之和：参照项目的建设和运营维护净成本；竞争性中立调整值；项目全部风险成本。

PSC值的测算方法和测算过程如下：

（1）参照项目的设定

参照项目通常包括以下两类：

第一类参照项目通常为最近五年内相同或相似地区采用政府传统模式实施的、与PPP项目产出数量和质量相同或非常相似的项目。

第二类参照项目是假设政府采用现实可行的、最有效的传统投资方式实施的、与PPP项目产出数量和质量相同的虚拟项目。

对上述两类参照项目，需要根据获取的参照物资料、数据的数量和质量，结合拟采用PPP模式项目的特点,恰当选择参照项目,并采用定性或定量分析方法形成参照项目的建设和运营维护净成本。

(2)参数指标选择

明确项目资本结构、资本性收益以及项目周期,选择恰当的折现率与利润率,确定政府自留风险应承担的成本。

(3)计算参照项目的建设和运营维护净成本

建设净成本主要包括参照项目设计、建造、升级、改造、大修等方面投入的现金以及固定资产、土地使用权等实物和无形资产的价值,并扣除参照项目全生命周期内产生的转让、租赁或处置资产所获的收益。

运营维护净成本主要包括参照项目全生命周期内运营维护所需的原材料、设备、人工等成本,以及管理费用、销售费用和运营期财务费用等,并扣除假设参照项目与PPP项目付费机制相同情况下能够获得的使用者付费收入等。

(4)计算竞争性中立调整值

竞争性中立调整值主要是采用政府传统模式比采用PPP模式实施项目少支出的费用,通常包括少支出的土地费用、行政审批费用、有关税费等。

(5)计算项目全部风险成本

项目全部风险成本包括可转移给社会资本的风险承担成本和政府自留风险的承担成本,参照《政府和社会资本合作项目财政承受能力论证指引》(财金[2015]21号)第二十一条及有关规定测算。

政府自留风险承担成本等同于PPP值中的全生命周期风险承担支出责任,两者在PSC值与PPP值比较时可对等扣除。

用于测算PSC值的折现率应与用于测算PPP值的折现率相同,参照《政府和社会资本合作项目财政承受能力论证指引》(财金[2015]21号)第十七条及有关规定测算。

3. 比较PPP值与PSC值

物有所值定量分析的结果通常以物有所值量值或物有所值指数的形式表示。

物有所值量值 = PSC值 – PPP值

物有所值指数 =(PSC值 – PPP值)÷ PSC值 × 100%

物有所值量值或物有所值指标可以是一个确定的值，也可以是区间值。物有所值量值和指数为正的，通过物有所值定量评价；否则，未通过物有所值定量评价。物有所值量值和指数越大，说明政府采用PPP模式替代传统投资模式，政府所能节约的成本越大。

4.定量评价结论及结果分析

PPP值小于或等于PSC值的，认定为通过定量评价；PPP值大于PSC值的，认定为未通过定量评价。

对同一项目分别进行物有所值定性评价和定量评价的，物有所值评价结论分为"通过"和"未通过"。"通过"的项目，可进行财政承受能力论证；"未通过"的项目，可在调整实施方案后重新评价，仍未通过的不宜采用PPP模式。

六、财政承受能力论证

（一）财政承受能力论证的内容

1.论证内容

按照财政部《政府和社会资本合作项目财政承受能力论证指引》（财经[2015]21号）要求，财政部门应根据PPP项目全生命周期内的财政支出、政府债务等因素，对部分政府付费或政府补贴的项目，开展财政承受能力论证，每年政府付费或政府补贴等财政支出不得超出当年财政收入的一定比例。

财政承受能力论证包括责任识别、支出测算、能力评估、报告编制及信息披露。

2.需要收集的资料

咨询企业在执行财政支出能力论证之前，通常需要收集论证所需的相关资料。财政支出能力论证所需的相关资料主要包括：政府与社会资本合作相关法律法规、规章制度及政策；论证对象前五年一般公共预算收支情况，当年拟用于PPP项目预算支出情况；项目物有所值评价报告；其他相关项目的财政承受能力论证报告；财政部门（政府和社会资本合作中心）、相关行业主管部门以及项目实施机构与项目相关的申请文件及批复，以及相关会议纪要；其他相关资料。

(二)政府责任识别

1. 财政支出责任的识别范围

咨询企业执行财政承受能力论证业务,需要完整识别其财政支出责任。对已经完成财政承受能力论证工作的 PPP 项目,直接引用财政承受能力论证报告的结论。对引用已完成财政承受能力论证结论的 PPP 项目,不再识别财政支出责任。对论证范围中未开展财政承受能力论证的 PPP 项目,应完整识别其财政支出责任。

2. 财政支出责任的识别依据

对 PPP 项目全生命周期过程的财政支出责任,依据 PPP 项目初步实施方案进行合理识别。

3. 财政支出责任的分类

PPP 项目全生命周期过程的财政支出责任,主要包括股权投资、运营补贴、风险承担、配套投入等。

(1)股权投资:政府与社会资本共同组建项目公司中,政府承担的股权投资支出责任。

(2)运营补贴:在项目运营期间,政府承担的直接付费责任。

(3)风险承担:项目实施方案中政府承担风险带来的财政或有支出责任。

(4)配套投入:政府提供的项目配套工程等其他投入责任,通常包括土地征收和整理、建设部分项目配套措施、完成项目与现有相关基础设施和公用事业的对接、投资补助、贷款贴息等。

(三)政府支出测算

政府要在其责任承担过程中的不同阶段,根据项目的不同情况和模式,运用不同的测算方式来确定政府的支出数据。每一年度全部 PPP 项目需要从预算中安排的支出责任,占一般公共预算支出比例应当不超过 10%。省级财政部门可根据本地实际情况,因地制宜确定具体比例,并报财政部备案,同时对外公布。各支出测算参考公式见表 5-1。

1. 股权投资支出：依据项目资本金要求以及项目公司股权结构合理确定。

2. 运营补贴支出：根据项目建设成本、运营成本及利润水平合理确定，并按照不同付费模式分别测算。

3. 风险承担支出：充分考虑各类风险出现的概率和带来的支出责任，采用比例法、情景分析法及概率法进行测算。

4. 配套投入支出：综合考虑政府将提供的其他配套投入总成本和社会资本方为此支付的费用。

各支出测算参考公式　　　　　　　　　　表 5-1

政府支出测算	公式
股权投资支出	股权投资支出 = 项目资本金 × 政府占项目公司股权比例
运营补贴支出	政府付费模式项目： $$当年运营补贴支出数额 = \frac{项目全部建设成本 \times (1+合理利润率) \times (1+年度折现率)^n}{财政运营补贴周期（年）}$$ $$+ 年度运营成本 \times (1+合理利润率)$$ 可行性缺口补助模式的项目： $$当年运营补贴支出数额 = \frac{项目全部建设成本 \times (1+合理利润率) \times (1+年度折现率)^n}{财政运营补贴周期（年）}$$ $$+ 年度运营成本 \times (1+合理利润率) - 当年使用者付费数额$$
风险承担支出	风险承担支出 = 基本情况下财政支出数额
配套投入支出	配套投入支出 = 政府拟提供的其他投入总成本 - 社会资本方支付的费用

注：公式中的"n"为运营期，不包含建设期。

（四）政府能力评估

政府能力评估包括财政支出能力评估及行业和领域均衡性评估，政府不仅要确保 PPP 项目不会对地方及政府财政造成过重的负担，也要确保在某一行业和领域的 PPP 项目不会过于集中，造成资源的浪费。

1.财政支出能力评估

(1)财政支出能力评估

财政支出能力评估,是根据PPP项目预算支出责任,评估PPP项目实施对当前及今后年度财政支出的影响;每一年度全部PPP项目需要从预算中安排的支出责任,占一般公共预算支出比例应当不超过10%。

在进行财政支出能力评估时,论证对象未来年度一般公共预算支出的预测数额可以由委托人或财政部门提供,或者在委托人或财政部门提供的未来年度一般公共预算支出数额预测数据基础上结合近年来一般公共预算收入和支出的结构、影响因素、稳定性、增长潜力、变化情况、未来宏观经济前景等因素进行必要的分析和调整后形成。

(2)财政支出能力评估结论的情景分析

进行财政支出能力评估结论的情景分析目的是测量PPP项目多个不确定因素同时发生变化以及某些极端不利事件发生对财政支出能力的影响,帮助财政支出能力评估结论使用者正确理解与科学运用评估结论。财政支出能力评估结论的情景分析,其主要步骤如下:

1)选择不确定因素。进行情景分析时,首先要选择用于分析的不确定因素。对财政支出能力评估结论产生影响的不确定因素,通常应选择一般公共预算支出数额以及影响PPP项目财政支出金额的敏感性因素。影响PPP项目财政支出金额的敏感性因素,通过对主要不确定因素的敏感度系数进行识别,通常第三方收入、运营补贴金额以及风险承担支出金额是影响PPP项目财政支出金额的常见敏感性因素。

2)设计分析情景。对选择的不确定性因素,根据不确定因素同时发生变化以及某些极端不利事件发生的可能组合情况,设计若干项分析情景。设计分析情景时,需要考虑PPP项目不同的不确定因素之间的相关性。分析情景通常包括不利情景、较差情景、最坏情景。三种分析情景按照顺序不断增强不利程度,其中不利情景相对于基准情况更为不利,较差情景相对于不利情景更为不利,最坏情况应反映极端但可能发生的情况。

3)测算分析情景结果。对设计的各种分析情景,分别收集测算所需数据,计算各种分析情景下各个不确定性因素对一般公共预算支出数额或PPP项目财政支出金额的影响值，最终形成各种分析情景下的财政支出能力评估结论。最坏情景的评估结果反映了财政可能需要支出的最大金额。

（3）合同提前终止情景下的财政支出能力分析

对财政支出能力进行评估，重点关注PPP项目出现合同提前终止情景时对当年财政支出能力的影响。委托人要求咨询企业对PPP项目合同提前终止情景下的财政支出能力进行分析的，可以按照以下步骤：

1）识别合同提前终止情形。PPP项目合同提前终止情形主要根据合同提前终止原因进行分类。PPP项目的合同提前终止原因主要包括政府或项目实施机构违约、社会资本违约以及其他导致PPP项目合同提前终止的原因。

2）测算合同终止时点的财政支出数额。通常情况下，需要分别测算每一种原因导致合同提前终止情形下，在合作期限届满前的每一年度出现终止合同情形的支出数额。对合同终止时点支出数额，根据PPP项目合同的约定进行计算。PPP项目合同未对提前终止合同的支出数额作出明确约定的，通常应考虑社会资本的总投入、社会资本已经营年限的收益情况、社会资本未经营年限的预期收益现值、违约一方的违约金等因素进行合理测算。对于因不可抗力事件导致PPP项目合同提前终止的，需要考虑社会资本按约定应购保险的应获理赔补偿金。

3）预测合同终止年度的一般公共预算支出数额。PPP合作期限届满前，各年度一般公共预算支出数额，可参照前五年相关数额的平均值及平均增长率计算，并根据实际情况进行适当调整。

4）计算合同提前终止年度的财政支出能力评估结论。分别计算得出每一种原因导致合同提前终止情形下，在合作期限届满前的每一年度出现终止合同情形的财政支出能力评估结论。

2. 行业和领域均衡性评估

（1）行业和领域均衡性评估应取得的资料

在进行行业和领域均衡性评估时，通常需要收集的相关资料主要包括：政府与社会资本合作相关法律法规和规章制度；与项目相关的各级政府制定的国民经济与社会发展规划、方针政策；本地区所有PPP项目的财政承受能力论证报告；本地区PPP项目的分布情况表；其他相关资料。

（2）行业和领域均衡性评估的目标

行业和领域均衡性评估，是根据PPP模式适用的行业和领域范围，以及经济社会发展需要和公众对公共服务的需求，平衡不同行业和领域PPP项目，防止某一行业和领域PPP项目过于集中。运用PPP模式的行业和领域过于集中，会增加系统性风险。行业和领域均衡性评估，旨在分析评估运用PPP模式的行业和领域的集中程度是否有利于降低系统性风险。

（3）行业和领域均衡性评估的方法和过程

行业和领域均衡性评估采用定量和定性分析方法，具体运用过程如下：

1）划分PPP项目所处的行业和领域。对论证对象承担财政支出责任的全部已实施和拟实施PPP项目，逐项划分PPP项目所处的行业和领域。行业和领域的分类，可参考《国民经济行业分类》GB/T 4754—2017。

2）计算各行业和领域的PPP项目集中度指数。各行业和领域的PPP项目集中度指数，指每个行业和领域PPP项目的相关数值占论证对象承担财政支出责任的全部已实施和拟实施PPP项目相关数值合计数的比值，以百分比表示。计算PPP项目集中度指标的相关数值，一般可选用已投资（拟投资）净值、剩余合作期限财政支出责任数额的折现值等数值。

3）对行业和领域均衡性进行评估。在各行业和领域的PPP项目集中度指数基础上，结合本地区PPP项目数量及其分布情况、财政支出能力评估结果、PPP项目的直接经济效益和间接经济效益等因素，采用定量和定性分析方法，对行业和领域均衡性进行评估。

（4）行业和领域均衡性评估结论

行业和领域均衡性评估结论，可以按照各行业和领域的PPP项目集中度指数的分布或排序进行定量表示，或者对各行业和领域的PPP项目集中程度进行定性描述，或者采用定量表示和定性描述相结合的形式表达行业和领域均衡性评估结论。

(五)报告编制及信息披露

1. 报告编制

在财政承受能力论证报告的编写中,应根据各个项目不同的情况以及政府参与的不同程度来进行报告的编制。

第一部分为政府的责任识别。此部分为政府能力评估的基础,在此部分,政府须明确自己要在哪个阶段进行支出的准备,根据PPP项目类别的不同进行不同的支出准备。

在政府与社会资本一同开展PPP项目之前需要组建项目公司,若由社会资本独自组建项目公司,则政府股权投资支出为零。

其中企业投资项目是指社会资本独自或者与政府共同成立项目公司,由该项目公司拥有项目资产并承担项目风险。此种模式下,社会资本可以在项目建设初期通过设立项目公司模式参与项目合作,也可以在后续通过股权授让或增资扩股模式拥有项目公司股权而参与项目合作。

对一些大型项目,单纯靠项目收益无法弥补项目投资运营成本的,为降低项目公司投资成本,满足项目经济可行性要求,则采用部分项目资产由政府投资建设,其余项目资产由项目公司投资建设,最终整体项目资产移交项目公司运营的模式来开展项目合作。

运营补贴则根据项目的盈利模式来进行识别,在报告中需说明选择何种补贴模式以及选择的原因,并列清每年需要补贴的项目科目,如:当项目采用政府付费模式时,项目运营期间,政府承担全部直接付费责任,政府每年直接付费数额包括:社会资本方承担的年均建设成本(折算成各年度现值)、年度运营成本和合理利润。

风险承担识别过程中则需根据风险出现的概率和带来的支出责任以及合同的约定情况来确定。

配套投入支出责任是指政府承诺将提供的配套工程等其他投入责任,包括土地征收和整理、建设部分项目配套设施、完成项目与现有相关基础设施和公用事业的对接、投资补助、贷款贴息。在报告中应说明项目中配套投入的具体内容与测算方法。

第二部分涉及政府责任的测算。根据项目的实际情况测算出政府在项目上每年的支出情况，报告中应详尽地写出计算过程以及数据来源，具体计算方式参考《政府和社会资本合作项目财政承受能力指引》（财经[2015]21号）。将项目的周期以及折现率等因素考虑在内，测算出每年政府在本项目中的支出。

由于政府财政承受能力应从大局考虑，理论上应该是政府每年将所有当年拟实施的项目进行财政承受能力论证，将所有项目一年支出加总，其数不超过当地政府公共预算支出比例的10%，省政府财政部门可根据本地实际情况来调节这一比例，并报财政部备案，同时对外发布。

第三部分为行业和领域均衡性分析评估。在报告中，应写明项目属于何类设施，运用何种PPP模式进行运作，以及项目实施的必要性和行业在本区域的未来发展情况，保证在此区域内本行业采取PPP模式较少，避免资源的重复浪费。

第四部分为论证结论。内容应概括前三部分的内容，包括项目实施模式和周期、财政能力分析数据和结果、行业和领域均衡性分析的结果，并表述最终结论。

2. 信息披露

2015年1月1日起施行的由全国人民代表大会常务委员会颁布、《中华人民共和国预算法》强化了信息公开方面的规定，PPP项目作为财政支出的组成部分，也要进行相应的信息披露工作。

各级财政部门（或PPP中心）应当通过官方网站及报刊媒体，每年定期披露当地PPP项目目录、项目信息及财政支出责任情况。应披露的财政支出责任信息包括：PPP项目的财政支出责任数额及年度预算安排情况、财政承受能力论证考虑的主要因素和指标等。

项目实施后，各级财政部门（或PPP中心）应跟踪了解项目运营情况，包括项目使用量、成本费用、考核指标等信息，定期对外发布。

省级财政部门应当汇总区域内的项目目录，及时向财政部报告，财政部通过统一信息平台（PPP中心网站）发布。政府、社会资本或项目公司应依法公开披露项目相关信息，保障公众知情权，接受社会监督。

社会资本或项目公司应披露项目产出的数量和质量、项目经营状况等信息。政府应公开不涉及国家秘密、商业秘密的政府和社会资本合作项目合同条款、绩效监测报告、中期评估报告和项目重大变更或终止情况等。

社会公众及项目利益相关方发现项目存在违法、违约情形或公共产品和服务不达标准的，可向政府职能部门提请监督检查。

第六章 项目准备阶段

一、业务范围和操作要求流程

1. 咨询企业在项目准备阶段咨询业务范围主要包括：项目实施方案的编制；项目实施方案的评审。

2. 项目准备阶段流程和主要工作内容如图6-1所示。

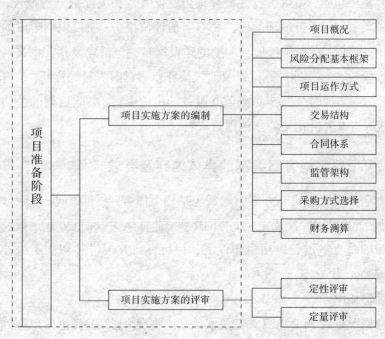

图6-1 项目准备阶段流程和主要工作内容

二、项目实施方案的编制

（一）方案编制前的资料收集

PPP 项目实施方案编制前，通常根据 PPP 项目的具体情况收集如下相关资料：

1. 项目基础性资料

内容主要包括：项目相关的法律法规、规章制度及政策；与项目运营相关的宏观经济、区域经济、产业经济的资料；与项目运营相关的行业现状与发展前景的资料；与项目建设相关的技术规范与标准；与项目建设内容相关的规划资料，包括区域发展规划及项目详细规划；关于项目立项审批、批复等文件。

2. 项目相关业务资料

内容主要包括：项目可行性研究报告及批复、相关评价分析报告；项目进展现状相关资料；项目识别阶段的物有所值评价报告；项目识别阶段的财政承受能力论证报告；在建工程项目前期的建设资料，包括建设相关批文、规划设计、建设验收、运营维护等，以及债权债务转移意向资料等资料；政府配套资金和配套政策；现时公共产品或公共服务的定价资料；财政近期的公共预算的收支情况；与本项目相关的其他项目资料。

（二）项目实施方案编制的具体内容及要求

咨询企业在编制实施方案时通常包括以下内容：项目概况；风险分配基本框架；项目运作方式；交易结构；合同体系；监管架构；采购方式选择及财务测算。项目实施方案需要以项目建议书、可行性研究报告和初步实施方案为基础进行编制。

1. 项目概况

项目概况是对 PPP 项目关键要素的基本情况介绍，主要包括：基本情况（主要明确项目提供的公共产品和服务内容、项目采用政府和社会资本合作模式运作的必要性和可行性，以及项目运作的目标和意义）；技术经济指标（主要明确项目区位、占地面积、建设内容或资产范围、投资规模或资产价值、主要产出说明和资金来源等）；项目公司股权情况（主要明确是否要设立项目公司以及公司股权结构）等。

2. 风险分配基本框架

咨询企业在编写项目实施方案时需要对PPP项目存在的风险进行识别，风险识别方法通常包括：专家调查法、图解分析法、核对表法等。

实施方案风险分配基本框架通常包含项目风险清单、风险分配原则及分配方式、主要风险的分配及控制等。

（1）项目风险清单

风险识别时需要全面查找项目可能面临的主要风险。在不同采购模式下，项目主体面临的风险类别存在差异。在PPP模式下，政府和社会资本需要承担PPP项目风险和PPP项目合同执行风险。

1）PPP项目风险

PPP项目风险可分为：项目外部环境风险、项目内部环境风险和项目其他风险。项目外部环境风险又分为项目宏观环境风险和项目微观环境风险。

① 项目宏观环境风险：也可理解为项目间接环境风险，主要包括法律法规风险、财政政策风险、货币政策风险以及产业政策风险。

② 项目微观环境风险：也可理解为项目直接环境风险，一般包括以下3类：

A. 产业链相关风险：指与项目存在产业链关系，来源于项目上游或项目下游的风险。

B. 监管审批相关风险：指来源于对项目直接规范、监管、审批、规划等方面的风险。

C. 其他外部直接风险：主要包括供给竞争风险、自然地质风险等其他对项目产生直接影响的风险。

③ 项目内部环境风险：主要包括建造周期风险、运营周期风险和移交周期风险。

④ 项目其他风险：主要包括项目征收风险和不可抗力风险。

2）PPP项目合同执行风险

PPP项目合同执行风险可区分为社会资本执行PPP合同可能产生的风险和政府执行PPP合同可能产生的风险。社会资本执行PPP合同可能产生的风险主要指PPP项目合同执行过程中因社会资本一方违约、不守信用或投资主体变更的风险。政府执行PPP合同可能产生的风险主要为PPP项目合同执行过程中因政府一方违约、不守信用或不当干预而产生的风险。

（2）风险分配

风险分配是对识别出的PPP项目风险进行合理分配，明确风险责任的承担主体。风险分配主要针对PPP项目风险。风险分配的原则：

1）最优化风险分配原则：要求将风险分配给最富有经验、最擅长管理风险、风险控制成本最低且有能力承担风险损失的一方。有效的风险分配应该激励社会资本提供效率高、效果好的公共服务，转移给社会资本的风险太少或太多都将限制物有所值的实现。

2）风险与收益对等原则。风险与收益对等原则，要求风险承担主体因承担风险而获得与风险相匹配的收益。

3）可承担性原则：要求责任承担主体具备承担风险后果的实力。当最大风险值超过承担主体可能承受的范围时，通常设置风险后果容忍区间以及风险承担方式变更的触发机制。

4）动态性原则：要求对项目风险的分配与承担应设立弹性条款和动态调整机制，以应对项目风险的变化及新增风险的出现。

5）可操作性原则：要求风险分配具体而明确，在风险出现时双方能够容易理清责任、避免纠纷。特别是政府和社会资本共担风险，应明确具体的共担方式或协商沟通机制。

6）全面性原则：不仅要对重大风险进行全面识别，对识别出来的风险也要全面分配，每一项风险均要明确责任主体，避免遗漏。

（3）风险承担方式

PPP项目风险的承担方式主要有三种：政府承担，社会资本承担，政府和社会资本共担。主要风险分配及控制：

项目主要风险说明及控制，应根据风险清单按照风险分配原则，写明项目全生命周期内的建设、运营、市场、环境等主要风险的分配及应对措施。

主要风险分配根据风险清单按照风险分配原则进行分配。原则上，项目设计、建造、财务和运营维护等商业风险由社会资本承担；法律、政策和最低需求等风险由政府承担；不可抗力等风险由政府和社会资本合理共担。

3. 项目运作方式

PPP项目运作方式主要包括：委托运营（O&M）、管理合同（MC）、建设—运营—移交（BOT）、建设—拥有—运营—移交（BOOT）、建设—拥有—运营（BOO）、转让—运营—移交（TOT）、改建—运营—移交（ROT）、建设—租赁—转让（BLT）、设计—建设—融资—运营—移交（DBFOT）等。

PPP项目具体运作方式的选择主要根据项目特点、回报机制进行确定：

对于具有明确的收费基础，并且经营收费能够完全覆盖投资成本的项目，可通过政府授予经营权，采用建设—运营—移交（BOT）、建设—拥有—运营—移交（BOOT）等模式推进。

对于经营收费不足以覆盖投资成本或难以形成合理回报、需政府补贴部分资金或资源的项目，可通过政府授予经营权附加部分补贴或直接投资参股等措施，采用建设—运营—移交（BOT）、建设—拥有—运营（BOO）等模式推进。

对于缺乏"使用者付费"基础、主要依靠"政府付费"回收投资成本的项目，可通过政府购买服务，采用建设—拥有—运营（BOO）、建设—租赁—运营（BLO）、委托运营（O&M）等市场化模式推进。

4. 交易结构

PPP项目交易结构一般包括：项目投融资结构、回报机制和相关配套、绩效考核机制、退出机制安排。

（1）项目投融资结构

项目投融资结构包括项目公司的资本构成、股权结构、项目设立情况、项目公司资本性支出的资金来源、性质和用途、资产负债安排，项目资产的形成和转移等。

一般项目资本金比例需要符合国家相关规定，如《国务院关于调整和完善固定资产投资项目资本金制度的通知》(国发〔2015〕51号)中规定：机场、港口、沿海及内河航运项目，最低资本金比例为25%；城市轨道交通、铁路、公路、保障性住房和普通商品住房项目的最低资本金比例为20%；其他房地产开发项目的最低资本金比例为25%；其他项目的最低资本金比例为20%。符合国家相关文件的项目可以在规定最低资本金比例基础上适当降低。

融资金额的大小或多少通常根据资金运行的缺口、项目公司的管理运营能力、负债比例和资金供给、融资成本等确定，且尽量选择融资期限较长的贷款。融资担保应根据融资期限、额度来确定，通常还关注PPP项目合同对融资的约束，以免项目的建设运营等活动受到约束和限制。常用的融资方式包括：银行贷款、债券、基金、资产证券化等。

项目融资方案通常还需要界定项目公司的融资权利和义务，以及融资方的权利义务和再融资。

1）项目公司的融资权利和义务

PPP实施方案通常会明确项目全生命周期内相关资产和权益的归属，确定项目公司是否有权通过在相关资产和权益上设定抵押质押担保等方式获得项目融资，以及可否通过股权变更、处置项目相关资产或权益等方式实现投资的退出。

2）融资方的权利和义务

实施方案可能对融资方的权利进行界定，包括融资方的主债权和担保债权、融资方的介入权。

3）再融资

实施方案还可能对项目公司再融资进行规定，再融资应增加项目收益且不影响项目的实施。签署再融资协议前须经过政府的批准等。

（2）回报机制

项目回报机制包括政府付费、使用者付费和可行性缺口补助等支付方式。

项目回报机制进行价格制定时，应当满足保证社会资本合理回报、使用者可承受、综合考虑价格的其他影响因素、动态可调整等原则。

1）政府付费

根据项目类型和风险分配方案的不同，政府付费支付方式通常会依据项目的可用性、使用量和绩效中的一个或多个要素的组合向项目公司付费。

2）使用者付费

使用者付费一般用于高速公路、桥梁、地铁等公共交通项目以及供水、供热等部分公用设施项目中。

3）可行性缺口补助

可行性缺口补助是在政府付费机制与使用者付费机制之外的一种折中选择。对于使用者付费无法使社会资本获取合理收益的项目，可以由政府提供一定的补助，以弥补使用者付费之外的缺口部分，保证社会资本的合理利润。

（3）政府支付的调价机制

实施方案通常还包括调价机制，常见的调价方式包括：公式调整、基准比价、市场测试。

（4）相关配套安排

方案还需要明确由项目公司以外相关机构提供相关配套设施和项目所需的上下游服务，通常包括：

1）支持政策和制度环境

PPP项目在实施方案通常写明国家或当地政府的支持政策与制度环境。

2）配套政策

政府需要积极协调有关部门完善PPP项目土地使用、税收优惠、价格调整、信贷扶持等机制，吸引优秀的社会资本进入，保证其合理的收益，在实施方案中通常明确写明政府提供的配套政策。

3）配套工程

相关配套工程主要写明由PPP项目以外相关机构提供的土地、水、电、气和道路等以及项目所需的上下游服务等工程。

（5）绩效考核机制

PPP项目的绩效评价分为两阶段进行。一是建设完成后进行项目的前中期绩效评价,主要针对项目前期立项、设计、招标及施工阶段指标的评价;二是运营期后的移交阶段进行绩效评价。

(6)退出机制

PPP退出机制的完善将解决资金期限错配、企业生存周期短、回报率与风险错配等问题,有望引入更多种类的资金参与,充分发挥不同社会资本的优势,加速PPP项目落地。

目前正推行的PPP项目资产证券化,不仅可以为社会资本投资PPP项目提供新的退出渠道,并有效降低原始权益人的债务杠杆,同时可以盘活PPP项目的存量资产,使社会资本借此获得较为理想的流动性溢价,进而提高投资人持续的投资能力,并吸引更多的社会资本参与PPP。

5. 合同体系

合同体系主要包括:项目合同体系层次、权利义务边界、交易条件边界、履约保障边界、调整衔接边界等相关内容。

(1)合同体系层次

主要分为两个层次,第一层次是由项目实施机构、中选社会资本之间围绕项目收益签署一揽子合同,主要包括PPP项目合同、股东协议等核心合同体系;第二层次是由项目公司和项目推进过程中的各有关主体签署的协议体系,包括由项目公司与融资方签署的"融资协议"、与施工单位签署的"施工总承包合同"、与设备供应商签署的"设备采购合同"、与保险机构之间签署的"保险合同"、与员工签署的"劳动合同";项目实施机构与监理单位签署的"工程监理合同"、与设计单位签署的"设计合同"、第三方咨询企业签订的"咨询服务合同"等。

PPP项目的参与方及合同的当事方通常包括政府或项目实施机构、社会资本、项目公司、融资方、承包商和分包商、原料供应商、专业运营商、保险公司以及第三方专业机构等。

(2)PPP项目合同主要内容

引言、定义和解释,项目的范围和期限,前提条件,项目的融资,项目用地,项目的建设,项目的运营,项目的维护,股权变更限制,付费机制,履约担保,政府承诺，保险，守法义务及法律变更，不可抗力，政府或项目实施机构的监督和介入，违约、提前终止及终止后处理机制，项目的移交，适用法律及争议解决，合同附件等内容。PPP项目合同通常还会包括其他一般合同中的常见条款，包括知识产权（专利权、商标权、著作权）、计量与计价、环境保护、声明与保证、通知、合同可分割、合同修订等。

（3）权利义务边界

主要明确项目实施机构、政府以及社会资本的相关权利与义务，涉及项目资产权属、社会资本承担的公共责任、政府支付方式和风险分配结果等。

（4）交易条件边界

主要明确项目合同期限、项目回报机制、收费定价调整机制、建设用地、工程建设规范及标准、运营维护规范及标准和运营维护等内容。

（5）履约保障边界

主要明确强制保险方案以及由投资竞争保函、建设履约保函、运营维护保函和移交维修保函组成的履约保函体系。

通常，PPP模式在要求项目公司提供履约担保时，还会根据付费机制、其他激励和约束机制来保障项目公司履约，根据物有所值原则尽量减少不必要的担保形式。在具体项目中是否需要项目公司提供履约担保、需要提供何种形式的担保以及担保额度，一般要求所选用的担保方式足以担保项目公司按合同约定履约，且在出现违约的情形下政府有足够的救济手段。

（6）风险再分配

通常根据项目特征在政府与社会资本之间合理设定协商机制、协同机制以及最大风险范围。对于在项目执行过程中出现的未识别风险，根据风险分担原则对风险进行再分配，再分配时一般还需要考虑对物有所值评价的影响。

（7）调整衔接边界

实施方案通常还需要明确发生哪些情况时进行临时接管和提前终止、合同变更、合同展期、项目新增改扩建等。

（8）其他限制条款

PPP项目合同体系还可能涉及项目公司法人制、施工总承包、股权转让限制、项目唯一性约定等限制条款。

股权转让限制安排时，应恰当考虑从社会资本角度考虑融资的可获得性及社会资本的流动性。在保证合理公共利益风险控制前提下，过于严格的惩罚性合同条款、经营收益所占比例、资产的可抵押性等均可能影响项目融资的可获得性；恰当的股权退出机制，规范化、多元化的退出安排均会提高社会资本的流动性，提高项目对社会资本的吸引能力。

项目唯一性条款主要适用于使用者付费机制的PPP项目，作为书面PPP合同的一部分，将有助于提高政府的公信力和工作效率，推动社会资本踊跃加入PPP项目。

6. 监管架构

监管架构一般包括授权关系、监管方式两部分。

授权关系是明确政府对PPP项目实施机构的授权，以及政府直接或通过项目实施机构对社会资本的授权。

监管方式一般分为履约管理、行政监管以及公众监督三种方式。

履约管理需要明确政府主管部门对项目公司在服务期内的合同履行情况以及定期对项目公司经营情况进行评估和考核的监督管理。

行政监管一般包括安全生产监管，包括政府主管部门的介入权，可以随时进场监督、检查项目设施的建设、维护状况等；成本监管，包括项目公司应向政府主管部门提交年度经营成本、管理成本、财务费用等分析资料；报告制度，包括项目公司向政府主管部门和其他相关部门定期报告（3~5年中期评估报告）和临时报告。

公众监督指项目公司按照法律等要求，建立公众监督机制，依法公开披露收费机制等相关信息，接受社会监督。

PPP方案监督架构通常还强调产出物，弱化事务性管理，鼓励社会资本创新；恰当评估项目实施的风险，针对与公共利益相关的重大风险，设置合理的过程监管。

7. 采购方式选择

应根据项目实际情况及特点合理选择恰当的采购方式，通常包括：公开招标、邀请招标、竞争性谈判、竞争性磋商和单一来源采购。

8. 财务测算

（1）基本要求

项目财务测算通常包括项目全生命周期内各年的经济情况及其全部财务收支有关的数据和资料。应着重测算、分析和评估项目总投资、运营成本、收入及税金、利润、现金流量、政府补贴、社会资本的预期收益等数据。

在财务测算过程中，需要把握数据来源真实性和准确性，对重要的经济数据和参数从不同的方面进行审查核实，避免盲目性和片面性。同时，还应分析某些不确定因素对项目财务数据和参数的影响，根据项目全生命周期内的经济发展趋势，充分考虑对项目经济效益影响大的经济数据和参数的变动趋势，以保证预测的准确性。

（2）主要资料

1）PPP项目可行性研究报告及有关资料，重点是关于项目投资估算及资金筹措、项目规模及运营成本以及经济效益评估方面的资料和数据。

2）国家财政、当地政府、金融部门有关项目的财会、金融、税务制度等有关规定，特别是与PPP项目财务计算和评价有关的制度及规定，税收优惠政策、银行部门有关项目融资方面的规定以及贷款规定和贷款利率等，还应关注贷款及条件、税收政策等方面的新变动和动向。

3）收集同类PPP项目的有关资料，如投资概算、流动资金占用、运营成本、收费价格及利润等数据资料，以便参考对照。同时，还要收集、了解和掌握项目行业主管部门的概算指标及概算编制方法、定额和取费标准等资料。

（3）基本思路

对PPP项目的财务测算需要根据项目投资运营安排等明确项目测算的口径，通常选用自有资金财务现金流作为收益指标。自有资金财务现金流可区分为项目公司自有资金财务现金流和股权自有资金财务现金流。PPP项目内部收益率分为全投资口径内部收益率和权益资本内部收益率。全投资口径内部收益率和权益资本内部收益率在指标内涵、计算方法、影响因素以及指标作用等方面存在显著差异，需要合理确定PPP项目的内部收益率。实务中，鉴于负债偿还和结构安排对项目公司股东收益影响较大，一般采用股权自有资金财务现金流。

三、项目实施方案的评审

咨询企业接受政府相关部门、项目实施机构或社会资本的委托，对PPP项目实施方案进行评审。评审应对项目实施方案进行物有所值和财政承受能力验证，通过验证的，由项目实施机构报政府审核；未通过验证的，可在实施方案调整后重新验证；经重新验证仍不能通过的，不再采用PPP模式。通过验证的实施方案经项目实施机构报同级地方政府进行方案审核，经过审批后才能组织实施。地方政府或授权的PPP项目工作小组可邀请相关部门对实施方案进行审核。

对项目实施方案的评审，需要关注以下内容：

（一）项目概况

项目各参与方身份以及项目所涉及的领域是否符合国家和地方有关法律法规和规范性文件的要求；项目是否能够体现采用PPP模式的优势；项目是否技术可行、经济合理、社会效益良好；是否按照要求开展物有所值评价及财政承受能力论证，物有所值评价及财政承受能力论证关键数据及参数与实施方案等项目资料数据及参数是否一致；项目公司股权结构设置是否合理；项目资本金比例是否符合行业要求；融资贷款利率是否符合同期利率水平。

（二）风险分配基本框架

是否全部识别出PPP项目全生命周期的主要风险；项目风险是否按照风险分配优化、风险收益对等和风险可控等原则，在政府和社会资本间合理分配。

（三）项目运作方式

项目运作方式的选择是否合理，依据是否充分；项目方案各个环节是否能够合理体现所选择项目运行方式的主要特点。

（四）交易结构

是否设置调价机制；是否对调价触发条件进行了详细的说明；是否明确了调价机制运作的整个过程；调价机制是否存在免除社会资本风险的可能性；是否建立了合理的绩效考核机制及绩效指标；项目建设的配套条件、土地、水电、交通等是否具备，如果不具备，是否考虑了恰当的安排并明确了相关配套责任。

（五）合同体系

项目合同体系的建立是否完整；交易条件边界、履约保障边界、调整衔接边界是否明确并且合理界定；是否设置保底承诺、回购安排等变相融资条件；对于涉及公共安全和公共利益的重大事项，政府是否拥有一票否决权或由全体股东一致决议，是否合理限制了社会资本股权退出机制。

（六）监管架构

监管架构的设置是否合理；监管机制是否可行；是否考虑了公众的知情权；对涉及重大公共利益的产品或服务价格是否考虑了适当的监管；是否考虑对可能危害公共利益情形的监管及发生时的处置预案。

（七）采购方式选择

是否根据项目实际情况及特点合理选择恰当的采购方式；是否符合相关法律法规；对供应商条件初步设置是否符合相关法律法规。

（八）财务测算

财务测算方法是否合理；参数选择是否正确；预测是否符合逻辑与客观事

实；预测基础数据是否真实可靠；财务分析方法是否合适；计算是否错误等。还需要关注财务测算、财务安排、绩效付费所对应的财务安排体系，是否有利于社会资本发挥创造性，使其实际利润水平与经营水平直接相关，而非完全取决政府付费安排。

第七章　项目采购阶段

一、业务范围和操作流程

1. 咨询企业在项目采购阶段咨询业务范围主要包括：资格预审文件编制和协助资格预审；采购文件编制与评审（采购控制价）；响应文件的编制（为社会资本服务）；组织采购和响应文件的评审；合同文件设计、协助谈判和签署。

2. 项目采购阶段流程和主要工作内容如图 7-1 所示。

3. PPP 项目采购方式包括公开招标、邀请招标、竞争性谈判、竞争性磋商和单一来源采购。项目实施机构应当根据 PPP 项目的采购需求特点，依法选择适当的采购方式。采购方式适用条件如表 7-1 所示。

采购方式适用条件　　　　　　　　　　　表 7-1

采购方式	适用条件
公开招标	主要适用于采购需求中核心边界条件和技术经济参数明确、完整、符合国家法律法规及政府采购政策，且采购过程中不作更改的项目
邀请招标	①具有特殊性，只能从有限范围的供应商处采购的；②采用公开招标方式的费用占政府采购项目总价值的比例过大的
竞争性谈判	①招标后没有供应商投标或者没有合格标的，或者重新招标未能成立的；②技术复杂或者性质特殊，不能确定详细规格或者具体要求的；③非采购人所能预见的原因或者非采购人拖延造成采用招标所需时间不能满足用户紧急需要的；④因艺术品采购、专利、专有技术或者服务的时间、数量事先不能确定等原因不能事先计算出价格总额的

续表

采购方式	适用条件
竞争性磋商	①政府购买服务项目；②技术复杂或者性质特殊，不能确定详细规格或者具体要求的；③因艺术品采购、专利、专有技术或者服务的时间、数量事先不能确定等原因不能事先计算出价格总额的；④市场竞争不充分的科研项目，以及需要扶持的科技成果转化项目；⑤按照招标投标法及其实施条例必须进行招标的工程建设项目以外的工程建设项目
单一来源采购	①只能从唯一供应商处采购的；②发生了不可预见的紧急情况不能从其他供应商处采购的；③必须保证原有采购项目一致性或者服务配套的要求，需要继续从原供应商处添购，且添购资金总额不超过原合同采购金额的百分之十

4. 五种采购方式特点

（1）公开招标特点

公开招标是政府采购的主要方式，具有如下特点：

1）程序公开透明：全国范围内发布招标公告，开标时当众开封投标响应文件，开标结束后立即交于专家评审，并最后确定候选人，过程透明规范。

2）竞争充分：招标前通过社会媒体发出公告及公开发售标书，能够扩大和保障社会资本方的知情权，使符合条件的社会资本都有充分竞争的机会和权利。

3）降低成本：因为社会资本的范围扩大，符合条件的社会资本会更加多样化，报价也就多样化，公开发布公告，能够寻找到最佳的社会资本，从而降低成本。

4）适用范围有限：主要适用于采购需求中核心条件和技术经济参数明确、完整、符合国家法律法规及政府采购政策，且采购过程中不作更改的项目。

5）合同可谈判内容少：签订合同时，不得通过谈判改变招投标文件的实质性条件。PPP项目采购评审结束后，采购结果确认谈判工作组的工作不涉及招标文件的核心条款。

（2）邀请招标特点

1）招标人选择范围有限：邀请招标针对的是已经对本次PPP政府采购项目有所了解的实体，而且事先已经确定了投标人的数量，即邀请招标中投标人的数目有限，竞争的范围有限，招标人拥有的选择余地相对较小。

2）公开程度低：邀请招标没有发布公告的程序，只是向潜在招标人发布

第七章 项目采购阶段

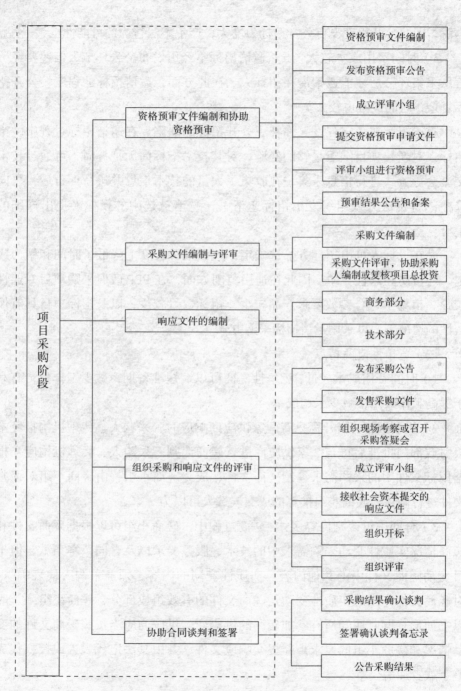

图 7-1 项目采购阶段流程和主要工作内容

邀请，因此公开程度没有公开招标力度大，产生不法行为的可能性也大一些。

3）时间费用成本较大：虽然邀请招标不经历发布公告环节，但还要经历信息采集环节后才能邀请潜在招标人。在此方面，邀请招标的程序较公开招标复杂，时间成本也较大。

邀请招标在一定程度上弥补了公开招标的缺陷。在邀请招标过程中，当招标人对新建项目缺乏足够的经验，对其技术指标尚无把握时，可通过技术交流会等方式进行信息采集，在收集了大量的技术信息并进行评价后，再向选中的特定法人或组织发出招标邀请书，邀请被选中的投标人提出详细的报价。

潜在投标人可由招标方筛选确定，这在某种程度上降低了时间和精力成本，还可防止恶性竞争。因此在适用范围方面，在PPP政府采购项目专业性较强、市场上符合参数要求产品较少、招标数量较少，以及招标项目具有保密性的情况下，可采用邀请招标采购方式。

（3）竞争性磋商特点

1）时间费用成本较低：竞争性磋商可以缩短准备期，减少工作量，有利于提高工作效率，减少采购成本。

2）机制灵活：当开标只有两家供应商响应时，采购人、代理机构报经本级财政部门批准后可与2家供应商进行磋商谈判。采购人、代理机构应当根据招标文件中的采购需求编制磋商文件，成立磋商小组，由磋商小组对谈判文件进行确认，磋商小组推荐的成交候选人可以为2家。

3）合同中可谈判内容多：在磋商过程中，磋商小组可以根据磋商文件和磋商情况实质性变动采购需求中的技术、服务要求以及合同草案条款，但不得变动磋商文件中的其他内容。实质性变动的内容，须经采购人代表确认。对磋商文件作出的实质性变动是磋商文件的有效组成部分，磋商小组须及时以书面形式同时通知所有参加磋商的供应商。供应商应当按照磋商文件的变动情况和磋商小组的要求重新提交响应文件，并由其法定代表人或授权代表签字或者加盖公章。

4）评标办法简便：竞争性磋商采用"综合评分法"，磋商小组从质量和服务均能满足采购文件实质性响应要求的供应商中,按最终报价,与技术标得分综合评定后,由高到低的顺序提出成交候选人。

(4)竞争性谈判特点

1)时间费用成本少:竞争性谈判可以缩短准备期,减少工作量,省去了大量的开标、投标工作,有利于提高工作效率,减少采购成本。

2)供求双方能够进行更为灵活的谈判,有利于对民族工业进行保护,能够激励供应商自觉将高科技应用到采购产品中,同时又能降低采购风险。

3)公开程度低:竞争性谈判竞争范围小。

4)评标效果一般:竞争性谈判是采用"最低评标价"法,谈判小组从质量和服务均能满足采购文件实质性响应要求的供应商中,按报价由低到高的顺序提出成交候选人,容易出现恶意低价中标情况。

(5)单一来源采购特点

1)供货渠道稳定:在单一来源采购中,项目法人与供货商一般具有长期稳定的合作关系,供货渠道稳定。

2)采购程序及操作时间相对较短:因为采购项目只针对一家供应商,无需经过竞标比价等这类复杂环节,因此单一来源采购程序较为简化,大大缩短了采购时间。

3)采购价格较高:单一来源采购不存在比较,不能形成竞争机制,而且产品一般都为进口,运费及关税等附加费较高,致使采购标的价格较高。

5. PPP项目实施机构可以委托政府采购代理机构办理PPP项目采购事宜。PPP项目咨询服务机构从事PPP项目采购业务的,应当按照政府采购代理机构管理的有关要求及时进行网上登记。

二、资格预审文件编制和协助资格预审

(一)资格预审文件编制

1. 资格预审文件的主要内容包括:项目授权主体;项目实施机构和项目名称;采购需求;对社会资本的资格要求;是否允许联合体参与;拟确定参与竞争的合格

社会资本的数量和确定方法;社会资本提交资格预审申请文件的时间和地点等。

2. 资格预审公告的主要内容

(1)资格预审公告应当在省级以上人民政府财政部门指定的政府采购信息发布媒体上发布。资格预审合格的社会资本在签订PPP项目合同前资格发生变化的,应当通知项目实施机构。

(2)资格预审公告应当包括项目授权主体、项目实施机构和项目名称、采购需求、对社会资本的资格要求、是否允许联合体参与采购活动、是否限定参与竞争的合格社会资本的数量及限定的方法和标准,以及社会资本提交资格预审申请文件的时间和地点。提交资格预审申请文件的时间自公告发布之日起不得少于15个工作日。

(3)申请人须知:总则、资格预审文件、资格预审申请文件的编制、资格预审申请文件的递交、资格预审申请文件的审查、通知和确认、重新资格预审、申请人的资格改变、纪律与监督、需要补充的其他内容等。

(4)资格审查办法:审查方法、评审标准、评审程序、审查结果等。

(5)采购需求。

(6)资格预审申请文件格式:资格预审申请函、法定代表人身份证、授权委托书、联合体协议书(如有)、申请人基本情况表、近年财务状况表、近年类似项目情况表、投融资初步方案及能力说明、近年发生的诉讼及仲裁情况、评分资料对照表和其他材料等。根据项目需要编制资格预审文件,并报经项目实施机构审核同意。

(二)资格预审

1. 成立评审小组。例如:根据《关于印发〈政府和社会资本合作项目政府采购管理办法〉的通知》(财库〔2014〕215号)项目实施机构、采购代理机构应当成立评审小组,负责PPP项目采购的资格预审和评审工作。评审小组由项目实施机构代表和评审专家共5人以上单数组成,其中评审专家人数不得少于评审小组成员总数的2/3。评审专家可以由项目实施机构自行选定,但评审专家中至少应当包含1名财务专家和1名法律专家。项目实施机构代表不得以评审专家身份参加项目的评审。

2. 提交资格预审申请文件。社会资本应当按照资格预审文件的要求，在提交资格预审申请文件截止时间之前，提交书面的资格预审申请文件以及相关证明文件资料。

3. 评审小组进行资格预审。例如：根据《关于印发〈政府和社会资本合作项目政府采购管理办法〉的通知》（财库〔2014〕215号）资格预审评审小组按照资格预审文件规定的评审办法，对社会资本提交的资格申请文件及证明文件进行审查，判定其是否具备资格。

有3家以上社会资本通过资格预审的，项目实施机构可以继续开展采购文件准备工作；通过资格预审的社会资本不足3家的，项目实施机构应当在调整资格预审公告内容后重新组织资格预审；项目经重新资格预审后合格社会资本仍不够3家的，可以依法变更采购方式。

4. 预审结果公告和备案。资格预审结果应当告知所有参与资格预审的社会资本，资格预审结束后，资格预审评审小组应汇总资格预审评审情况，编写资格预审评审报告。资格预审评审报告中需要写明项目的概况、资格预审文件发售及递交情况、资格预审审查情况、资格预审审查结果。应说明资格预审的程序、方法，参与申请的社会资本数量、通过资格预审合格的社会资本名单、不合格的社会资本名单及不合格的原因，及其他相关信息，如项目实施负责人、招标代理确认等可作为附件。

评审小组成员应在资格预审结果报告上签字，对预审结果有异议的应在报告上注明；既不签字又不注明的，视为同意资格预审结果。资格预审结果应告知所有参与资格预审的社会资本，并将资格预审的评审报告提交财政部门（政府和社会资本合作中心）备案。

三、采购文件编制与评审

1. 采购文件编制：

（1）采购文件的内容应完整、文字应清楚、准确、精练。采购文件一般按下列几个部分编写：

1）采购邀请。

2）投标人须知：说明、采购文件、投标文件、投标文件的递交、开标、评审、合同授予、重新招标、纪律和监督、政府采购政策、需要补充的其他内容等。

3）PPP项目合同（草案）：合同协议书、合同通用条款（建议内容）、合同专用条款。同时应当明确项目合同必须报请本级人民政府审核同意，在获得同意前项目合同不得生效。

4）项目采购需求：项目概况、风险分配基本框架、项目运作方式、交易结构、合同体系、监管架构、附件等。

5）评审办法：评审方法、评审程序、投标文件初审、澄清有关问题、比较与评价、评审结果。

6）投标文件格式：投标函、开标一览表、法定代表人身份证明、授权委托书、联合体协议书（如有）、投标保证金、项目总投资、偏离表、项目公司设立方案、资格文件、投标人拟定的项目实施方案等。

2. 采用竞争性谈判或者竞争性磋商采购方式的，项目采购文件除上款规定的内容外，还应当明确评审小组根据与社会资本谈判情况可能实质性变动的内容，包括采购需求中的技术、服务要求以及项目合同草案条款。采用单一来源采购方式的应说明采用此方式的理由。

3. PPP项目采购文件编制完成后，须经项目实施机构审核、确认同意。

4. 采购文件评审

（1）咨询企业协助政府或项目实施机构审核项目采购文件时，应当依据《中华人民共和国政府采购法》、《中华人民共和国政府采购法实施条例》等法律、法规的具体要求，结合项目实施方案、物有所值评价报告及财政承受能力论证报告等具体内容进行评审。

（2）广泛开展市场分析和调研，并依据项目可行性研究报告、项目实施方案、项目规划及物有所值评价报告、财政承受能力论证报告等资料，对项目投资回报（收益）进行分析测算，对采购清单及控制价的编制进行审核，为采购人设定采购底价提供参考。

四、响应文件的编制

1. 响应文件需要内容完整,通常包含全部采购文件要求的资料,其分为商务部分和技术部分。

(1)商务部分主要包括:投标函、开标一览表、法定代表人身份证明、授权委托书、联合体协议书(如有)、投标保证金、项目总投资、偏离表、项目公司设立方案、投标人基本情况表、近年财务状况表、近年完成的类似项目(PPP项目)情况表、近年发生的诉讼及仲裁情况等。

(2)技术部分主要包括:为社会资本拟定的项目实施方案,包括融资方案及融资能力证明、建设方案及建设能力证明、运营方案及运营能力证明、市场及投资回报(收益)分析、风险责任划分、移交方案,以及其他,如保险、审计、安全、劳务等法律规定的内容等。

2. 咨询企业要重点协助社会资本对项目总投资审核和复核。要广泛开展市场调研,建立技术经济评价模型对项目投资回报(收益)及其风险进行多因素分析测算。为社会资本投标决策提供相关数据。

3. 协助社会资本编制项目响应文件时,重点要关注下列事项:对采购文件响应程度和对评分标准的满足程度;响应文件需要客观体现社会资本的实力和信誉状况、竞争优势;投标报价要经过充分测算,具有竞争力。

五、组织采购和响应文件的评审

1. 发布采购公告。采购文件编制完成并经项目实施机构审核、确认同意后,应发布采购公告(竞争性谈判公告、竞争性磋商公告、单一来源采购公告等)。PPP项目采购公告包括项目基本情况、对竞争者的资格要求和提交响应文件的地点、截止时间以及保证金交纳的方式和账户、联系人和联系方式等。PPP项目采购公告应在省级及以上财政部门指定的政府采购信息发布媒体公开发布。

2. 发售采购文件。向社会资本发售或提供采购文件,采取资格预审仅向通过资格预审的社会资本发售或提供采购文件。

3. 组织现场考察或召开采购答疑会。为了让社会资本充分了解项目方案的内容及要求，咨询企业应与项目实施机构共同组织社会资本进行现场考察或者召开采购前答疑会，凡是获取了采购文件的社会资本均可受邀参加，不得单独或者分别组织只有一家社会资本参加的现场考察或答疑会。现场考察或答疑会结束后，应根据现场考察及答疑情况，向社会资本发出书面澄清说明或答疑文件。若涉及项目核心调整的内容，影响社会资本编制响应文件的，则需向社会资本发出对采购文件的书面变更通知。书面澄清说明、答疑文件和变更通知是采购文件的有效组成部分。若书面澄清说明、答疑文件和变更通知发出后距提交响应文件截止时间不足法定时间的，则应顺延提交响应文件截止时间。

4. 成立评审小组。评审小组负责PPP项目采购的评审工作。如：根据财库〔2014〕215号相关规定，评审小组由项目实施机构代表和评审专家共5人以上单数组成，其中评审专家人数不得少于评审小组成员总数的2/3。评审专家可以由项目实施机构自行选定，但评审专家中至少应当包含1名财务专家和1名法律专家。项目实施机构代表不得以评审专家身份参加项目的评审。资格预审阶段的评审小组成员，可作为评审小组成员参加评审。

5. 接收社会资本提交的响应文件。社会资本参加PPP项目采购，须按照采购文件规定的格式和要求编制响应文件，并在提交响应文件截止时间前向项目实施机构或咨询企业提交。项目实施机构或咨询企业应在采购公告、采购文件规定的时间和地点，安排专人负责接收社会资本递交的响应文件。社会资本提交响应文件时，须提交资格证明文件及要求提交的其他相关文件；凡未与响应文件一并提交的文件资料，在采购评审时不得作为评审依据。

6. 组织开标。咨询企业应在采购公告、采购文件规定的时间和地点协助组织开标，项目实施机构应派代表出席并在开标会上介绍项目情况，提交了响应文件的社会资本也应派代表参加开标。开标邀请纪检监察、公证等有关部门代表进行现场监督。PPP项目开标仪式应公开查验响应文件的密封情况、宣布查验结果、社会资本的投标报价（参加谈判、磋商时的第一次报价）、报价声明以及应当宣读的其他内容。开标时未公开宣读的报价内容，在项目评审时不得作为评审依据。

7. 组织评审

（1）召开评审预备会议。在项目评审开始前，咨询企业应召集评审小组成员，召开评审预备会议，由项目实施机构介绍项目基本情况，宣布评审工作纪律，安排评审工作。评审预备会议结束后，评审小组应独立进行项目评审。

（2）进行符合性审查。符合性审查主要是对社会资本的资格、资质以及提交的响应文件进行审查，以判定其是否符合要求。前期已进行资格预审的，在采购评审阶段可不再对社会资本进行资格审查。前期未进行资格预审，允许进行资格后审的，或者前期已经进行过资格预审，但采购文件规定在采购评审阶段还要再进行资格预审的，在评审时，评审小组均应对社会资本进行资格审查。符合性审查的第二项内容，是审查社会资本提交的响应文件是否完整、格式是否符合要求、是否有重大缺漏项、是否含有项目实施机构不能接受的条件等。响应文件的符合性审查也包括两个方面，一是审查响应文件是否完整、是否符合采购文件的要求；二是审查响应方案是否符合采购文件要求，技术响应方案、商务响应方案是否对项目方案作出实质性响应。最终通过审查的社会资本数量不足法定数量的，评审应予终止；经批准转为其他方式的，评审可按相应规定继续进行。

（3）进行询问和澄清。在评审过程中，评审小组对响应文件的技术、商务方案对采购文件的响应情况可向社会资本进行询问，要求社会资本就询问的事项作出解释和澄清说明。社会资本应就询问的事项进行澄清并作出说明，所有的澄清及说明必须以书面形式作出，并由其法人代表或被授权人签字确认。

（4）进行综合评审。在符合性审查、询问、澄清之后，进入综合评审阶段。综合评审仅针对通过符合性审查的社会资本进行。综合评审时，如项目采取招标方式，则由评标委员会根据招标文件规定的评标办法、评标标准对社会资本进行评分，并根据评分情况对各社会资本作出综合评审结论。如采取竞争性谈判方式，则在符合性审查之后，由谈判小组与参与谈判的各社会资本分别进行一对一谈判；经谈判后，谈判小组应对社会资本的谈判方案作出综合评审结论，并对项目采购方案作出调整和完善；社会资本就完善后的采购方案重新提交响应文件，作出最终承诺报价；谈判小组对各社会资本提交的响应文件及最终承诺报价作出综合评审结论。如采取竞争性磋商方式,则在符合性审查之后,磋商小组与参与磋商的社会资本分别进行一对一磋商;磋商结束后,磋商小组可以根据磋商文件和磋商情况,调整采购方案,就采购需求中的技术、服务要求以及合同草案条款作出实质性变动;各社会资本应针对调整和变动后的采购方案重新提交响应方案,提交最后报价;磋商小组根据磋商文件规定的评审办法、评审标准,对各社会资本的响应文件和最后报价进行综合评分,根据综合评分情况,对社会资本作出综合评审结论。

(5)编写评审结果报告。综合评审结束后,评审小组应根据综合评审情况,编写评审结果报告。评审结果报告中应推荐1~3名中标、成交候选人。采用招标、竞争性磋商方式的,候选人的顺序按照综合评分得分从高到低依次排列;采用竞争性谈判方式的,按照符合要求的社会资本的最终承诺报价,从低到高依次排列。允许进行资格后审的,评审结果报告还应包含资格评审结果。评审小组成员应在评审结果报告上签字,对自己的评审意见承担法律责任。评审小组成员对评审结果报告有异议的,应在报告上签署不同意见并说明理由,否则视为同意评审结果报告。

六、协助合同谈判和签署

1. 采购结果确认谈判。评审结束后,进行采购结果确认谈判,经谈判后再确定中标、成交候选社会资本,是PPP项目区别于一般政府采购项目的另一特点。采购结果确认谈判可按以下程序开展:

(1)成立采购结果确认谈判工作组。评审结束后,项目实施机构应成立采购结果确认谈判工作组。谈判工作组成员及数量由项目实施机构确定,其成员应包括预算管理部门、行业主管部门代表及工程、财务、法律等方面的专家。涉及价格管理、环境保护的PPP项目,还应包括价格管理、环境保护行政执法机关代表。评审小组成员可作为谈判工作组成员参与采购结果确认谈判。

(2)进行采购结果确认谈判。采购结果确认谈判工作组按照评审结果报告推荐的候选社会资本排名,依次与候选社会资本就PPP项目方案以及项目合同中可变的细节问题进行合同签署前的确认谈判,第一名谈判终止后,再与第二名谈判,以此类推,最后达成一致的候选社会资本即为预中标、成交社会资本。确认谈判过程中,不得涉及合同中不可谈判的核心条款,也不得与排序在前但已终止谈判的社会资本进行重复谈判。

(3)编写谈判结果报告。采购结果确认谈判结束后,谈判工作组应根据谈判情况以及与中标、成交社会资本达成一致的事项,编写谈判结果报告,确定达成一致的候选社会资本为预中标、成交社会资本。谈判工作组成员应在谈判结果报告上签字确认,对谈判结果有异议的应在报告上签字并注明;既不注明也不签字确认的,视为同意谈判结果。

2. 签署确认谈判备忘录。预中标、成交社会资本确定后,项目实施机构应与预中标、成交社会资本签署采购结果确认谈判备忘录。如:根据财库〔2014〕215号相关规定,采购结果确认谈判结果备忘录应在预中标、成交社会资本确定后10个工作日内签署。

3. 公告采购结果。如:根据财库〔2014〕215号相关规定,采购结果公示期不少于5个工作日,如公示期间有关当事人未提出异议,可确定中标、成交社会资本。中标、成交社会资本确定后,应将中标、成交结果在省级及以上财政部门指定的政府采购信息发布媒体上进行公告,向中标、成交社会资本发出中标、成交通知书,并将中标、成交结果告知参加采购活动的其他社会资本。

中标、成交结果公告应包括PPP项目实施机构和咨询企业的名称、地址和联系方式;项目名称和项目编号;中标或者成交社会资本的名称、地址、法人代表;中标或者成交标的名称、主要中标或者成交条件(包括但不限于合作期限、服务要求、项目估算、回报机制)等;评审小组和采购结果确认谈判工作组成员名单等。

4. 如:根据财库〔2014〕215号相关规定,项目实施机构应当在中标、成交通知书发出后30日内,与中标、成交社会资本签订经本级人民政府审核同意的PPP项目合同。项目实施机构应当在PPP项目合同签订之日起2个工作日内,将PPP项目合同在省级以上人民政府财政部门指定的政府采购信息发布媒体上公告,但PPP项目合同中涉及国家秘密、商业秘密的内容除外。

第八章 项目执行阶段

一、业务范围和操作流程

咨询企业在项目执行阶段咨询业务范围主要包括：协助设立项目公司；融资咨询；设计文件的适配性与经济性评价；项目概算编制及评审；项目建设的全过程造价咨询；项目建设的全过程项目监管；项目竣工决算编制与审计；项目绩效评价与支付评审；项目中期评估；项目再谈判的相关咨询。

项目执行阶段流程和主要工作内容如图 8-1 所示。

二、协助设立项目公司

1. 项目公司是依法设立的自主运营、自负盈亏的具有独立法人资格的经营实体。PPP 项目执行时，社会资本可依法设立项目公司，政府相关部门可指定相关机构依法参股项目公司。但政府在项目公司中的持股比例应当低于 50% 且不具有实际控制力及管理权。

2. 咨询企业在协助设立项目公司时，应重点关注下列事项：

（1）股东协议。股东协议由项目公司的股东签订，用以在股东之间建立长期的、有约束力的合约关系。股东协议通常包括以下主要条款：前提条件、项目公司的设立和融资、项目公司的经营范围、股东权利、履行 PPP 项目合同的股东承诺、股东的商业计划、股权转让、股东会、董事会、监事会组成及其职权范围、股息分配、违约、终止及终止后处理机制、不可抗力、适用

第八章 项目执行阶段

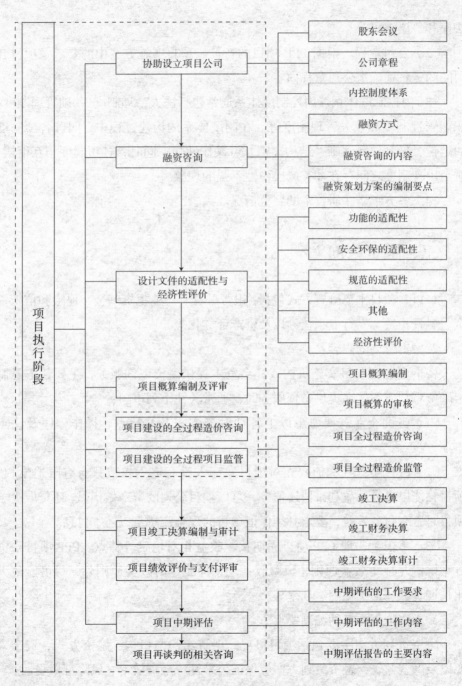

图 8-1 项目执行阶段流程和主要工作内容

法律和争议解决等。

（2）公司章程。根据PPP项目的特征、项目实施方案中的要求及项目合同的约定事项确定公司章程内容。

（3）内控制度体系。内控制度体系通常包括法人治理制度、基础管理制度、职能管理制度和业务管理制度等。在制度体系的构建过程中，明确各项制度的定位，做到层次清晰、结构完整、可操作性强，同时，各项制度相互衔接，避免出现制度之间存在冲突或操作性不强的现象。

（4）各方承诺注册资本的到位情况。

三、融资咨询

1. PPP项目主要融资方式包括：银行融资、产业投资基金、保险和信托资金、融资租赁、发行专项债券以及资产证券化等。

2. 融资咨询的内容：

咨询企业为项目实施机构或社会资本提供融资咨询服务，主要任务是制定融资策划方案。在提供融资服务时，通常关注下列事项：

（1）咨询企业需要熟悉以上各种融资方式及其特点、操作程序及注意事项。

（2）PPP项目融资债权人对项目发起人没有追索权或只有有限追索权，项目只能以自身的盈利来偿还债务，可以项目公司的资产做担保；还贷取决于项目是否有财务效益，要求必须保证项目的现金流量足以还本付息。

（3）考虑到一般PPP项目周期长、收益相对稳定等特点，PPP项目融资方案除满足成本效益原则、风险收益均衡原则、时效性原则外，尽可能最大化长期贷款、最优化固定利率等。

3. 融资策划方案的编制要点

融资策划方案主要包括项目概况、融资组织与机构、融资方式、资金来源以及融资监管，融资策划方案应保证公平性、融资效率、风险可接受性。

（1）项目概况应明确项目名称、项目位置、建设用地、建设工期以及建设规模等。

（2）融资组织与机构中应明确融资主体、投资机构以及项目融资结构等。

（3）融资方式中应明确项目的融资方式、资金使用及偿还计划以及股东退出方案。

（4）资金来源应明确项目总投资、融资规模、资金来源以及政府提供的其他投融资支持。

（5）融资监管应明确资金监管小组成员构成，资金监管小组应当严格按照项目实施计划和资金使用计划监督项目资金的拨付情况，保证资金使用的合理性。

四、设计文件的适配性与经济性评价

1. 咨询企业接受政府相关部门或社会资本委托对项目的设计文件进行适配性评价，可通过对设计文件与可行性研究报告、采购文件、PPP合同文件适配性的审查，对设计文件的适配性做出评价。

（1）评价依据包括项目可行性研究报告、采购文件、响应文件、项目实施方案、PPP项目合同及相关行业的资料。

（2）咨询企业开展项目设计文件适配性评价时应成立专业组，包括建筑、工艺、设备、电力、仪表等相关专业工程师。

（3）设计文件适配性审查的内容

1）功能的适配性：建设规模、工艺线路选择、生产能力、产品方案、工厂组成、公用工程及辅助生产装置配套、总图等是否符合要求。

2）安全环保的适配性：项目的防火、防爆、防雷、防震以及环保、"三废"有害物的浓度或排放量是否符合要求。

3）规范的适配性：设计基础资料齐全、准确、有效，设计文件的内容、深度、格式是否符合规范的要求。

4）其他：工程设计文件交付期限是否符合规定要求。

2. 设计文件经济性评价推荐从以下方面开展：

（1）装置（或项目）年运转时间、原材料及动力消耗指标、能源及动力配置合理性、运行效率、节能措施、能耗水平等是否处于国内同类设计先进水平。

（2）改扩建及技改工程应注意挖潜填平补齐和节能降耗方面的评价。

3. 设计文件的经济性评价应执行国家发展改革委、住房城乡建设部发布的《建设项目经济评价方法和参数》的有关规定，主要内容为财务评价。

4. 财务评价的内容应包括财务分析与财务评价两个部分，财务分析与评价工作包括盈利能力分析、清偿能力分析和不确定性分析。

5. 财务评价应遵循以下工作程序：

收集、整理和计算有关财务评价基础数据与参数等资料→估算各期现金流量→编制基本财务报表→进行财务评价指标的计算与分析→进行不确定性分析→做出项目财务评价的最终结论。

6. 盈利能力分析应通过编制全部现金流量表、自有资金现金流量表和损益表等基本财务报表，计算财务内部收益率、财务净现值、投资回收期、投资收益率等指标来进行定量判断。

7. 清偿能力分析应通过编制资金来源与运用表、资产负债表等基本财务报表，计算借款偿还期、资产负债率、流动比率、速动比率等指标来进行定量判断。

8. 不确定性分析应通过盈亏平衡分析、敏感性分析等方法来进行定量判断。

五、项目概算编制及评审

（一）项目概算编制

1. 项目概算的建设项目总投资包括建设投资、建设期利息及流动资金。建设投资应包括工程费用、工程建设其他费用和预备费。工程费用应由建筑工程费、设备购置费、安装工程费组成。

2. 项目概算的编制可参照《建设项目设计概算编审规程》CECA/GC 2—2015，并根据项目情况具体确定。

（二）项目概算的审核

1. 概算审核的主要内容包括：

（1）概算的编制依据是否符合法律、法规及其他规定要求；

（2）概算的编制方法是否正确；

（3）概算所反映的建设规模、建设标准、建设内容是否与设计内容、可行性研究报告及项目合同相符；

（4）设备规格、数量和配置是否和设计要求一致；

（5）概算定额、概算指标、各项费用定额及取费标准是否符合相关规定；

（6）概算是否超规模、超标准或存在多项、漏项等；

（7）严格审查概算的真实性和准确性。

2. 概算审查方法

审查设计概算时，应根据工程项目的投资规模、复杂程度和概算编制质量来确定审查方法。

（1）对工程量估算、定额单价和取费标准进行逐项审查

在概算表中，对各分部分项工程的工程量、单价和取费标准，根据有关定额和计算规则进行逐项全面审查，审查其定额单价和取费标准的选用是否恰当。

（2）调查当地造价水平和类似工程的成本资料，预测工程造价与材料价格的走势。

（3）对某些概算单价较大、工程量数值大、设备单件价值较大且系统复杂的分部分项工程项目，应进行全面的审查。

（4）参照已建工程的有关技术经济指标，对各分项工程量进行核对比较，如发现超过指标幅度较多时，则应对其进行重点审查，提出修改建议。

（5）根据国家规定的指标或行业指标审查，如发现超过指标幅度较多的，再重点对其审查。

六、项目建设的全过程造价咨询

1. 咨询企业接受社会资本或项目公司（SPV 公司）等的委托开展全过程造价咨询，应符合《建设工程造价咨询规范》GB/T 51095—2015、《建设项目全过程造价咨询规程》CECA/GC4—2009 等国家标准及行业标准的相关规定。

2. 咨询企业根据咨询合同约定及自身条件，负责或参与 PPP 项目建设阶段全过程造价咨询的工作内容一般包括：

（1）投资估算；

（2）设计概算；

（3）施工图预算的编制或审核；

（4）工程招标文件的编制；

（5）施工合同的相关造价条款的拟定；

（6）各类招标项目投标价合理性的分析；

（7）建设项目工程造价相关合同履行过程的管理；

（8）工程计量支付的确定；审核工程款支付申请，提出资金使用计划建议；

（9）施工过程的设计变更、工程签证和工程索赔的处理；

（10）提出工程设计、施工方案的优化建议，负责各方案工程造价的编制与比选；

（11）协助建设单位进行设计阶段投资分析及控制（估算及概算编制或审核、总体方案技术经济比较）、投资分析、风险控制，提出融资方案的建议；

（12）各类工程的竣工结算审核；

（13）竣工决算的编制与审核；

（14）运营及维护绩效考评；

（15）建设项目后评价；

（16）建设单位委托的其他工作。

3. 咨询企业承担 PPP 项目建设阶段全过程造价咨询服务应树立以价值管理为核心的项目管理理念，发挥造价管理的核心作用；应针对 PPP 项目的交易、实施、结算、决算等不同阶段,依据相关标准编制各阶段的工程造价成果文件,真实反映各阶段的工程造价;咨询企业应主动地配合项目管理人员和设计人员通过方案比选、优化设计等手段,进行工程造价控制与分析,确保PPP项目在经济合理的前提下技术先进。

七、项目建设的全过程项目监管

咨询企业接受政府部门的委托,开展项目建设阶段的全过程监管,主要涵盖PPP项目从开工建设到竣工整个过程的监管。

咨询企业开展建设全过程项目监管的主要工作内容包括:

1. 对PPP项目合同及其相关合同的执行情况进行监管:包括对资金到位情况、勘察、设计、施工及设备材料供应的监管、合同价款咨询(包括合同分析、合同交底、合同变更管理工作)。

2. 设计方案和设计文件的适配监管。

3. 施工图预算的审批监管。

4. 对发包和招投标进行监管,防范转包和违法分包。

5. 对成本、质量和进度进行监管,对工程款支付和工程造价的跟踪监管:

(1)造价风险分析及建议;

(2)施工阶段清标、预算价清理;

(3)统计工程量,与计息约定匹配的工程进度款计算及审核;

(4)变更、签证及索赔监管(包括变更测算、签证审核、索赔计算或审核)、重要隐蔽工程监管;

(5)材料、设备的采购和供应情况监管;

(6)项目动态造价分析;

(7)工程技术经济指标分析;

(8)审核及汇总分阶段工程结算。

6. 竣工工程结算监管,审核工程结算的真实性、合规性、准确性。

7. 项目竣工验收的监管。

8. 对建设期项目公司的财务状况进行监管。

项目建设期重点监管内容是工程进度、建设质量和资金使用。咨询企业在对项目进度进行监管时，可以要求项目公司定期提交《建设工程进度报告》，确保项目施工进度与合同中约定进程安排的相一致。在工程质量和资金监管方面，要求项目公司委托的监理和咨询企业定期向监管单位提交相关报告。

负责 PPP 项目监管的咨询企业应定期向政府方提交 PPP 项目监管报告，监管报告的主要内容包括：

1. 项目概况和监管情况综述；
2. 工程进度完成情况、与合同进度的差异及原因分析；
3. 工程量及投资额完成情况、与计划的差异及原因分析；
4. 工程款支付和工程造价审核的情况；
5. 重大设计变更情况；
6. 项目公司（SPV 公司）的财务状况；
7. 其他重大事项；
8. 合理化建议。

八、项目竣工决算编制与审计重点

工程竣工决算应综合反映竣工项目从筹建开始到项目竣工交付使用为止的全部建设费用、投资效果，正确核定新增资产价值。

在编制工程竣工决算时应关注的主要工作如下：

对整个工程建设资金的筹集与使用，财务收支情况进行全面的整理和核对；

及时清理各项往来款项，落实债权债务，防止工程结束后无人处理；

工程竣工，要督促有关部门进行仓库盘点和现场清理工作，及时处理剩余的工程物资，多余的设备、材料要全部退库；

做好其他费用项目的分析分摊工作。其他费用项目，因其性质不同，财务上有各种不同的处理方式，对于要增加固定资产价值但分不出为哪一个工程项目支付的需要分摊的共同费用,需要按其不同性质,做出不同的分摊方法。

竣工决算的编制内容包括项目竣工财务决算报表、竣工财务决算说明书、竣工财务决(结)算审核情况及相关资料。如根据《财政部令第81号—基本建设财务规则》及财政部《关于印发〈基本建设项目竣工财务决算管理暂行办法〉的通知》(财建〔2016〕503号),主要内容包括:

1. 竣工财务决算报表:

(1)封面;

(2)基本建设项目概况表;

(3)项目竣工财务决算表;

(4)资金情况明细表;

(5)交付使用资产总表;

(6)交付使用资产明细表;

(7)待摊投资明细表;

(8)待核销基建支出明细表;

(9)转出投资明细表。

2. 竣工财务决算说明书:

(1)项目概况。从项目的批准单位、日期、文号、工程建设起止时间、质量、安全、完成工作量、主要设备、材料消耗量、项目建设规模及试生产情况等方面进行说明;

(2)会计账务处理、财产物资清理及债权债务的清偿情况;

(3)项目建设资金计划及到位情况,财政资金支出预算、投资计划及到位情况;

(4)项目建设资金使用、项目结余资金分配情况;

(5)项目概(预)算执行情况及分析,竣工实际完成投资与概算差异及原因分析;

(6)尾工工程情况;

(7)历次审计、检查、审核、稽察意见及整改落实情况;

（8）主要技术经济指标的分析、计算情况；

（9）项目管理经验、主要问题和建议；

（10）预备费动用情况；

（11）项目建设管理制度执行情况、政府采购情况、合同履行情况；

（12）征地拆迁补偿情况、移民安置情况；

（13）需说明的其他事项；

（14）编制说明。

3. 竣工财务决（结）算审核情况：

项目竣工决（结）算经有关部门或单位进行项目竣工决（结）算审核的，需附完整的审核报告及审核表。

竣工财务决算审核报告内容应当详实，主要包括：

（1）审核说明；

（2）审核依据；

（3）审核结果；

（4）意见；

（5）建议。

竣工财务决算审核表主要包括：

（1）封面；

（2）项目竣工财务决算审核汇总表；

（3）资金情况审核明细表；

（4）待摊投资审核明细表；

（5）交付使用资产审核明细表；

（6）转出投资审核明细表；

（7）待核销基建支出审核明细表。

4. 相关资料主要包括：

（1）项目立项、可行性研究报告、初步设计报告及概算、概算调整批复文件的复印件；

（2）项目历年投资计划及财政资金预算下达文件的复印件；

（3）审计、检查意见或文件的复印件；

（4）其他与项目决算相关资料。

5. 项目竣工财务决算审计重点：

（1）竣工决算编制依据。审查决算编制工作有无专门组织，各项清理工作是否全面、彻底，编制依据是否符合国家有关规定，资料是否齐全，手续是否完备，对遗留问题处理是否合规。

（2）项目建设及概算执行情况。审查项目建设是否按批准的初步设计进行，各单位工程建设是否严格按批准的概算内容执行，有无概算外项目和提高建设标准、扩大建设规模的问题，有无重大质量事故和经济损失。

（3）交付使用财产和在建工程。审查交付使用财产是否真实、完整，是否符合交付条件，移交手续是否齐全、合规；成本核算是否正确，有无挤占成本、提高造价、转移投资的问题；核实在建工程投资完成额，查明未能全部建成的原因，及时交付使用。

（4）转出投资、应核销投资及应核销其他支出。审查其列支依据是否充分，手续是否完备，内容是否真实，核算是否合规，有无虚列投资的问题。

（5）尾工工程。项目一般不预留尾工工程，确需预留尾工工程的，具体根据修正总概（预）算和工程形象进度，核实尾项工工程的未完工程量，留足投资，尾工工程投资不超过批准的项目概（预）算总投资的5%。防止将新增项目列作尾工项目、增加新的工程内容和自行消化投资包干结余。

（6）结余资金。核实结余资金，重点是库存物资，防止隐瞒、转移、挪用或压低库存物资单价，虚列往来欠款，隐匿结余资金的现象。查明器材积压，债权债务未能及时清理的原因，揭示建设管理中存在的问题。

（7）基建收入。基建收入的核算是否真实、完整、有无隐瞒、转移收入的问题；是否按国家规定计算分成，足额上交或归还贷款；留成是否按规定交纳"两金"及分配和使用。

（8）投资包干结余。根据项目总承包合同核实包干指标，落实包干结余，防止将未完工程的投资作为包干结余参与分配；审查包干结余分配是否合规。

（9）竣工决算报表。审查报表的真实性、完整性、合规性。

（10）投资效益评价。从物资使用、工期、工程质量、新增生产能力、预测投资回收期等方面全面评价投资效益。

（11）其他专项审计，可视项目特点确定。

九、项目绩效评价与支付评审

项目绩效评价是指咨询企业接受政府相关单位的委托并根据 PPP 项目合同所约定的绩效目标，对项目产出、实际效果、成本收益、可持续性等方面进行评价，并出具绩效评价报告。

1. 绩效评价基本原则

（1）科学规范原则。依据国家相关法律、法规和政策制度开展评价工作；评价指标要科学客观，评价方法要合理规范，基础数据要真实准确。

（2）公正公开原则。坚持中立立场，从客观实际出发，以事实为依据，公平合理开展评价工作；评价结果要依法公开，接受监督。

（3）分级分类原则。财政部门（政府和社会资本合作中心）负责绩效评价推进和加强绩效评价工作。

（4）目标导向，各方参与。以项目绩效目标作为绩效评价工作的起点和评价标准；在评价过程中推动利益相关方积极参与。

2. 绩效评价基本内容

（1）绩效评价对象

绩效评价对象即 PPP 项目，根据项目所处的不同阶段开展相应的绩效评价工作。在 PPP 项目的执行阶段以及移交阶段，通常需进行绩效评价。对于完工项目，通常于项目移交完成后组织。

（2）绩效评价基本内容

1）成本效益，是指项目投入和产出的对比关系，即能否以更低的成本或者更快的速度取得预计产出；

2）监管成效，是指项目管理和内部控制能否确保项目有效实施；

3）项目产出，是指项目预期产出的完成程度，包括数量、质量和时效；

4）项目效果，是指实际产生的效果和相关目标群体的获益程度；

5）可持续性，是指项目实施完工后，其独立运行的能力和产生效益的持续性；

6）物有所值，是指与政府提供公共产品或者公共服务的传统模式相比，PPP模式能否促使项目真正达到物有所值；

7）PPP模式应用，是指政府和社会资本合作模式应用情况，以及此类项目在行业内的示范性和可推广性。

3. 绩效评价方案的编制

评价方案是咨询企业对绩效评价工作的纲领性文件，主要有以下四个方面的作用：将评价任务转化为可操作的评价工作；为评价小组开展评价设计和实施提供目标、要求和基本框架；为各利益相关方对评价任务达成共识提供基础；为管理部门控制评价质量、核查评价小组任务完成情况提供依据。

（1）绩效评价方案的编制原则

1）可行性。绩效评价方案需要满足具体、清晰、具有可操作性，内容通常包括项目的背景、评价目的、评价对象和范围、绩效评价指标体系、评价方法、各项指标数据的收集方法、评价人员分工、评价计划、管理控制等。

2）客观性。在编制绩效评价方案时，需要遵守客观公正原则，按照客观事实进行描述。

3）科学性。绩效评价方案中，绩效评价指标以及指标权重的设定合理反映项目特性，评价方法选择恰当，绩效评价指标数据的收集方法合理。

4）简明性。方案需要主次分明、语言精炼、逻辑清晰，语言表述简明扼要、易于理解。

（2）绩效评价方案的内容

1）项目基本情况

①项目背景、目的，包括项目所在地区的经济社会发展状况，项目所在的领域，项目要解决的主要问题，如贫困地区的基本医疗卫生服务不足问题、城市交通发展瓶颈问题、环境污染问题等。

②项目目标，包括项目在一定时期内应实现的绩效目标。

③项目构成，为实现项目绩效目标而开展的一系列相关项目内容和活动。

④项目实施以及监管情况，主要反映项目实施和管理的组织结构，包括项目的监管部门以及项目实施机构或者项目公司的各自职责，项目的实施流程以及监管机制等。

⑤利益相关方，项目参与方包括政府、社会资本、项目公司、银行、施工承包商、材料供应商、保险公司、各咨询公司等，而项目的利益相关方可能还要包括项目影响区域内项目产品的使用者和非使用者等。

⑥其他可能对项目绩效产生重要影响的情况。

2）绩效评价思路

①绩效评价目的

评价目的是整个绩效评价工作开展所要达到的目标和结果，体现评价工作的最终价值，是整个评价工作的基本导向。

绩效评价方案需要明确评价目的，说明开展此项评价的原因，评价结果的应用。评价目的需要结合项目实施情况和管理要求，提出评价工作的关注点，即管理部门要解决的重点问题。比如：项目中期调整是否合理和有效，项目执行缓慢的制约因素有哪些，项目某特定内容和方法是否更为有效并可持续实施等。

②绩效评价对象与评价范围

说明绩效评价对象和评价的时间范围、地域范围和受益群体范围。评价范围通常与评价目的有关。比如，对于一个以贫困地区儿童为目标受益群体的基础教育项目，如果管理部门只希望评价该项目对贫困女童的作用，则受益者群体的评价范围是贫困女童。

③绩效评价指标体系

咨询企业需要按照相关性、重要性、可比性、系统性及经济性原则，就项目决策、项目管理、项目绩效（产出、效果）等方面全面设定指标体系。

④绩效评价方法。

咨询企业通常需要明确开展绩效评价业务所选用的绩效评价方法及其理由。

3）项目调查主要方法

咨询企业在制定绩效评价方案时，需要有针对性地对项目所涉及的利益相关方开展各种形式的调查，调查方法包括案卷研究、数据填报、实地调研、座谈会以及问卷调查等。绩效评价方案一般尽可能明确调查的对象、调查的方法、调查内容、日程安排、时间与地点等。如果调查对象涉及抽样，需要说明调查对象总体情况、样本总数、抽样方法、抽样比例。

4）评价工作的组织与实施

①明确各个环节以及各项工作的时间节点与工作计划。

②明确项目负责人以及项目团队的职责与分工。

③明确参与评价工作各相关当事方的职责。

4.绩效评价资料的收集以及数据的采集

咨询企业开展绩效评价业务，在数据收集过程中，需要遵循准确、详尽以及客观的原则，确保数据来源的可靠性与真实性。咨询企业开展绩效评价业务，收集数据的主要方法通常包括：

（1）案卷研究

案卷研究是对现有资料进行研究，PPP项目主要研究文件包括项目评估文件、项目中期评估报告、项目完工报告等。案卷研究要注意对同一绩效评价指标在不同文件中的数据进行对比核实，如果不同来源的数据存在差异，则要分析差异的原因，并且在座谈会、实地调研中进行核查，最后确定选择使用的数据。在PPP项目绩效评价中，需要收集的资料包括：

1）与项目公司相关基本资料

①与项目公司组建、经营相关的法律法规和规章制度；

②项目公司所在区域国民经济与社会发展规划、方针政策；

③项目公司相关行业政策、行业标准以及专业技术规范；

④项目公司所在地各级政府或者财政部门关于财政支出绩效评价的管理办法与规定；

⑤上级部门和单位审查报告以及财政监督检查报告；

⑥项目公司发展规划、年度工作总结、工作计划、工作目标；

⑦项目公司内控管理制度、主要财务和资产资料，包括业务管理制度、流程管理制度、人事管理制度、财务管理制度、审计报告、资产清单等；

⑧项目公司竣工验收报告、竣工财务决算和有关财务资料（预算执行报告）；

⑨绩效自评报告、上年度绩效评价报告或者相关总结；

⑩其他相关资料。

2）PPP项目各阶段相关资料

在PPP项目开展绩效评价过程中，需要根据项目实际情况，收集项目各阶段所形成的相关资料。

（2）资料收集与数据填报

咨询企业开展绩效评价业务，可以根据评价对象的具体情况向项目实施和运行机构、监管部门等收集相关资料。为了便于对数据进行梳理与汇总，可以设计相关表格，并协助项目实施机构和运行机构进行数据填报工作。

（3）实地调研

1）实地调研通常包括访谈和现场勘查。

2）咨询企业需要从项目利益相关方中确定访谈对象，包括项目的管理人员、实施人员、项目受益者以及参与项目立项、决策、实施、管理的行业专家。根据调查的内容范围和主要问题，设计访谈提纲并开展访谈，访谈内容通常为开放式提问，问题一般简明扼要、具体直接。

3）现场勘查是指通过询问、核对、勘查、检查等方法进行调查，获取绩效评价业务需要的基础资料。

4）调研结束后需要对调研记录进行整理与分析，调研记录可以作为绩效评价报告附件和工作底稿。

（4）座谈会

1）选择参与或者熟悉项目的立项、决策、实施、管理等人员为座谈会邀请对象，确保参与人员能够为绩效评价提供有效信息。

2）注意座谈会参与者对问题答案是否达成共识。如果没有达成共识，需作进一步核实。

3）座谈会结束后需要进行会议记录整理与分析，会议记录可以作为绩效评价报告附件和工作底稿。

（5）问卷调查

1）问卷设计通常遵循客观性、合理性、逻辑性、明确性等原则，尽量避免主观臆断或者人为导向，问卷数据便于整理与分析。

2）根据项目具体情况，针对项目涉及的各相关当事方，合理选择问卷发放的范围，采用科学合理的方法确定样本量和问卷最低回收率要求等。

3）根据项目具体情况进行抽样，抽样方法通常包括分层抽样、非等概率抽样、多阶抽样、整群抽样、系统抽样。

4）问卷调查结束后需要对问卷调查结果进行整理和分析，问卷调查的格式、汇总信息可以作为绩效评价报告附件和工作底稿。

（6）数据整理和分析

1）数据整理

①数据分类。根据项目各项指标的要求，对数据进行分类。

②数据选取。从不同来源收集的资料中选取同一绩效评价指标的数据。

③数据验证。对将不同来源的数据进行交叉验证，剔除错误数据或者无效数据。

④数据确定。在数据验证基础上，最终确定用于绩效分析和评价的数据。

2）数据分析

咨询企业开展绩效评价业务时，在数据分析过程中通常采用以下方法：

①变化分析。该方法是通过比较绩效评价指标的实际变化情况与预期变化得到分析结果。该方法是绩效评价中最常用的分析方法，主要用于分析绩效评价指标在项目实施后是否达到预期值。

②归因分析。该方法是通过建立反事实场景来进行分析，确定所观察到的变化有多大比例是由项目实施而产生。

③贡献分析。该方法是分析项目实施过程中的各种因素对该项目的贡献程度。

对定性指标的评价，通常通过案卷研究、数据填报、实地调研、座谈会、问卷调查等多种方法来获取数据，并对数据进行综合定性分析后得出结论。

为确保评价结果的客观性和准确性,一般尽量避免运用单一的数据收集方法进行评价。

5. 绩效评价指标体系的设置

(1) 绩效评价指标设置原则

绩效评价指标是指衡量绩效目标实现程度的考核工具。绩效评价指标的确定需要遵循以下原则:

1) 相关性原则。需要与绩效目标有直接的联系,能够恰当反映目标的实现程度。

2) 重要性原则。需要优先使用最具评价对象代表性、最能反映评价要求的核心指标。

3) 可比性原则。对同类评价对象要设定共性的绩效评价指标,以便于评价结果可以相互比较。

4) 系统性原则。需要将定量指标与定性指标相结合,系统反映财政支出所产生的社会效益、经济效益、环境效益和可持续影响等。

5) 经济性原则。需要通俗易懂、简便易行,数据的获得一般考虑现实条件和可操作性,符合成本效益原则。

(2) 绩效评价指标标准

绩效评价指标标准是指衡量财政支出绩效目标完成程度的尺度。绩效评价指标标准的选用需要坚持客观公正、规范有效的原则。根据评价对象的特点,可以选用不同的评价指标标准。绩效评价指标标准主要包括:

1) 行业标准,是指参照国家公布的行业指标数据制定的评价标准。

2) 计划标准,是指以预先制定的目标、计划、预算、定额等数据作为评价的标准。

3) 历史标准,是指参照同类指标的历史数据制定的评价标准。

4) 其他标准。

(3) 绩效评价指标权重

绩效评价指标的权重是指标在评价体系中的相对重要程度。权重表示在评价过程中,对评价对象不同侧面重要程度的定量分配,以区别对待各级评价指标在总体评价中的作用。确定指标权重的方法通常包括专家调查法、层次分析法、主成分分析法、熵值法等。

（4）绩效评价指标体系

按照相关性、重要性、可比性、系统性、经济性原则，就项目决策、项目管理、项目绩效（产出、效果）等方面全面设定指标体系。绩效评价指标体系通常包括具体指标、指标权重、指标解释、数据来源、评价标准、评分方法等。

6. 绩效评价的方法

绩效评价方法主要采用成本效益分析法、比较法、因素分析法、最低成本法、公众评判法等。绩效评价方法的选用，需要坚持定量优先、简便有效的原则。确实不能以客观的量化指标评价的，可以在定性分析的基础上，根据绩效情况予以评价，以提高绩效评价质量。根据评价对象的具体情况，可以采用一种或者多种方法进行绩效评价。绩效评价方法主要包括：

（1）成本效益分析法。是指将一定时期内的支出与效益进行对比分析以评价绩效目标实现程度。它适用于成本、效益都能准确计量的项目绩效评价。

（2）比较法。是指通过对绩效目标与实施效果、历史与当期情况、不同部门和地区同类支出的比较，综合分析绩效目标实现程度。

（3）因素分析法。是指通过综合分析影响绩效目标实现、实施效果的内外因素，评价绩效目标实现程度。

（4）最低成本法。是指对效益确定却不易计量的多个同类对象的实施成本进行比较，评价绩效目标实现程度。

（5）公众评判法。是指通过专家评估、公众问卷、抽样调查等对项目实施效果进行评判，评价绩效目标实现程度。

（6）其他评价方法。

7. 评价报告的编制及信息披露

评价报告包括摘要、评价报告正文、相关附件三部分。

评价摘要的目的是简要总结评价活动和评价结论，包括项目概要、绩效评价概述、绩效评价结论、经验教训与建议四部分，需简明扼要。评价报告正文包括以下部分：

（1）项目基本概况

1）项目背景。项目所处政策环境、区域环境、市场环境等，项目拟解决的问题。

2）项目实施情况。项目提供产品或者服务的质量和数量、项目提供产品或者服务的价格、项目的可持续性以及政府的收益等项目要解决的主要问题。项目实施和管理的组织结构，包括项目的监管部门以及实施机构的各自职责、项目的实施流程、监管机制等。

3）项目财务投资状况。项目总投资和资本构成、资产负债、股权结构、融资结构和主要融资成本、收益情况（总收益、收入来源、收费价格和定价机制）、投资回报测算、现金流量分析、项目财务状况、项目存续期间政府补贴情况。

4）绩效目标及实现程度。绩效目标，项目执行过程中目标、计划的调整情况，绩效总目标和阶段性目标的完成情况，项目的实际支出情况及财务管理状况等。

（2）绩效评价的组织实施情况包括：绩效评价目的、绩效评价实施过程、绩效评价人员构成、数据收集方法、绩效评价的局限性。

分析绩效评价工作存在的局限性，一般存在以下四种情况，一是指标无法收集到相关证据或者证据不全面、质量不高；二是因时间和经费限制，评价小组没有重新收集数据，而是利用相关组织收集的数据，数据的不一定完全可信；三是由于时间和经费限制，某些评价方法没有实施，影响了证据收集和评价的质量；四是评价小组提出的其他局限性。

（3）绩效评价指标体系、评价标准和评价方法

1）绩效评价指标体系的设定原则以及具体内容。

2）绩效评价的具体标准与方法。

（4）绩效分析与评价结论

1）项目绩效分析

项目绩效分析部分需从相关性、效率、效果、可持续性四个方面对主要绩效指标分别展开分析。对每项指标的绩效分析需要结合项目的具体情况，通过科学的评价方法与收集的数据，概述该评价指标的得分和评级结论，用

事实证据分析说明关键评价问题下设各指标的完成情况，并阐述打分标准，明确各指标得分。绩效分析可以使用图、表进行阐释，但要简单易懂。此外，绩效分析还要分析各指标未达到绩效目标的原因。

2）评价结论

根据分析评价得出的项目综合绩效等级，对相关性、效率、效果和可持续性的评价结论进行简要综述，并突出描述每个评价准则中好的方面和存在的问题。

（5）主要经验与做法

主要经验与做法是指通过绩效评价总结出来的可能有助于开展其他类似项目或者提高被评项目成效的信息，具体包括项目在准备、设计、实施过程中的最佳实践和突出问题，及其对项目绩效的影响。经验教训需要针对被评项目，建立在客观证据的基础之上，并指出其参考价值。

（6）存在问题与原因分析

绩效评价报告要通过分析各指标的评价结果以及项目的整体评价结论，具体分析目标定位和设计、项目活动安排、组织实施、项目管理过程中存在的不足及其原因，并对其项目造成的负面影响进行分析。

（7）改进建议

改进建议旨在为改进项目设计、完善项目管理、提升项目绩效、优化政府决策提供参考，可以针对被评项目目前存在的问题，也可以着眼于未来项目的选择、设计和管理。改进建议与评价结论和问题原因相对应，理由充分，要有切实可行的改进措施以及责任主体，并且明确时间要求。

（8）绩效评价报告使用限制等其他需要说明的问题。

（9）咨询企业签章。

8.咨询企业开展项目绩效评价及绩效监测通常需要注意以下事项：

（1）绩效监测的对象主要是项目的产出和效果绩效，监测的内容主要是项目的管理、项目的具体产出数据及项目的效果类数据。

（2）对绩效监测数据、监测过程的真实性、合理性进行评审。基础数据的监测通常还需要对监测的技术方法是否科学、监测依据是否充分、监测程序是否到位、监测标准是否明确进行评审。

（3）根据评审监测工作日记、获取数据途径、日常监测管理程序、外部数据的校验、定期或者不定期抽查（抽验）等情况对监测的制度进行评审，保证监测数据的可持续性。

（4）评审时需要关注绩效的产出和效果达到绩效目标的程度，对绩效的成果进行恰当分析，对绩效面临的风险进行合理的评价。

（5）绩效监测评审需要关注绩效标准实现的基础，关注项目绩效的长效性，关注项目公司持续保持较高服务水平的能力。对项目公司是否能够获得合理的利润，是否有能力保证设备良好的运营，设备的维护制度是否有效执行，设备状况和成新率是否足以保障公共产品或公共服务的需要，安全设施和环保设施是否良好运行且处于较高状况，安全的最终多级保障措施是否随时处于有效状态，人员是否得到恰当培训，当环保和安全标准提高时原合同能否保障较高的安全和环保标准等方面进行评审。

9. 支付评审是根据PPP项目合同约定及绩效评价结果对项目公司或社会资本方提出的支付申请进行评审，并出具支付建议。其中：对于绩效评价结果达标的项目，建议政府相关部门按照合同约定，向项目公司或社会资本方及时足额安排相关支出；对于绩效评价结果不达标的项目，建议政府相关部门按照合同约定扣减相应费用或补贴支出。可用性服务费的一定比率（不低于30%）与运行维护服务费合并考核，且与运营期绩效挂钩。

十、项目中期评估

（一）中期评估的工作要求

PPP项目中期评估包括了较为广泛的内容。由于项目建设运营时间跨度大，前后时期的情况不一，中期评估拟分为首期评估与后续评估两种类型，一般每3~5年进行一次。首期评估是对PPP项目第一次评估时点前的项目建设与运营工作的检查与评价，包括项目选定、建设、运营效率与效益的检查与评价；后续评估是在以后几十年运营期中对项目进行的多次中期评估，是分别对每个评估期运营的效率与效益以及对上期评估后遗留问题处置结果的检查与评价。

中期评估需要严格执行规定的程序，按照科学可行的要求，采用定量与定性分析相结合的方法。通常优先选择最能代表和反映项目产出以及效果的核心目标与指标，关注对实现绩效目标有重要影响的核心指标。中期评估需要注意项目运行中时间因素对项目评价的影响，根据项目的特点合理选择评价时间、设定检查计划，适时反映项目情况和偏差，及时督促项目单位纠正偏差、改进绩效。

（二）中期评估的工作内容

项目中期评估需要重点分析项目运行状况和项目合同的合规性、适应性和合理性。中期评估的主要工作内容如下：

1. 项目运行状况。重点评价项目运行情况，在该阶段为完成绩效目标所需要的各种资源成本消耗情况、项目管理及其完成情况，以及项目预期产出、效果等目标的完成进度情况等。

2. 项目合同履约状况。重点评价项目是否按照合同约定内容完成既定目标，包括产出以及效果等目标。

3. 项目物有所值状况。中期评估中的物有所值评价在项目开始运营一段时期后开展，考察物有所值实现程度及与初始物有所值评价结果的偏离幅度，并作为项目中期评估的组成部分。

4. 项目运行偏差情况。评价项目是否按既定计划运行，在项目实施阶段中的偏差度和影响度。

5. 项目运行纠偏情况。重点评价项目运行纠偏措施的制定和整改落实情况。

（三）中期评估报告的主要内容

1. 项目概况；
2. 项目财务投资情况；
3. 项目管理情况；

4. 项目产出与效果；

5. 存在的问题以及原因分析；

6. 相关建议。

十一、项目再谈判的相关咨询

PPP 项目再谈判是项目各利益相关者在项目进入执行阶段之后，对突发事件或项目合同体系中的未尽事宜进行重新协商，并以风险合理分担为主要原则。

PPP 项目中可进行再谈判的事项主要包括：服务或产出标准、特许经营期限、收费标准、政府补贴、股权比例、排他性约定、提前回购与临时接管等，上述事项多以"调价"或合同补充协议的形式表现。

咨询企业可为政府方、实施机构、社会资本或项目公司提供再谈判咨询服务。当再谈判条件触发时，应基于 PPP 项目合同体系中的相关合同条款，并综合考虑项目建设成本和运营维护成本、同行业平均收益率、类似市场服务价格、使用者满意度、公众承受能力、价格弹性、劳动价格指数、消费指数、物有所值及财政承受能力状况等因素。

第九章 项目移交阶段

一、业务范围和操作流程

咨询企业在项目移交阶段业务范围主要包括:项目移交(终止)方案编制;资产评估及性能测试;项目后评价。

项目移交阶段流程和主要工作内容如图 9-1 所示。

二、项目移交(终止)方案编制

咨询企业在 PPP 项目移交阶段,根据资产清查及评估结果、项目相关合同及约定、绩效评价结果、相关法律法规等资料协助政府、项目实施机构、社会资本方或项目公司制定项目移交(终止)方案。

(一)项目移交的基本原则

项目公司必须确保项目符合政府回收项目的基本要求。项目合作期限届满或项目合同提前终止后,政府需要对项目进行重新采购或自行运营的,项目公司必须尽可能减少移交对公共产品或公共服务供给的影响,确保项目持续运营。

(二)移交范围

项目移交的范围通常包括:项目设施,项目土地使用权及项目用地相关的其他权利,与项目设施相关的设备、机器、装置、零部件、备品备件以及其他动产，项目实施相关人员，运营维护项目设施所要求的技术信息，与项目设施有关的手册、图纸、文件和资料（书面文件和电子文档），移交项目所需的其他文件。

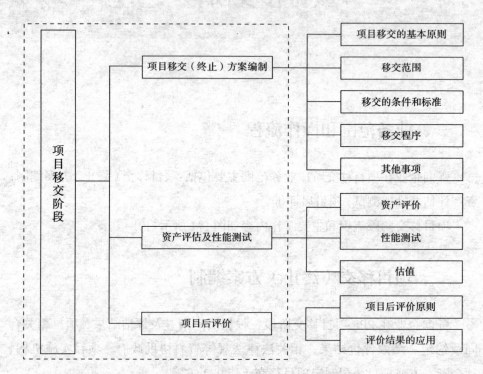

图9-1 项目移交阶段流程和主要工作内容

（三）移交的条件和标准

移交方案通常明确移交权利和技术方面的条件和标准：

1. 权利方面的条件和标准主要包括：项目设施、土地及所涉及的任何资产不存在权利瑕疵，其上未设置任何担保及其他第三人的权利。但在提前终止导致移交的情形下，如移交时尚有未清偿的项目贷款，该未清偿贷款所设置的担保除外。

2. 技术方面的条件和标准主要包括：项目设施应符合双方约定的技术、安全和环保标准，并处于良好的运营状况。

（四）移交程序

1. 评估和测试

PPP 项目移交前，通常需要对项目的资产状况进行评估并对项目状况能否达到合同约定的移交条件和标准进行测试。评估和测试工作通常由政府或项目实施机构委托的独立专家或者由政府或项目实施机构和项目公司共同组成的移交工作组负责。

经评估和测试，项目状况不符合约定的移交条件和标准的，政府或项目实施机构有权提取移交维修保函，并要求项目公司对项目设施进行相应的恢复性修理、更新重置，以确保项目在移交时满足约定要求。

2. 移交手续办理

移交相关的资产过户和合同转让等手续由哪一方负责办理主要取决于合同的约定，多数情况下由项目公司负责。

3. 移交费用（含税费）承担

关于移交相关费用的承担，通常取决于双方的谈判结果，常见的做法包括：

（1）由项目公司承担移交手续的相关费用。

（2）由政府或项目实施机构和项目公司共同承担移交手续的相关费用。

（3）如果因为一方违约事件导致项目终止而需要提前移交，可以约定由违约方来承担移交费用。

（五）其他事项

因为一方违约导致项目终止并需要提前移交时，政府或项目实施机构按照协议要求收购项目公司的资产，移交方案中通常还包含补偿原则及标准。

三、资产评估及性能测试

1. 资产评估旨在确定项目的经济价值，为项目移交至政府公共部门提供决策依据。

2.资产评估原则是对评价行为的规范，需遵循客观性原则、科学性原则、替代性原则、公开市场原则、谨慎性原则、独立性原则。

3.资产评估应由项目移交工作组委托咨询企业，按照合同约定的评价方法对项目的设施质量和资产的完好程度进行评价和验收，合理确定资产转让范围及转让数额。

4.项目实施机构或政府指定的其他机构应组建项目移交工作组，移交工作组负责项目的性能测试。

5.性能测试应明确项目各设备和功能的运行状况，了解目前所处的状态是否能够达到《PPP项目合同》运行标准或国家有关规定的性能标准。

6.性能测试方案包括测试目的、测试依据、测试范围、测试内容、测试流程、测试实施与记录、结果分析、处理意见等内容。

7.性能测试应按照移交工作组编制且经各方同意的性能测试方案进行。

8.性能测试后认为项目不符合约定的移交条件和标准的，应由项目公司对项目或设施进行恢复性大修或设备重置，以满足项目产出说明中对项目生产能力或服务供给水平的要求。

9.资产评估咨询企业开展PPP项目移交前的资产清查时，通常关注下列内容：

（1）成立专门的资产清查组。资产清查组成员应包括第三方机构清查人员、项目公司人员、政府或项目实施机构代表，资产清查组成员不应互为亲属关系。第三方机构清查人员中，应有熟悉项目行业资产运营的专家。

（2）根据项目特点及项目要求制定资产清查方案，具体包括清查时间、清查范围和对象、清查方法、人员组织及分工、清查要求等。

（3）注意资产的数量、规格型号、性能、产权等是否与移交资产清单内容一致，不一致的应特别注明并在清查报告中重点披露。

（4）根据移交的资产清单，逐项进行清查盘点。收集主要资产的运营日记、强制检测报告和维修记录等资料。在可能的情况下，观察项目实际运营时主要资产的运转使用情况。

（5）清查时，需要关注实物资产、清查与资产相关的文档、知识产权和技术法律文件等，以及项目合同或移交方案中明确的应当保留的资产状况，如设备完好率、最短可使用年限等指标。

（6）明确需要进行性能测试的，清查人员应严格按照性能测试方案和移交标准进行性能测试。

（7）现场清查工作完毕时，所有参与资产清查的人员在清查盘点表上签字确认。

（8）在资产清查报告中应披露清查时间、清查内容、具体清查方法、性能测试、清查结果等，重点披露与移交清单不一致的地方。

（9）在将存量项目交给项目公司时，相关资产清查工作也可按照上述要求进行资产清查。

10. 咨询企业开展PPP项目移交前的资产评估时，需要重点关注下列内容：

（1）明确移交资产范围，根据移交资产范围准确界定资产评估范围和对象。

（2）根据移交资产的特点、价值类型、资料收集情况等条件，合理选择一种或多种方法进行评价。

（3）应充分考虑移交资产的物理性能状况、可用状态和范围及资产剩余经济寿命期对评价结果的影响。

四、项目后评价

咨询企业受委托开展PPP项目后评价工作时，应当结合PPP项目的特点，对项目进行科学、客观、公正的评价。后评价工作通常结合PPP项目预先设定的绩效目标，包括建设内容、建设标准、工程质量以及投资、资金来源及执行情况、运维情况、移交等与实际的执行状况，运用科学的评价标准、指标和方法开展评价。项目后评价通常以项目目标为导向，对项目全过程的经济效益、社会效益、可持续性等进行综合评价，全面考察项目的设计、实施、管理、结果及影响，旨在为改进项目设计、完善项目管理、提升项目绩效、优化政府决策和有效推广PPP模式提供信息。

后评价结果可作为科学安排预算、调整支出结构、完善财政政策、加强制度建设、完善监督机制的重要依据。PPP项目的后评价结果可为政府开展政府和社会资本合作管理工作决策提供参考，能够有效地促进政府更加合理与完善地加强PPP项目的管理。

附 则

范本一：PPP 立项阶段咨询文件参考模板

PPP 立项阶段的咨询文件可参考国家发展改革委对相关行业的《项目建议书》及《项目可行性研究报告》的模板进行编制。其中，两个文件的主要编制内容分述如下：

1.《项目建议书》编制的主要内容

总论、市场预测、建设规模、项目选址、技术方案、设备方案和工程方案、投资估算及资金筹措、效益分析，以及最终结论。

2.《项目可行性研究报告》编制的主要内容

总论、项目背景和发展概况、市场分析与建设规模、建设条件与地址选择、工程技术方案、环境保护与劳动安全、企业组织和劳动定员、项目实施进度安排、投资估算与资金筹措、财务、经济和社会效益评价，以及可行性研究结论与建议。

范本二：PPP 识别阶段咨询文件参考模板

第一部分　PPP 项目产出说明

产出说明（Output Specification），是指项目建成后项目资产所应达到的经济、技术标准，以及公共产品和服务的交付范围、标准和绩效水平等。PPP 项目产出说明由项目发起人按照经财政部门（政府和社会资本合作中心）要求编写。

目　录

一、项目资产的标准

（一）经济标准

（二）技术标准

二、公共产品和服务的交付标准

（一）PPP 项目提供产品或服务质量

（二）产品和服务的数量

（三）产品和服务价格

（四）特许经营期限设计

（五）项目的可持续性

（六）政府方的收益

一、项目资产的标准

（一）经济标准

发展政府和社会资本合作（以下简称 PPP）项目，PPP 项目能否增加供给、优化风险分配、提高运营效率、促进创新和公平竞争，能否实现物有所值，衡量 PPP 项目资产的经济标准如下：

PPP 项目产出要达到一定标准，如附表 2-1。

PPP 项目资产经济规模标准　　　　　　　　　　　　附表 2-1

序号	产品名称	建设项目经济规模标准（年生产能力）	说明
1			
2			
3			

PPP 项目是否物有所值，能否增加供给、优化风险分配、提高运营效率、促进创新和公平竞争，主要衡量指标如下：

（1）全寿命周期整合潜力

（2）风险识别与分配

（3）绩效导向

（4）潜在竞争程度

（5）鼓励创新

（6）政府机构能力

（7）政府采购政策落实潜力

（8）采用专家打分方法进行判别，组成专家小组，召开专家会议，作出评价

（二）技术标准

技术标准包括基础技术标准、产品标准、工艺标准、检测试验方法标准，及安全、卫生、环保标准等。

基础技术标准，是指在企业范围内作为其他标准的基础，并普遍使用，具有广泛指导意义的标准。包括通用性技术基础标准、行业技术基础标准和专业技术基础标准。

通用性技术基础标准：作为所有行业和专业技术标准所共同使用的基础标准。全国标准体系第一层次综合性基础标准，遵循国家标准化行政主管部门制定的标准。

行业技术基础标准：在行业范围内，作为其他技术标准的基础标准。列入行业标准体系第一层次通用基础标准，遵循国家标准化行政主管部门制定的标准。

专业技术基础标准：在专业范围内，作为其他技术标准的基础标准。遵循国家标准化行政主管部门制定的标准。

产品和工艺标准、检测试验方法标准安全、卫生、环保标准符合国家标准化行政主管部门制定的标准。

二、公共产品和服务的交付标准

（一）PPP 项目提供产品或服务质量

1. 项目设计满足现在及将来的需求

PPP 项目在具体实施阶段的设计方案满足项目现阶段以及将来的使用需求，一方面指 PPP 项目的规划和方案设计具有适用性和前瞻性，既不能建过时的项目也不能盲目地追求高标准；另一方面，PPP 项目设计寿命周期应大于或等于项目的服务或运营周期。

2. 项目建造质量的安全可靠性

PPP 项目的建设质量能确保项目运营阶段的安全性和可靠性。PPP 项目大多属于建设项目，建设项目的质量要求至少应符合建设项目质量验收标准，这是项目建成后移交的前提，PPP 项目的建造质量主要应由承建商来保证。

3. PPP 产品或服务质量项目移交前后具有一致性

PPP 项目移交给公共部门前和移交给公共部门，由公共部门运营或通过拍卖由其他运营商来运营，项目的运营能力是一样的。这一指标主要是为了避免 PPP 项目运营商在移交前的掠夺式经营，对 PPP 项目进行非正常的过度经营，并减少或不投入维护费用。

4. PPP 项目提供的产品或服务的质量满足消费者的需求

PPP 项目提供的产品或服务能改善公共基础设施服务供应不足的现状，缓解公众对现有公共基础设施服务的不满情绪。

【例如地铁的修建，能改善公众出行困难的现状；高速公路的修建能够满足人们区域性快速流动的需求；水厂、电厂的修建能够改善水电供应不足的现状等】

5. PPP 项目提供的产品或服务质量具有持久性

PPP 项目运营阶段提供的产品或服务质量具有稳定性，不会因为使用年限的增长而降低或出现高收费。PPP 项目的服务周期一般长达几十年，根据建设项目的经济寿命理论,随着项目的使用,为维持服务质量其维护费用会逐年增加,但其固定成本会随着消费者增加逐渐摊薄,根据经济寿命公式项目运营商应增加维护费用,维持PPP项目提供的产品或服务的质量水平,吸引更多的消费者,从而达到延长项目的经济寿命。

(二)产品和服务的数量

1. PPP项目提供产品或服务数量应满足消费者需求

PPP项目提供的产品或服务从数量上能够满足消费者的需求。

【政府应用PPP模式的主要原因就是为了改善公众基础设施服务供给不足的现状】

2. PPP项目提供的产品或服务数量规模适中

PPP项目提供的产品或服务从数量上能满足消费者的需求,但不要过量。根据需求——供给理论,当供大于求的时候,必然造成价格的回落和服务(产品)的浪费,这对投资者和政府方都是不利的。上文提到的PPP项目选择评价阶段的关键成功因素第一个就是PPP项目的选择能准确预测市场需求,只有准确地预测了市场需求,才能确定准确的投资规模,减小投资风险,满足消费者的需求。

(三)产品或服务价格

1. 消费者能够承受

PPP项目提供的产品或服务的价格是和社会经济发展水平相适应的,是消费者愿意消费并能够承受的。

2. 项目公司获取合理利润

PPP项目提供的产品或服务的收费价格能够确保项目公司收回成本并获取合理利润。私营部门参与公共基础设施的建设主要原因还是为了获取利润,在自然资源开发、公共基础设施领域,项目公司要获取利润。

3. 定价促进社会公平

PPP项目提供的产品或服务价格能够促进社会分配效率的提高,既能让投资者有所回报,又能让民众接受。

主要表现在:1)消费者付费:谁消费了谁付费,而不应该主要通过财政资金补贴来实现PPP项目的低价运行,财政补贴是变相的对所有人收费,这对没有参与消费

PPP 项目提供的产品或服务的民众是不公平的；2）投资者获取合理回报：对于私人部门来说，PPP 是一种投资活动，应该是有一定的收益，但是这种收益率必须是有限的，过高的收益率会造成暴利行业的产生，不利于 PPP 模式的应用和推广。

4. 设置合理的调价机制

PPP 项目的特许经营协议里应该有合理的调价机制条款。这主要是为了保证 PPP 项目提供的产品或服务价格在社会经济的发展过程中不贬值。PPP 项目投资巨大，服务的时间长，在这个过程中，经济发展，物价上涨必然会导致实际价格的变化，价格的变化必然导致利益的失衡，所以设置合理的调价机制应作为一个重要的指标。

（四）特许经营期限设计

1. 特许经营期限应长短合理

PPP 项目的特许经营期限应经过详细的测算，并应以 PPP 项目公司收回其成本并获取合理回报率为标准。PPP 项目一个典型的特征就是 PPP 项目具有特许经营期限，合理的特许经营期限能够对私营部门起到良好的激励作用，有利于提高项目运作的效率。

2. 特许经营期限结构选择合理

特许经营期限结构分为单时段和双时段，按是否带有激励措施，又可分为单时段不带激励措施、单时段带激励措施、双时段不带激励措施和双时段带激励措施特许经营期限结构。特许经营期限结构选择合理是指 PPP 项目公司根据具体项目的特征选择一种合理的特许经营期限结构，这涉及 PPP 项目的一个很重要的风险——完工风险的分配问题。

3. 建设期尽可能短，尽早提供产品或服务

PPP 项目在合理的规划和组织下的建设周期尽可能短，尽早为公众提供产品或服务。特别是在双时段特许经营期限结构下，PPP 项目的实际运营期是从项目完工后开始计算的。

（五）项目的可持续性

1. 项目具有广泛的社会适应性

PPP 项目的建设符合地区或国家的经济社会发展水平，能够促进地区或国家的经济社会发展。

2.项目的建造和运营符合环保标准

PPP 项目的建设阶段和运营阶段都必须注重对环境的保护。建设项目后评价理论很重要的一个评价指标就是对环境影响的评价。PPP 项目属于建设项目,并且 PPP 项目大多集中在基础设施领域和资源开发领域,因此,更应该注意环境的保护,对环境影响较小也是 PPP 项目的一个关键成功因素。对 PPP 项目环境保护可以采取"环境影响评价报告书"的方式进行评价。

3. PPP 项目具有内部维护能力

PPP 项目的固定资产设施是可维护的并具有相应的维护技术。建设项目在交付之前,施工单位都要出具质量保修书,主要目的就是为了对建设项目进行维护。PPP 项目也不例外,PPP 项目不仅需要维护建筑物,还要维护提供产量品或服务的设备,比如地铁项目的车辆、电厂的发电设备、水厂的滤水设备等。在某种程度上,这些设备更容易磨损,维修难度也更大,PPP 项目的运营公司必须掌握这些设备的维修技术,并对设备进行良好的保养,从而提高 PPP 项目的内部维护能力。PPP 项目特许经营期满后的移交不仅包括产权的移交,还包括维护技术的移交等。

4. PPP 项目具有防灾能力

PPP 项目的灾难(主要包括地震、火灾、洪水、战争等等)预防能力、灾难防御、应急措施以及灾后重建的能力。PPP 项目的投资规模、灾难风险性以及灾难后的损失都将远远大于一般的建筑物,因此,PPP 项目更应该注意自身的防灾能力建设。

5.产品或服务具有竞争力

PPP 项目提供的产品或服务较同类产品或服务更能满足民众的需要,主要包括价格的合理性、产品或服务的舒适性等。

【例如地铁提供的交通服务比公交车舒适便捷、价格比出租车便宜;电/水厂的修建能够满足民众大量用电/水的需求;高速公路的修建能够缩短公众出行的交通时间等】

(六)政府方的收益

1.减少政府支出,切实减小政府财政压力

PPP 模式下的项目与传统模式下相比能减少政府的财政支出,缓解政府日益紧张的资金压力。PPP模式的一大优点就是能够拓宽政府部门的融资渠道,缓解政府的财政压力。PPP项目的实施能不能切实地减小政府的财政压力,使政府能够花小钱办大事,为民众带来利益,进而体现政府的服务职能成为衡量PPP项目产出的一个重要的指标。

2. 提高公共基础设施建造、运营、维护和管理效率

PPP模式下,引入私营部门的管理、技术优势,减少浪费,提高效率,进而也提高财政资金的利用效率。传统投资模式下固定资产投入产出率只有60%左右,每年造成巨大的浪费,PPP模式正在这种背景下才得到政府的青睐。PPP项目能不能发挥私人部门高效的投资管理优势,提高投资项目的建造、经营、维护和管理效率也成为考核PPP项目产出的一个重要指标。

3. 体现政府的公益性和服务性

PPP项目能促使政府部门的职能由管制型向服务型转变,体现财政资金"取之于民,用之于民"的公益性质。

4. 促进经济发展、维护社会的稳定

PPP项目的实施能促进地区和国家的经济发展,提高基础设施的服务水平,缓解社会供需矛盾,维护社会的安定。随着中国经济持续不断的高速发展,地区间的发展不平衡、行业间的发展不平衡以及贫富差距的加剧,各种社会矛盾将逐渐显现出来。在这种大环境下,作为具有重大民生影响的PPP项目的实施,应该能够促进经济社会平衡发展,为维护社会的稳定做出贡献。

第二部分 物有所值评价

PPP 项目物有所值评价包括定性分析和定量分析。其中，物有所值定性分析只需在项目识别阶段开展，而物有所值定量分析贯穿于项目立项、识别、准备、采购、执行和移交阶段。财政部门（或政府和社会资本合作中心，PPP 中心）会同行业主管部门，利用第三方专业机构开展物有所值评价工作。

目 录

序言
一、基本概况
二、物有所值定性论证
三、物有所值定量论证
四、附表

序 言

根据财政部《关于印发〈政府和社会资本合作模式操作指南（试行）〉的通知》（财金[2014]113 号）、《政府和社会资本合作项目物有所值评价指引（试行）》（财金[2015]167 号）文件规定。由_____单位委托_____咨询企业于____年____月对____项目____【识别/准备/采购/执行/移交】阶段进行了物有所值评价。

本项目 VFM 量值____【大于零/小于零】，____【通过/未通过】物有所值论证。

_____单位
____年____月

一、基本概况

（一）项目概况

1. 项目建设基本情况

（1）建设概述

_____

_____

_____。【根据项目可行性研究报告内容编写，主要内容涉及该 PPP 项目立项的社会背景以及省、市对此类项目发展规划，阐明项目基本情况、项目建设必要性、项目立项的目的、项目完成后的意义】

（2）建设基本信息

1）项目全称：_____

2）项目性质：_____【新建/改建/存量公共资产项目】

3）建设内容：_____【从具体项目的可行性研究报告中获取相关资料】

（3）项目区位

_____

_____

_____。【从具体项目的可行性研究报告中获取相关资料】

（4）占地面积

_____

_____

_____。【从具体项目的可行性研究报告中获取相关资料】

（5）建设规模

_____

_____

_____。【从具体项目的可行性研究报告中获取相关资料】

（6）产出说明

_____

_____。【从具体项目的可行性研究报告中获取项目建成后项目资产所应达到的经济、技术标准，以及公共产品和服务的交付范围、标准和绩效水平等相关数据】

（7）资金来源

_____

_____。【从具体项目的可行性研究报告中获取相关资料】

2. PPP模式运作必要性分析

（1）本项目采用PPP模式符合相关政策要求

政府和社会资本合作（PPP）模式是指政府为增强公共产品和服务供给能力、提高供给效率，通过特许经营、购买服务、股权合作等方式，与社会资本建立的利益共享、风险共担及长期合作关系。本项目采用PPP模式运作符合目前国家和地方有关宏观政策环境和要求。

1）本项目采用PPP模式符合国家近期政策要求

为贯彻落实中共中央十八届三中全会关于"允许社会资本通过特许经营等方式参与城市基础设施投资和运营"精神，拓宽城市建设融资渠道，促进政府职能加快转变，完善财政投入及管理方式，近期国务院、财政部、发改委及相关行业主管部门密集发布了一系列关于政府和社会资本合作（PPP）的政策文件，要求各地的市政基础设施和公用事业（包括新型城镇化及其配套工程）项目，应优先考虑采用PPP模式建设。

2）本项目采用PPP模式符合____省近期政策要求

_____

_____。【根据省级对于此类项目采用PPP模式的相关政策文件阐述该项目适宜采用PPP模式】

3）本项目采用PPP模式符合____市近期政策要求

_____

_____。【根据市级对于此类项目采用 PPP 模式的相关政策文件阐述该项目适宜采用 PPP 模式】

（2）本项目采用 PPP 模式能够化解地方债务危机减少财政支出压力

以往政府利用每年的财政增量，利用 BT 模式，加快公共基础设施的建设。今年来，我国经济进入新常态，宏观经济增速放缓，由此势必降低政府每年的财政增长速度。若继续 BT 模式，将极易引发债务危机。然而，公共基础设施建设仍要保持稳步发展势头，由此为地方政府带来了资金困境，即在无法使用未来财政增量的前提下，充分利用现有财政，充分提高公共基础设施项目建设绩效。

《国务院关于加强地方政府性债务管理的意见》中提倡的"疏堵结合"思想，为地方政府下步继续开展公共基础设施项目建设提供了可行的途径，即政府与社会资本合作模式（PPP）。该模式的优势在于在公共领域引入了社会资本，使其组织公共项目的建设与运营，并从中获得收益，同时自负盈亏。PPP 模式充分利用了市场优势以及风险分担，能够缓解政府在有限财政约束下，保持公共基础设施建设效率。

由此可见，新常态下，推广 PPP 模式能够一定程度的缓解地方政府财政的支出压力。

（3）本项目采用 PPP 模式能够提高公共物品或服务的供给效率

有利于加快政府职能的转变，将政府的发展规划、市场监管、公共服务职能与社会资本的管理效率、技术创新动力有机结合；通过政府与社会资本合作，将项目的各类风险交由最有能力和适合的一方承担，从而实现最优风险分配。有利于降低项目全周期的成本，控制项目建设成本、提高项目管理效率；

对于社会公众而言，其期望能够获得更为优质的公共物品或服务，PPP 模式将社会资本进入到公共领域中，并通过给予其一定的特许经营权，让其通过运营项目获取收益，由此打破了公共领域中政府的垄断。经济学已证实，竞争机制取代垄断后，将有助于提高物品或服务的供给效率。

PPP 模式的目的是改善政府绩效，从而改善那些依赖政府的社会公众的生活质量；通过节约资金和改善对纳税人的服务，PPP 模式还能够改善社会公众的生活质量。与政府部门相比，民间非营利机构能用更低的成本为社会公众提供更好的服务。

相比政府部门，社会资本若管理不善导致绩效降低，将面临倒闭破产的风险，然而绩效不良的政府机构往往得到更多的资金以图有所改善。可见由于缺少必要的激励，政府部门采用传统政府采购模式提供公共物品或服务方面的效率往往比PPP模式的低。

由此可见，在公共领域中采用PPP能够提高公共物品和服务的供给效率，满足社会公众的需求。

综上所述，开展政府和社会资本合作，有利于创新投融资机制，拓宽社会资本投资渠道，增强经济增长内生动力；有利于理顺政府与市场关系，加快政府职能转变，充分发挥市场配置资源的决定性作用。_____项目采用PPP模式符合国家近期相关政策要求，是贯彻执行国家经济体制改革、转变政府职能、提高管理水平的重要措施。因此，_____项目采用PPP模式是十分必要的，也是合适的。

3. PPP模式运作可行性分析

（1）本项目PPP模式____【通过/未通过】物有所值论证

本项目PPP模式VFM量值____【大于零/小于零】，____【通过/未通过】物有所值论证

_____

_____。

【概述本报告物有所值评价结果】

_____

_____。

（2）本项目PPP模式能够满足社会资本的盈利需求

_____

_____。

【概述本报告关于社会资本回报机制相关论述，阐述社会资本能够从本PPP项目中获取收益】

4. PPP模式运作目标及意义

（1）PPP模式提升了风险管理质量

提升风险管理质量、优化风险分配是运用PPP模式的主要目标。项目实施机构可

以通过PPP模式，科学合理地设置项目的风险分配和解决机制，使得相关风险由最有能力且最适合一方承担。

（2）PPP模式改善了公共物品或服务的提供效率

随着城镇化、工业化加速，基础设施建设资金缺口加大，并且随着我国经济新常态的出现，财政收入增速明显下降，地方融资平台规范转型迫在眉睫。为此，创新公共服务投入机制，推广PPP模式势在必行。推广PPP模式能够充分发挥政府和私人部门各自优势，提高公共服务供给效率和质量，实现长期激励相容。

基于上述分析，本项目采用PPP模式，对政府及社会资本都将产生有利结果。

5. 项目公司股权情况

_____
_____。

【通过调研，明确该项目是否组建项目公司以及各方在项目公司中的股权比例情况】

（二）风险分担框架

1. 风险因素识别

_____
_____。

【根据项目具体情况，结合以下四种风险分析方法对项目风险进行分析。

生产流程分析法，又称流程图法。生产流程又叫工艺流程或加工流程，是指在生产工艺中，从原料投入到成品产出，通过一定的设备按顺序连续地进行加工的过程。该种方法强调根据不同的流程，对每一阶段和环节，逐个进行调查分析，找出风险存在的原因。

风险专家调查列举法，由风险管理人员对该企业、单位可能面临的风险逐一列出，并根据不同的标准进行分类。专家所涉及的面应尽可能广泛些，有一定的代表性。一般的分类标准为：直接或间接，财务或非财务，政治性或经济性等。

资产财务状况分析法，即按照企业的资产负债表及损益表、财产目录等的财务资料，风险管理人员经过实际的调查研究，对企业财务状况进行分析，发现其潜在风险。

分解分析法，指将一复杂的事物分解为多个比较简单的事物，将大系统分解为具体的组成要素，从中分析可能存在的风险及潜在损失的威胁。失误树分析方法是以图解表示的方法来调查损失发生前种种失误事件的情况，或对各种引起事故的原因进行分解分析，具体判断哪些失误最可能导致损失风险发生。】

2. 风险分担原则

本项目风险分配机制按照风险分配优化、风险收益对等和风险可控等原则，综合考虑政府风险管理能力、项目回报机制和市场风险管理能力等要素进行设计，在政府和社会资本之间合理分配项目风险。

最优风险分配原则。在受制于法律约束和公共利益考虑的前提下，风险应分配给能够以最小成本（对政府而言）、最有效管理它的一方承担，并且给予风险承担方选择如何处理和最小化该等风险的权利。

风险收益对等原则。既要关注社会资本对于风险管理成本和风险损失的承担，又尊重其获得与承担风险相匹配的收益水平的权利。

风险可控原则。应按照项目参与方的财务实力、技术能力、管理能力等因素设定风险损失承担上限，而不宜由任何一方承担超过其承受能力的风险，以保证双方合作关系的长期持续稳定。

具体应坚持如下基本原则：

承担风险的一方应该对该风险具有控制力；

承担风险的一方能够将该风险合理转移；

承担风险的一方对于控制该风险有更大的经济利益或动机；

由该方承担该风险最有效率；

如果风险最终发生，承担风险的一方不应将由此产生的费用和损失转移给合同相对方。

按照风险分配的上述原则，以及财政部推广应用PPP模式的政策导向，本项目的核心风险分配基本框架如下：

（1）融资、设计、建设、财务、运营维护等风险主要由项目公司承担；

（2）政策、法律变更和可行性缺口风险等主要由政府承担；

（3）政治、宏观经济、不可抗力风险等由政府和项目公司合理共担。

3. 风险分担结论

_____

_____。

【根据以上分析结果,阐述本项目政府与社会资本各自承担的风险】

(三) 运作方式

1. 运作方式选择

_____

_____。

【根据《关于印发政府和社会资本合作模式操作指南(试行)的通知》(财金[2014]113号),PPP项目具体运作方式的选择主要由收费定价机制、项目投资收益水平、风险分配基本框架、融资需求、改扩建需求和期满处置等因素决定。常有运作方式有:委托运营(Operations&Maintenance, O&M)、管理合同(Management Contract, MC)、建设—运营—移交(Build-Operate-Transfer, BOT)、建设—拥有—运营(Build-Own-Operate, BOO)、建设—拥有—运营—移交(Build-Own-Operate-Transfer, BOOT)、转让—运营—移交(Transfer-Operate-Transfer, TOT)、改建—运营—移交(Rehabilitate-Operate-Transfer, ROT)可根据项目具体情况,选择运作方式】

2. 运作方式规划

_____

_____。

【描述项目的全生命周期的运作方式,并画出项目合同结构图】

(四) 交易结构

1. 投融资结构

_____

_____。

【描述项目资本性支出的资金来源、性质和用途,项目资产的形成和转移等】

2. 回报机制

_____
_____。

【描述社会资本取得投资回报的资金来源,包括使用者付费、可行性缺口补助和政府付费等支付方式】

二、物有所值定性论证

物有所值定性分析重点关注项目采用 PPP 模式与采用政府传统采购模式相比能否增加公共供给、优化风险分配、提高效率、促进创新和公平竞争、有效落实政府采购政策等。

(一)定性评价指标及其权重选取

基本指标及权重的选择是按照财政部《政府和社会资本合作项目物有所值评价指引(试行)(征求意见稿)》中列明的基本指标及其权重确定的,附加指标及其权重的选择是从推荐的附加指标中选取的【如项目特点突出也可以另行提出,但不可与基本指标重复,附加指标权重之和为 20%。另行提出附加指标的,应一并提出相应的评分参考标准】。_____ 项目物有所值定性评价指标及其权重表如附表 2-2 所示。

_____ 项目物有所值定性评价指标及其权重表   附表 2-2

指标		权重
基本指标	①全生命周期整合潜力	15%
	②风险识别与分配	15%
	③绩效导向	15%
	④潜在竞争程度	15%
	⑤鼓励创新	5%
	⑥政府机构能力	5%

续表

指标		权重
基本指标	⑦政府采购政策落实潜力	10%
	基本指标小计	80%
附加指标 （不少于三项）	……	
	附加指标小计	20%
合计		100%

（二）定性评价专家论证会情况

根据项目具体情况，选取了9名物有所值评价专家，组成专家小组，并确定了由_____担任组长，其中_____为工程技术专家、_____为金融专家、_____为项目管理专家、_____为财政专家、_____为法律专家。

专家在充分讨论项目情况后，按指标对项目进行评分，收集9位专家评分表（见附件一）。针对每个指标要求专家评分的总分，并去掉一个最高分和一个最低分，然后计算每个指标对应的平均分，再对平均分按照指标权重计算加权分，其计算表如附表2-3所示。

_____项目物有所值定性分析评分结果计算表　　　附表2-3

指标		权重A	总分B	最高分C	最低分D	平均分E=(B-C-D) ÷（专家数-2）	加权分 F=E×A
基本指标	①全生命周期整合潜力	15%					
	②风险识别与分配	15%					
	③绩效导向	15%					
	④潜在竞争程度	15%					
	⑤鼓励创新	5%					
	⑥政府机构能力	5%					

续表

指标		权重 A	总分 B	最高分 C	最低分 D	平均分 E=(B-C-D)÷(专家数-2)	加权分 F=E×A
基本指标	⑦政府采购政策落实潜力	10%					
	基本指标小计	80%					
附加指标（不少于三项）							
	附加值指标小计	20%					
	评分结果	100%					

根据以上评分结果，形成如附表2-4所示。

_____项目物有所值定性分析专家意见表　　　　　附表2-4

项目名称	
委托单位	
评分结果	

专家小组意见：

组长签名：

年 月 日

	姓名	单位	专业领域	签名
组长				
专家				
专家				
专家				
专家				
专家				

131

（三）定性评价结论

项目本级财政部门会同行业主管部门严格按照《政府和社会资本合作项目物有所值评价指引（试行）》中物有所值定性分析相关要求和程序进行了物有所值定性分析，现做出以下定性分析结论：

本项目定性分析评分结果为 ___ 分，项目通过物有所值定性分析。【大于或等于60分情况】

本项目定性分析评分结果为 ___ 分，项目未通过物有所值定性分析，项目不宜采用PPP模式。【小于60分情况】

三、物有所值定量论证

物有所值定量分析是在假设采用PPP模式与政府传统模式的产出绩效相同的前提下，通过对PPP项目全生命周期内政府支出成本的净现值（PPP值）与公共部门比较值（PSC值）进行比较，判断PPP模式能否降低项目全生命周期成本。

（一）公共部门比较值（PSC值）计算

PSC值是指政府采用传统采购模式提供与PPP项目产出说明要求相同的基础设施及公共服务的全生命周期成本的净现值。

PSC值是PPP项目物有所值定量分析的比较基准，假设前提是采用政府传统采购模式与PPP模式的产出绩效相同。计算PSC主要考虑以下因素：一是项目全生命周内的建设、运营等成本；二是现金流的时间价值；三是竞争性中立调整、风险承担成本等。

PSC值包括初始PSC值、可转移风险承担成本、自留风险承担成本和竞争性中立调整值。PSC值计算公式如下：

PSC值 = 初始PSC + 竞争性中立调整值 + 可转移风险承担成本 + 自留风险承担成本　　　　（公式一）

1. 设定参照项目

根据《政府和社会资本合作项目物有所值评价指引》中的参照项目设定原则，设定本项目的参照项目如下：

（1）参照项目与 PPP 项目产出说明要求的产出范围和标准相同；

（2）参照项目应采用基于政府现行最佳实践的、最有效和可行的采购模式；

（3）参照项目的内容不一定全部由政府直接承担，政府也可将项目部分内容外包给第三方建设或运营，但外包部分的成本应计入参照项目成本；

（4）参照项目的各项假设和特征在计算全过程中应保持不变；

（5）参照项目财务模型中的数据口应保持一致

2. 初始 PSC

初始 PSC 值是政府实施参照项目所承担的建设成本、运营维护成本和其他成本等成本的净现值之和。具体公式为：

$$初始 PSC 值 = （建设成本 C_1 - 资本性收益 R_1） + （运营维护成本 C_2 - 第三方收入 R_2） + 其他成本 C_3 \quad (公式二)$$

（1）建设成本为 _____ 万元，属于 _____【项目设计、施工等方面投入的现金以及固定资产、土地使用权等实物和无形资产】。

（2）资本性收益为 _____ 万元，属于 _____【参照项目全生命周期内产生的转让、租赁或处置资产所获的收益】。

（3）运营维护成本为 _____ 万元，属于 _____【参照项目全生命周期内运营维护所需的原材料、设备、人工等成本，以及管理费用、销售费用和运营期财务费用等。项目资产的升级、改造、大修费用不属于运营维护成本，应计入建设成本】。

（4）第三方收入为 _____ 万元，属于 _____【参照项目全生命周期内，假定政府按照 PPP 模式提供项目基础设施和公共服务从第三方获得的收入（如用户付费收入）。第三方收入应从运营维护成本中抵减】。

【主要是政府向最终消费用户收取的、用于维护项目及可供分配的收入。假定政府向用户收取费用的，该项收入（即用户付费收入）不得高于 PPP 模式下社会资本收

取的使用者付费】

（5）其他成本为_____万元，属于_____【未纳入建设成本的咨询服务费用等交易成本，项目连接设施和配套工程建设成本，以及为获取第三方收入所提供的周边土地或商业开发收益权等】。

将上述成本及收益进行折现求和，根据公式二可算出初始 PSC 值 =____

3. 计算竞争性中立调整值

计算竞争性中立调整值主要是为了消除政府传统采购模式下公共部门相对社会资本所具有的竞争优势，以保障在物有所值定量分析中政府和社会资本能够在公平基础上进行比较。

该项目竞争性中立调整值为_____万元，属于_____【土地费用、行政审批费用、所得税等有关税费】。

4. 风险承担成本

风险承担成本采用比例法计算，根据《政府与社会资本合作项目物有所值评价指引》，通常风险承担成本不超过项目建设运营成本的 20%，可转移风险承担成本占项目全部承担成本的比例一般为 70%~85%，结合本项目实际情况，设定本项目的风险承担成本的比例为_____，其中自留风险承担成本占项目全部风险承担成本的_____，可转移风险承担成本占_____。风险承担成本计算公式为：

风险承担成本 =（项目建设成本 + 项目运营成本）× 风险承担比例　　（公式三）

由此计算得出风险承担成本_____万元，其中可转移风险成本____万元，自留风险成本_____万元。

5. 折现率

本项目折现率参考_____，确定为____%。

【折现率通常参考资本加权平均成本，资本资产定价或无风险利率等确定。省级财政部门应会同行业主管部门根据行业、项目类型等因素确定基准收益率】

（二）政府实施 PPP 项目所承担的全生命周期成本（PPP）计算

【在项目不同阶段，PPP 值的计算依据不同。在项目识别和准备阶段，政府根据项目实施方案等测算的 PPP 值称为影子报价 PPP 值（简称 PPP_s 值）；在项目采购阶段，政府根据社会资本提交的采购响应文件等测算的 PPP 值称为实际报价 PPP 值（简称 PPP_a 值）。下面以 PPP_s 值计算为例，PPP_a 的计算只需将 PPP_s 中的影子报价政府建设运营资本变为实际报价政府建设运营成本】

$$PPP_s 值 = 影子报价政府建设运营成本 + 政府自留风险承担成本 \quad （公式四）$$

1. 政府建设运营成本

$$政府建设运营成本 =（政府建设成本 - 资本性收益）+（政府运营维护成本 - 第三方收入）+ 其他成本 \quad （公式五）$$

其中：

（1）政府建设成本为 ____ 万元，属于 _____【政府以现金、固定资产或土地使用权等方式对项目设计、建设进行的投资补助】。

（2）资本性收益成本为 ____ 万元，属于 _____【项目全生命周期内产生的转让、租赁或处置资产所获的收益】。

（3）第三方收入为 ____ 万元，属于 _____【项目全生命周期内，因提供项目基础设施及公共服务而从第三方获得的收入（如使用者付费）。第三方收入应从政府运营维护成本中抵减】。

（4）政府运营维护成本为 ____ 万元，属于 _____【政府向社会资本支付的运营维护费、财政补贴等】。

政府运营维护成本可根据社会资本的投资回报预期等进行测算，具体公式如下：

$$政府运营维护成本 =（社会资本建设成本 - 社会资本资本性收益 + 社会资本运营维护成本 - 第三方收入 + 社会资本其他成本）\times（1+ 合理利润率）\quad （公式六）$$

1）关于政府资本和社会资本的建设成本、资本性收益、运营维护成本、第三方收入、其他成本等计算，按照两者的出资比例计算，其中：社会资本建设成本为 ____ 万元、社会资本资本性收益为 ____ 万元、社会资本运营维护成本为 ____ 万元、第三方收入为 ____ 万元、社会资本其他成本为 ____ 万元；

2）合理利润率采用人民银行的长期贷款利率为基准，并结合项目所处地区、行业等因素进行调整，本项目的合理利润暂定____%。

2. 政府自留风险承担成本

政府自留风险承担成本包括政府比例的项目风险和政府承担的法律、政策等自留风险所指出的成本。本项目政府自留风险承担成本为___万元。

根据公式四可求出 PPP_s 值 =____。

3. 物有所值量值和指数计算

物有所值定量分析的结果通常以物有所值量值或物有所值指数的形式表示。

$$物有所值量值 = PSC 值 - PPP 值 \qquad （公式七）$$

$$物有所值指数 = (PSC 值 - PPP 值) \div PSC 值 \times 100\% \qquad （公式八）$$

物有所值量值和指数为正的，说明项目适宜采用 PPP 模式，否则不宜采用 PPP 模式。物有所值量值和指数越大，说明 PPP 模式替代传统采购模式实现的价值越大。

综合上述 PSC 值和 PPP_s 值的分析，计算得到项目全生命周期 PSC 值和 PPP_s 值，具体计算结果见附表 2-5。

物有所值指标表　　　　　　　　　　　　　　　　　　附表 2-5

指标	单位	数值
PSC	万元	
PPP_s	万元	
物有所值量值	万元	
物有所值指数	%	

4. 物有所值定量评价结论

根据物有所值评价要求，当物有所值评价量值和指数为正的，说明项目适宜采用 PPP 模式，否则不宜采用 PPP 模式。物有所值量值和指数越大，说明 PPP 模式替代传统采购模式实现的价值越大。本项目物有所值量和指数均为____【正/负】，说明项目____【适宜/不适宜】采用 PPP 模式。

四、附表

附表 PPP项目物有所值定性分析评分参考标准

编号	指标	评分参考标准
1	全生命周期整合潜力	● 81~100＝项目资料表明，设计、融资、建造和全部运营、维护将整合到一个合同中；对于存量项目采用PPP模式。 ● 61~80＝项目资料表明，设计、融资和建造以及大部分非核心服务的运营或大部分非核心服务的运营、维护将整合到一个合同中；对于存量项目采用PPP模式。 ● 41~60＝项目资料表明，设计、融资、建造和维护等将整合到一个合同中，但不包括运营；或融资、建造、运营和维护等将整合到一个合同中，但不包括设计。 ● 21~40＝项目资料表明，设计、融资、建造等将整合到一个合同中，仅运营和维护等将整合到一个合同中。 ● 0~20＝项目资料表明，设计、融资、建造等三个或其中更少的环节将整合到一个合同中。
2	风险识别与分配	● 81~100＝项目资料表明，已进行较为深入的风险识别工作，预计其中绝大部分主要风险可以在政府与社会资本合作方之间明确和合理分配。 ● 61~80＝项目资料表明，已进行初步的风险识别工作，预计其中大部分主要风险可以在政府与社会资本合作方之间明确和合理分配。 ● 41~60＝项目资料表明，已进行初步的风险识别工作，预计这些风险可以在政府与社会资本合作方之间明确和合理分配。 ● 21~40＝项目资料表明，已进行初步的风险识别工作，预计这些风险难以在政府与社会资本合作方之间明确和合理分配。 ● 0~20＝项目资料表明，尚未开展风险识别工作，或没有清晰识别风险。
3	绩效导向	● 81~100＝绝大部分绩效指标符合项目具体情况，全面明确。 ● 61~80＝大部分绩效指标符合项目具体情况，全面合理、清晰明确。 ● 41~60＝绩效指标比较符合项目具体情况，但不够全面和清晰明确。 ● 21~40＝已设置绩效指标比较符合项目具体情况和明确，不合理、不明确，缺乏关键绩效指标。 ● 0~20＝未设置绩效指标或绩效指标不符合项目具体情况，缺乏关键绩效指标设置。
4	潜在竞争程度	● 81~100＝项目将引起社会资本（或其联合体）之间竞争的潜力较大，预期后续通过采取措施可进一步提高竞争程度。 ● 61~80＝项目将引起社会资本（或其联合体）之间竞争的潜力较大，预期后续通过采取措施可提高竞争程度。 ● 41~60＝项目将引起社会资本（或其联合体）之间竞争的潜力一般，预期后续通过采取措施可提高竞争程度。 ● 21~40＝项目将引起社会资本（或其联合体）之间竞争的潜力较小，预期后续措施有可能提高竞争程度。 ● 0~20＝项目将引起社会资本（或其联合体）之间竞争的潜力很小，预期后续不太可能提高竞争程度的国内外企业数量较多。

续表

编号	指标	评分参考标准
5	鼓励创新	● 81~100=项目产出说明提出了较为全面、清晰和可测量的产出规格要求。 ● 61~80=项目的产出规格要求较为全面、清晰和可测量，并对如何交付提出了少量要求。 ● 41~60=项目的产出规格要求不够全面、清晰和可测量，并对如何交付提出了较多要求。 ● 21~40=项目的产出规格要求不够全面、清晰和可测量，或主要对如何交付进行了要求。 ● 0~20=项目的产出规格基本上没有明确产出规格要求。
6	政府机构能力	● 81~100=项目具备较为全面、清晰的PPP理念，且本项目相关政府部门及机构具有较强的PPP能力。 ● 61~80=政府的PPP理念较为全面，但本项目相关政府部门及机构具有较强的PPP能力。 ● 41~60=政府的PPP理念较为一般，且本项目相关政府部门及机构的PPP能力一般。 ● 21~40=政府的PPP理念欠缺，且本项目相关政府部门及机构的PPP能力大缺且难以获得。 ● 0~20=政府的PPP理念欠缺，且本项目相关政府部门及机构的PPP能力大缺且难以快获得。
7	政府采购政策落实潜力	● 81~100=政府有效落实政府采购政策的潜力很大。预计后续通过进一步采取措施能够实现。 ● 61~80=政府有效落实政府采购政策的潜力较大。预计后续通过采取措施可增强落实性。 ● 41~60=政府有效落实政府采购政策的潜力一般。预计后续通过采取措施可增强落实性。 ● 21~40=政府有效落实政府采购政策的潜力较小。预计后续通过采取措施有可能提高落实性。 ● 0~20=此处的政府采购政策主要是指，促进内资企业和中小企业发展、国外技术转让、节能环保、绿色低碳，以及必要时限制外资参与项目等）。
8	项目规模	● 81~100=新建项目的投资或存量项目的资产公允价值在10亿元以上。 ● 61~80=新建项目的投资或存量项目的资产公允价值小于2亿到10亿元之间。 ● 41~60=新建项目的投资或存量项目的资产公允价值小于1亿~2亿元之间。 ● 21~40=新建项目的投资或存量项目的资产公允价值小于5000万元到1亿元之间。 ● 0~20=新建项目的投资或存量项目的资产公允价值小于5000万元。 （注：可根据具体行业项目的类型、所在地区等因素重新设定金额大小）
9	项目资产寿命	● 81~100=资产的预期使用寿命大于40年。 ● 61~80=资产的预期使用寿命为31~40年。 ● 41~60=资产的预期使用寿命为21~30年。 ● 21~40=资产的预期使用寿命为11~20年。 ● 0~20=资产的预期使用寿命小于10年。 （注：可根据具体项目的类型、所在地区等因素重新设定年限长短）

续表

编号	指标	评分参考标准
10	项目资产种类	● 81~100＝项目的资产种类在三个以上。 ● 61~80＝项目是两类较复杂或技术要求较高资产的组合。 ● 41~60＝项目是两类中等复杂程度或技术复杂度较低资产的组合，或者是若干个同类资产打包项目。 ● 21~40＝项目是复杂程度较低资产的组合，或者项目是一个较为简单的资产。 ● 0~20＝项目只包括一个较为简单的资产。
11	全生命周期成本估计准确性	● 81~100＝项目相关信息表明，项目的全生命周期成本已被很好地理解和认识，并且被准确预估的可能性很大。 ● 61~80＝项目相关信息表明，项目的全生命周期成本已被较好地理解和认识，并且被准确预估的可能性较大。 ● 41~60＝项目相关信息表明，项目的全生命周期成本理解和认识还不够全面清晰，但尚无法确定能否被准确预估。 ● 21~40＝项目相关信息表明，项目的全生命周期成本理解和认识不够清晰，并且被准确预估的可能性较小。 ● 0~20＝项目相关信息表明，项目的全生命周期成本基本上没有得到理解和认识
12	法律和政策环境	● 81~100＝项目采用PPP模式符合现行法律法规规章和政策的要求，甚至存在鼓励政策。 ● 61~80＝项目采用PPP模式受到现行法律法规规章和政策等的个别限制，并且可以较为容易地解决。 ● 41~60＝项目采用PPP模式受到现行法律法规规章和政策等的个别限制，并且解决的可能性较大。 ● 21~40＝项目采用PPP模式受到现行法律法规规章和政策等的少量限制，但解决的可能性一般。 ● 0~20＝项目采用PPP模式受到现行法律法规规章和政策等的严格限制
13	资产利用及收益	● 81~100＝项目社会资本在满足公共需求的前提下，非常有可能无充分利用资产增加额外收入。 ● 61~80＝项目社会资本在满足公共需求的前提下，较有可能无充分利用资产增加额外收入。 ● 41~60＝项目社会资本在满足公共需求的前提下，利用项目资产增加额外收入的可能性一般。 ● 21~40＝项目社会资本利用项目资产获得额外收入的可能性较小。 ● 0~20＝项目社会资本利用项目资产获得额外收入的可能性非常小
14	融资可行性	● 81~100＝预计项目对金融机构的吸引力很高，或已具备强劲实力的金融机构明确表达了对项目的兴趣。 ● 61~80＝预计项目对金融机构的吸引力较高，通过后续进一步准备，可提高吸引力。 ● 41~60＝预计项目对金融机构的吸引力一般，通过后续进一步准备，可提高吸引力。 ● 21~40＝预计项目对金融机构的吸引力较差。 ● 0~20＝预计项目对金融机构的吸引力很差

第三部分 财政承受能力论证报告

PPP 项目财政承受能力论证包括责任识别、支出测算、能力评估以及信息披露。财政部门（或政府和社会资本合作中心，PPP 中心）会同行业主管部门，共同开展 PPP 项目财政承受能力论证工作，必要时可通过政府采购方式聘请专业中介机构协助。

为了科学评价项目实施对当前及今后年度财政收支平衡状况的影响，并为 PPP 项目财政预算管理提供依据，需要对项目的各项财政支出责任清晰的识别和测算。

目　录

序言
一、基本概况
二、责任识别
三、支出测算
四、能力评估

序　言

根据财政部《关于印发〈政府和社会资本合作模式操作指南（试行）〉的通知》（财金 [2014]113 号）、《政府和社会资本合作项目财政承受能力论证指引》（财金 [2015]21 号）文件规定。由_____单位委托_____咨询企业于____年____月对_____项目进行了财政承受能力论证。

本项目_____【通过/未通过】财政承受能力论证。

_____单位
____年____月

一、基本概况

（一）项目概况

1. 项目建设基本情况

（1）建设概述

_____

_____

_____。【根据项目可行性研究报告内容编写，主要内容涉及该 PPP 项目立项的社会背景以及省、市对此类项目发展规划，阐明项目基本情况、项目建设必要性、项目立项的目的、项目完成后的意义】

（2）建设基本信息

1）项目全称：_____

2）项目性质：_____【新建/改建/存量公共资产项目】

3）建设内容：_____【从具体项目的可行性研究报告中获取相关资料】

（3）项目区位

_____

_____

_____。【从具体项目的可行性研究报告中获取相关资料】

（4）占地面积

_____

_____

_____。【从具体项目的可行性研究报告中获取相关资料】

（5）建设规模

_____

_____

_____。【从具体项目的可行性研究报告中获取相关资料】

（6）产出说明

_____

_____。【从具体项目的可行性研究报告中获取项目建成后项目资产所应达到的经济、技术标准，以及公共产品和服务的交付范围、标准和绩效水平等相关数据】

（7）资金来源

_____

_____。【从具体项目的可行性研究报告中获取相关资料】

2. PPP模式运作必要性分析

（1）本项目采用PPP模式符合相关政策要求

政府和社会资本合作（PPP）模式是指政府为增强公共产品和服务供给能力、提高供给效率，通过特许经营、购买服务、股权合作等方式，与社会资本建立的利益共享、风险共担及长期合作关系。本项目采用PPP模式运作符合目前国家和地方有关宏观政策环境和要求。

1）本项目采用PPP模式符合国家近期政策要求

为贯彻落实中共中央十八届三中全会关于"允许社会资本通过特许经营等方式参与城市基础设施投资和运营"精神，拓宽城市建设融资渠道，促进政府职能加快转变，完善财政投入及管理方式，近期国务院、财政部、发改委及相关行业主管部门密集发布了一系列关于政府和社会资本合作（PPP）的政策文件，要求各地的市政基础设施和公用事业（包括新型城镇化及其配套工程）项目，应优先考虑采用PPP模式建设。

2）本项目采用PPP模式符合_____省近期政策要求

_____

_____。【根据省级对于此类项目采用PPP模式的相关政策文件阐述该项目适宜采用PPP模式】

3）本项目采用PPP模式符合_____市近期政策要求

_____。【根据市级对于此类项目采用PPP模式的相关政策文件阐述该项目适宜采用PPP模式】

（2）本项目采用PPP模式能够平滑财政支出压力

我国经济进入新常态后，宏观经济增速放缓，由此降低政府每年的财政支出增长速度。公共基础设施建设仍要保持稳步发展势头，由此为地方政府带来了资金困境，即在无法使用未来财政增量的前提下，充分利用现有财政，充分提高公共基础设施项目建设绩效。

《国务院关于加强地方政府性债务管理的意见》中提倡的"疏堵结合"思想，为地方政府下步继续开展公共基础设施项目建设提供了可行的途径，即政府与社会资本合作模式（PPP）。该模式的优势在于在公共领域引入了社会资本，使其组织公共项目的建设与运营，并从中获得收益，同时自负盈亏。PPP模式充分利用了市场优势以及风险分担，能够缓解政府在有限财政约束下，保持公共基础设施建设效率。

由此可见，新常态下，推广PPP模式能够一定程度地缓解地方政府财政的支出压力。

（3）本项目采用PPP模式能够提高公共物品或服务的供给效率

有利于加快政府职能的转变，将政府的发展规划、市场监管、公共服务职能与社会资本的管理效率、技术创新动力有机结合；通过政府与社会资本合作，将项目的各类风险交由最有能力和适合的一方承担，从而实现最优风险分配。有利于降低项目全周期的成本，控制项目建设成本、提高项目管理效率。

对于社会公众而言，其期望能够获得更为优质的公共物品或服务，PPP模式将社会资本进入到公共领域中，并通过给予其一定的特许经营权，让其通过运营项目获取收益，由此打破了公共领域中政府的垄断。经济学已证实，竞争机制取代垄断后，将有助于提高物品或服务的供给效率。

PPP模式的目的是改善政府绩效，从而改善那些依赖政府的社会公众的生活质量；通过节约资金和改善对纳税人的服务，PPP模式还能够改善了社会公众的生活质量。与政府部门相比，民间非营利机构能用更低的成本为社会公众提供更好的服务。

相比政府部门，社会资本若管理不善导致绩效降低，将面临倒闭破产的风险，然而绩效不良的政府机构往往得到更多的资金以图有所改善。可见由于缺少必要的激励，政府部门采用传统政府采购模式提供公共物品或服务方面的效率往往比PPP模式的低。

由此可见，在公共领域中采用PPP能够提高公共物品和服务的供给效率，满足社会公众的需求。

综上所述，开展政府和社会资本合作，有利于创新投融资机制，拓宽社会资本投资渠道，增强经济增长内生动力；有利于理顺政府与市场关系，加快政府职能转变，充分发挥市场配置资源的决定性作用。___项目采用PPP模式符合国家近期相关政策要求，是贯彻执行国家经济体制改革、转变政府职能、提高管理水平的重要措施。因此，___项目采用PPP模式是十分必要的，也是合适的。

3. PPP模式运作可行性分析

（1）本项目PPP模式____【通过/未通过】财政承受能力论证

本项目PPP模式财政支出与年度支出比例____【超过/不超过】10%，____【通过/未通过】财政承受能力论证。

_____

_____。

【概述本报告财政承受能力论证结果】

（2）本项目PPP模式能够满足社会资本的盈利需求

_____。

【概述本报告关于社会资本回报机制相关论述，阐述社会资本能够从本PPP项目中获取收益】

4. PPP模式运作目标及意义

（1）PPP模式提升了风险管理质量

提升风险管理质量、优化风险分配是运用PPP模式的主要目标。项目实施机构可以通过PPP模式，科学合理地设置项目的风险分配和解决机制，使得相关风险由最有能力且最适合一方承担。

（2）PPP模式改善了公共物品或服务的提供效率

随着城镇化、工业化加速，基础设施建设资金缺口加大，并且随着我国经济新常态的出现,财政收入增速明显下降,地方融资平台规范转型迫在眉睫。为此,创新公共服务投入机制,推广PPP模式势在必行。推广PPP模式能够充分发挥政府和私人部门各自优势,提高公共服务供给效率和质量,实现长期激励相容。

基于上述分析,本项目采用PPP模式,对政府及社会资本都将产生有利结果。

5. 项目公司股权情况

_____

_____。

【通过调研,明确该项目是否组建项目公司以及各方在项目公司中的股权比例情况】

(二)风险分担框架

1. 风险因素识别

_____

_____。

【根据项目具体情况,结合以下四种风险分析方法对项目风险进行分析。

生产流程分析法,又称流程图法。生产流程又叫工艺流程或加工流程,是指在生产工艺中,从原料投入到成品产出,通过一定的设备按顺序连续地进行加工的过程。该种方法强调根据不同的流程,对每一阶段和环节,逐个进行调查分析,找出风险存在的原因。

风险专家调查列举法,由风险管理人员对该企业、单位可能面临的风险逐一列出,并根据不同的标准进行分类。专家所涉及的面应尽可能广泛些,有一定的代表性。一般的分类标准为:直接或间接,财务或非财务,政治性或经济性等。

资产财务状况分析法,即按照企业的资产负债表及损益表、财产目录等的财务资料,风险管理人员经过实际的调查研究,对企业财务状况进行分析,发现其潜在风险。

分解分析法,指将一复杂的事物分解为多个比较简单的事物,将大系统分解为具体的组成要素,从中分析可能存在的风险及潜在损失的威胁。

失误树分析方法是以图解表示的方法来调查损失发生前种种失误事件的情况,或对各种引起事故的原因进行分解分析,具体判断哪些失误最可能导致损失风险发生。】

2. 风险分担原则

本项目风险分配机制按照风险分配优化、风险收益对等和风险可控等原则，综合考虑政府风险管理能力、项目回报机制和市场风险管理能力等要素进行设计，在政府和社会资本之间合理分配项目风险。

最优风险分配原则。在受制于法律约束和公共利益考虑的前提下，风险应分配给能够以最小成本（对政府而言）、最有效管理它的一方承担，并且给予风险承担方选择如何处理和最小化该等风险的权利。

风险收益对等原则。既要关注社会资本对于风险管理成本和风险损失的承担，又尊重其获得与承担风险相匹配的收益水平的权利。

风险可控原则。应按照项目参与方的财务实力、技术能力、管理能力等因素设定风险损失承担上限，而不宜由任何一方承担超过其承受能力的风险，以保证双方合作关系的长期持续稳定。

具体应坚持如下基本原则：

承担风险的一方应该对该风险具有控制力；

承担风险的一方能够将该风险合理转移；

承担风险的一方对于控制该风险有更大的经济利益或动机；

由该方承担该风险最有效率；

如果风险最终发生，承担风险的一方不应将由此产生的费用和损失转移给合同相对方。

按照风险分配的上述原则，以及财政部推广应用PPP模式的政策导向，本项目的核心风险分配基本框架如下：

（1）融资、设计、建设、财务、运营维护等风险主要由项目公司承担；

（2）政策、法律变更和可行性缺口风险等主要由政府承担；

（3）政治、宏观经济、不可抗力风险等由政府和项目公司合理共担。

3. 风险分担结论

_____

_____。

【根据以上分析结果，阐述本项目政府与社会资本各自承担的风险】

（三）运作方式

1. 运作方式选择

　　_____

_____。

　　【根据《关于印发政府和社会资本合作模式操作指南（试行）的通知》（财金[2014]113号），PPP项目具体运作方式的选择主要由收费定价机制、项目投资收益水平、风险分配基本框架、融资需求、改扩建需求和期满处置等因素决定。常有运作方式有：委托运营（Operations&Maintenance，O&M）、管理合同（Management Contract，MC）、建设—运营—移交（Build-Operate-Transfer，BOT）、建设—拥有—运营（Build-Own-Operate，BOO）、建设—拥有—运营—移交（Build-Own-Operate-Transfer，BOOT）、转让—运营—移交（Transfer-Operate-Transfer，TOT）、改建—运营—移交（Rehabilitate-Operate-Transfer，ROT）可根据项目具体情况，选择运作方式】

2. 运作方式规划

　　_____

_____。

　　【描述项目的全生命周期的运作方式，并画出项目合同结构图】

（四）交易结构

1. 投融资结构

　　_____

_____。

　　【描述项目资本性支出的资金来源、性质和用途，项目资产的形成和转移等】

2. 回报机制

　　_____

_____。

　　【描述社会资本取得投资回报的资金来源，包括使用者付费、可行性缺口补助和政府付费等支付方式】

二、责任识别

在 PPP 项目全生命周期的不同阶段，对应政府承担不同的义务、财政支出责任主要包括股权投资、运营补贴、风险承担以及配套设施的投入。

1. 股权投资支出责任

股权投资支出责任是指在政府和社会资本共同组建项目公司的情况下，政府承担的股权投资责任。如果社会资本单独组建项目公司，政府不承担股权投资支出责任。本项目政府参与组建项目公司且股权投资支出为 ____ 万元，占 ____%。

2. 运营补贴支出责任

运营补贴支出责任是指在项目运营期间，政府承担的直接付费责任。不同付费模式下，政府承担的运营补贴支出责任不同。政府付费模式下，政府承担全部运营补贴支出责任；可行性缺口补助模式下，政府承担部分运营补贴支出责任；使用者付费模式下，政府不承担运营补贴支出责任。本项目属于 ____【政府付费模式/可行性缺口补助模式/使用者付费模式】，因此，政府 ____【承担全部运营补贴支出责任/承担部分运营补贴支出责任/不承担运营补贴支出责任】。

3. 风险承担支出责任

风险承担支出责任是指项目实施方案中政府承担风险带来的财政或有支出责任。通常由政府承担的风险有法律风险、政策风险、最低需求风险等，不可抗力等风险由政府和社会资本合理共担，以上风险会产生财政或有支出责任。本项目由政府承担的风险为 _____。

4. 配套投入支出责任

配套投入支出责任是指政府提供的项目配套工程等其他投入责任，通常包括土地征收和整理、建设部分项目配套措施、完成项目与现有相关基础设施和公用事业的对接、投资补助、贷款贴息等。配套投入支出应依据项目实施方案合理确定。根据项目实施方案，本项目配套投入有 ____。【根据实施方案，本项目不存在配套投入，因此，本项目不需要承担配套投入支出责任】

三、支出测算

1. 股权投资支出测算

股权投资支出应当依据项目资本金要求以及项目公司股权结构合理确定。股权投资支出责任中的土地等实物投入或无形资产投入,应依法进行评价,合理确定价值。计算公式为:

$$股权投资支出 = 项目资本金 \times 政府占项目公司股权比例 \qquad (公式九)$$

本项目政府参与组建项目公司且股权投资支出为____万元,占____%。【本项目政府不参与组建项目公司,因此,不存在股权投资支出】项目资本金为____万元,可算出本项目股权投资支出为____万元。

2. 运营补贴支出

【运营补贴支出应当根据项目建设成本、运营成本及利润水平合理确定,并按照不同付费模式分别测算】

【政府付费模式】

根据《政府和社会资本合作项目财政承受能力论证指引》中的要求,对采用政府付费模式的项目,在项目运营补贴期间,政府承担全部直接付费责任。政府每年直接付费数额包括:社会资本方承担的年均建设成本(折算成各年度现值)、年度运营成本和合理利润。计算公式为:

当年运营补贴支出数额

$$= \frac{项目全部建设成本 \times (1-合理利润率) \times (1-年度折现率)^n}{财政运营补贴周期(年)} +$$

$$+ 年度运营成本 \times (1+合理利润率)$$

$$\qquad\qquad\qquad\qquad\qquad\qquad (公式十)$$

1) n 代表折现年数;

2) 年度折现率考虑财政补贴支出发生年份,并参照同期地方政府债券收益率合理确定,本项目年度折现率确定为____%;

3）财政运营补贴周期指财政提供运营补贴年数。

【可行性缺口补助模式】

根据《政府和社会资本合作项目财政承受能力论证指引》中的要求，对可行性缺口补助模式的项目，在项目运营补贴期间，政府承担部分直接付费责任。政府每年直接付费数额包括：社会资本方承担的年均建设成本（折算成各年现值）、年度运营成本和合理利润，再减去每年使用者付费的数额。计算公式如下：

当年运营补贴支出数额

$$= \frac{项目全部建设成本 \times (1-合理利润率) \times (1-年度折现率)^n}{财政运营补贴周期（年）}$$

$$+ 年度运营成本 \times (1+合理利润率) - 当年使用者付费数额$$

（公式十一）

1）n 代表折现年数；

2）年度折现率考虑财政补贴支出发生年份，并参照同期地方政府债券收益率合理确定，本项目年度折现率确定为 ____%；

3）财政运营补贴周期指财政提供运营补贴年数；

4）当年使用者付费数额指项目运营期 _____ 的收入。

【使用者付费模式】

根据《政府和社会资本合作项目财政承受能力论证指引》中的要求，对使用者付费模式的项目，在项目运营补贴期间，政府不承担直接付费责任。

3. 风险承担支出测算

风险承担支出采用比例法计算，根据《政府与社会资本合作项目物有所值评价指引》，通常风险承担成本不超过项目建设运营成本的20%，可转移风险承担成本占项目全部承担成本的比例一般为70%~85%，结合本项目实际情况，设定本项目的风险承担成本的比例为 _____，其中自留风险承担成本占项目全部风险承担成本的 _____，可转移风险承担成本占 _____。风险承担成本计算公式为：

风险承担成本 ＝（项目建设成本 ＋ 项目运营成本）× 风险承担比例　（公式十二）

由此计算得出风险承担成本 _____ 万元，其中可转移风险成本 ____ 万元，自留风险成本 _____ 万元。

4. 配套投入支出

根据项目实施方案，本项目配套投入有 _____，政府拟提供的其他投入总成本为 ____ 万元、社会资本方支付的费用为 ____ 万元，根据以下公式：

$$配套投入支出数额 = 政府拟提供的其他投入总成本 - 社会资本方支付的费用$$

（公式十三）

可计算出配套投入支出为 ____ 万元（根据实施方案，本项目不存在配套投入，因此，本项目配套投入支出为0）。

四、能力评估

根据财政部《政府和社会资本合作项目财政承受能力论证指南》（财金[2015]21号）的规定，PPP合作项目全生命周期过程的财政支出责任，主要包括股权投资、运营补贴、风险承担及配套投入等。财政部门识别和测算单个项目的财政支出责任后，汇总年度全部已实施和拟实施的PPP合作项目，每一年度全部PPP项目需要从预算中安排的支出责任，占一般公共预算支出比例应当不超过10%。依据这一原则，对本项目全生命周期内的市级财政收支及承受能力评价情况进行如下分析：

1. 市级财政收支及本项目财政补贴支出情况。

20__ ~ 20__ 年 ____ 市地方公共财政预算支出情况如附表2-6所示。

20__ ~ 20__ 年 ____ 市地方公共财政预算支出情况　　　附表2-6

名称	20__	20__	20__	20__	20__
市级财政支出（万元）					
环比增长					

根据上表中 ____ 市市级财政近 __ 年收支情况，平均按 ___%的增长率(环比)估算，

预测该市未来 ___ 年市级财政公共预算支出情况，以及本项目从运营补贴年份起每一年度财政补贴支出占市级公共财政支出比例情况如附表2-7所示。

财政补贴支出情况预测　　　　　　　　　　　　　　　附表2-7

名称	20__	20__	20__	20__	20__
公共财政支出（万元）					
本项目财政补贴支出（万元）					
比例					

由附表2-7可以看出，本项目的财政支出与公共财政支出比例 ____【超过10%/不超过10%】，财政承受能力 ____【未通过论证/通过论证】，本项目 ____【不适宜/适宜】采用PPP模式。

范本三：PPP 准备阶段咨询文件参考模板

第一部分　PPP 项目实施方案

PPP 项目在通过物有所值评价与财政承受能力论证的识别阶段后，即刻迎来的便是 PPP 项目的准备阶段，在此阶段项目参与各方都将围绕 PPP 项目的风险分配、最佳运作方式选择、有效交易结构明确、合理采购方式确定等问题展开，PPP 项目实施方案则为上述问题与解决的总括。PPP 项目实施方案由项目实施机构编制，交由财政部门（政府和社会资本合作中心，PPP 中心）审核，其中政府方指定的相关职能部门或事业单位作为项目实施机构。

目　录

一、项目概况

二、风险分担基本框架

三、项目运作方式

四、交易结构

五、合同体系

六、监管架构

七、采购方式选择

一、项目概况

（一）基本情况

【基本情况需进行项目最终形成的公共资产及相关服务内容进行描述，分析采用政府与社会资本合作的必要性与可行性，同时阐述项目运作的目标与意义】

1. 公共产品与服务内容

_____项目的建设范围包括_____，形成公共资产后所提供的服务内容为_____。

2. 采用 PPP 模式的必要性与可行性

（1）必要性

1）基础设施及公共服务类项目的基本特点确定了采用 PPP 模式的必要性

_____项目拥有投资规模较大、需求长期稳定、价格调整机制灵活、市场化程度较高，适宜采用政府和社会资本合作模式。

2）采用 PPP 模式可以有效减轻财政负担

_____项目采用 PPP 模式较传统政府采购模式相比，投资主体多元化，促成更多的资金来源，在提高政府财政资金利用率的同时，缓解了财政负担。

3）采用 PPP 模式可以提高公共服务效率

_____项目采用 PPP 模式选择的社会资本将具有丰富的建设管理经验，社会资本的全过程参与，一方面优化了项目风险的合理分配，另一方面保证了项目全生命周期的建设效率与运营服务效率。

4）采用 PPP 模式可以助推社会资本发展

_____项目采用 PPP 模式，在解决政府融资问题的同时，可以推动本项目社会资本在基础设施建设项目中的发展。

5）_____
_____
_____。

（2）可行性

1）政府层面

_____项目已通过物有所值评价和财政承受能力论证，物有所值定性评价部分，确定了本项目增加供给、优化风险分配、提高运营效率、促进创新和公平竞争等内容，同时，本项目已通过物有所值定量评价，由此，本项目可采用 PPP 模式。

_____项目的财政承受能力论证说明，项目实施对当前及今后年度财政支出的影响合理、可行。本项目可采用 PPP 模式。

2）社会资本层面

_____项目采用 PPP 模式，社会资本可以通过使用者付费/政府付费/可行性缺口补助等形式获取收益。本项目财政承受能力论证给出了采用_____为社会资本的补偿方式，并保障了合理的社会资本合理的收益率。因此，本项目以 PPP 模式与社会资本合作可行。

3. 项目运作的目标与意义

（1）项目运作目标

1）合理风险分担目标

合理风险分担目标为确定最佳合理风险承担者，有效降低项目全生命周期的风险成本。本项目风险合理分担依据为：建设、运维、_____等风险由社会资本承担；法律法规变化、_____等风险由政府承担；不可抗力、_____等风险由双方共担。

2）最佳运作方式目标

_____项目以实现政府和社会资本合作双赢，适宜项目投资、建设、运营等特点为目标，选择最佳的运作方式为_____。

3）有效交易结构目标

_____项目以项目投融资比例合理化、汇报机制有序化、相关配套全面化为目标，实现有效的交易结构。

4）_____
_____
_____。

（2）项目运作的意义

1）提升财政投资资金的使用效率

_____项目通过确定合理的融资比例，引入社会资本投资，提升财政投资资金的使用效率。

2）改善公共基础设施的服务质量

_____项目通过将投资、建设、运营一体化，最大化地提升社会资本能动性，改善公共基础设施的服务质量。

3）实现政府和社会资本互利双赢

_____项目通过实现风险的合理分配、收益的合理共享、收费标准的合理规制实现政府和社会资本互利双赢。

4）_____

_____

_____。

（二）技术经济指标

【技术经济指标需进行项目区位、占地面积、建设内容或资产范围、投资规模或资产价值、主要产出说明和资金来源等内容的论述。主要参考项目可行性研究报告、项目区位分析报告、产出说明、物有所值评价及财政承受能力论证等报告中的相关内容进行编写】

1. 项目区位

_____项目的规划依据包括：_____。

【规划依据参考国家及地方的区域规划依据，以具体项目为准】

_____项目位于_____，东起_____，西至_____，南邻_____，北往_____，东西相距_____，南北相距_____。

2. 项目占地面积

_____项目占地面积为_____。

3. 项目建设规模

_____项目建设规模为_____。

4. 项目产出说明

_____项目建成后提供的产品或服务应满足_____标准，并达到要求等级，_____。

5. 项目资金来源

_____项目资金来源为，_____万元为社会资本融资，_____万元为政府出资。

（三）项目公司股权情况

根据本项目前期沟通调研和投融资需求，拟由_____公司作为政府指定的实施机构和社会资本方共同成立项目公司（详见本实施方案"交易结构"）。

二、风险分担基本框架

【PPP项目的风险分担以最佳风险承担、风险收益对等为原则，综合考虑PPP合作主体的风险管控能力与项目回报机制等要素，在政府和社会资本之间合理分配项目风险。原则上建设与运营类风险包括设计风险、建造风险、财务风险与运营风险由社会资本承担，法律、政策和最低需求风险由政府承担，不可抗力等风险由双方共同承担】

1.风险分担原则

原则上，项目设计、建造、财务和运营维护等商业风险由社会资本承担，法律、政策和最低需求等风险由政府承担，不可抗力等风险由政府和社会资本合理共担。

1）风险由最佳承担者承担

准经营性基础设施建设采用PPP模式的目的之一，即将项目中政府无法承担的项目风险转至富有工程经验的社会资本。为使_____项目最大程度的降低风险成本，采用风险由最佳承担者承担原则。

2）风险承担与回报收益匹配

_____项目进行风险分配时综合考虑风险发生概率、损失程度、风险自留成本等要素，当社会资本承担的风险成本高于项目收益时，政府将选择提高补偿或自留风险。

3）_____
_____
_____。

2.风险分担框架（详见附表3-1）

_____项目的风险分担框架　　　　　　　　附表 3-1

类别	风险要素	承担者		
		政府	社会资本	共担
政策风险	政府换届	√		
	征用/公有化	√		
	公众反对	√		
	政治无作为或负面行为	√		
	贿赂	√		
	税收调整	√		
	审批获得/延误	√		
法律风险	法律变更	√		
	法律监管体制不完善	√		
金融风险	外汇可兑换性			√
	通货膨胀			√
	费率调整	√		
	利率变化	√		
市场风险	动力人工费上涨			√
	收益不足			√
	市场需求变化			√
融资风险	融资可行性		√	
	融资成本高		√	
建设风险	设计变更		√	
	工程设计质量		√	
	分包商违约		√	
	工程安全		√	
	劳资设备的获取		√	
	地质条件		√	

续表

类别	风险要素	承担者		
		政府	社会资本	共担
建设风险	场地可及性		√	
	项目运营变更	√		
	建设成本超支		√	
	完工风险		√	
	建设质量			
	公共设备服务提供	√		
	技术风险		√	
运营风险	维护、维修成本高		√	
	运营效率低			
	移交设备状况		√	
	设备维修状况		√	
	配套设施无法满足	√		
不可抗力	不可抗力			√
	天气/环境恶劣			√

三、项目运作方式

【PPP 模式主要适用于政府负有提供责任又适宜市场化或政府采购运作的公共服务、基础设施类项目，项目运作方式主要包括委托运营、管理合同、建设—运营—移交、建设—拥有—运营、转让—运营—移交、改建—运营—移交等各种具体运作方式。运作方式选择的依据包括收费定价机制、项目投资收益水平、风险分担基本框架、融资需求、改扩建需求和期满处置等】

1. PPP 项目运作方式简介

财政部在试行《政府和社会资本合作模式操作指南》中，推荐使用的运作方式包括委托运营（Operations & Maintenance，O&M）、管理合同（Management Contract，

MC)、建设—运营—移交（Build-Operate-Transfer，BOT）、建设—拥有—运营（Build-Own-Operate，BOO）、转让—运营—移交（Transfer-Operate-Transfer，TOT）和改建—运营—移交（Rehabilitate-Operate-Transfer，ROT）。

委托运营（Operations & Maintenance，O&M），是指政府将存量公共资产的运营维护职责委托给社会资本或项目公司，社会资本或项目公司不负责用户服务的政府和社会资本合作项目运作方式。政府保留资产所有权，只向社会资本或项目公司支付委托运营费。

管理合同（Management Contract，MC），是指政府将存量公共资产的运营、维护及用户服务职责授权给社会资本或项目公司的项目运作方式。政府保留资产所有权，只向社会资本或项目公司支付管理费。管理合同通常作为转让—运营—移交的过渡方式。

建设—运营—移交（Build-Operate-Transfer，BOT），是指由社会资本或项目公司承担新建项目设计、融资、建造、运营、维护和用户服务职责，合同期满后项目资产及相关权利等移交给政府的项目运作方式。

建设—拥有—运营（Build-Own-Operate，BOO），由 BOT 方式演变而来，二者区别主要是 BOO 方式下社会资本或项目公司拥有项目所有权，但必须在合同中注明保证公益性的约束条款，一般不涉及项目期满移交。

转让—运营—移交（Transfer-Operate-Transfer，TOT），是指政府将存量资产所有权有偿转让给社会资本或项目公司，并由其负责运营、维护和用户服务，合同期满后资产及其所有权等移交给政府的项目运作方式。

改建—运营—移交（Rehabilitate-Operate-Transfer，ROT），是指政府在 TOT 模式的基础上，增加改扩建内容的项目运作方式。

2. PPP 运作方式选择

_____ 项目依据融资需求、改扩建需求和期满处置等项目信息，选择适用于本项目的 PPP 运作方式。具体根据项目是否为存量项目、是否存在建设融资需求、是否为改扩建项目、是否需要期满移交等条件进行 PPP 运作方式，并根据收费定价机制、投资收益水平及风险分担框架选择运作方式，投资回报的资金来源，包括政府付费、使用者付费与可行性缺口补助（具体详见"交易结构"）。详见附表 3-2。

PPP 运作方式的判断条件与选择 附表 3-2

运作方式 \ 判断条件	为存量项目	存在建设融资需求	为改扩建项目	需要移交期满
O&M	√			
MC	√	√		
BOT		√		√
BOO		√		
TOT	√	√		
ROT	√	√	√	

根据本项目的具体情况，并依据上表的选择结果为：_____ 项目最终采用 _____ 运作方式。

四、交易结构

【交易结构主要包括项目投融资结构、回报机制和相关配套安排。项目投融资结构主要说明项目资本性支出的资金来源、性质和用途，项目资产的形成和转移等。项目回报机制主要说明社会资本取得投资回报的资金来源，包括使用者付费、可行性缺口补助和政府付费等支付方式。相关配套安排主要说明由项目以外相关机构提供的土地、水、电、气和道路等配套设施和项目所需的上下游服务】

（一）项目融资情况

1. 项目资本性支出的资金来源、性质和用途

_____ 项目依据 _____【项目建议书】，_____【项目概算批复】等内容，核定本项目概算额为 _____ 万元。_____ 项目政府方（或指定的项目实施机构）_____ 参与融资 _____ 万元，出资比例 ___ %，社会资本方 _____ 参与融资 _____ 万元，出资比例为 ___ %，其中 _____ 万元项目公司申请银行贷款的方式获得。资金用途为，_____ 万元（或全部）用于项目建设投资，_____ 万元（或无）项目运营投资。

2.项目资产的形成和转移

（1）项目资产的形成

项目资产的形成包括两种方式，即建设期内投资建设的项目资产形成，以及项目运营期内因更新重置或升级改造投资的项目资产形成，根据本项目采用的_____运作方式，项目资产的形成为_____（或无项目资产形成）。

（2）项目资产的移交

根据_____项目PPP项目识别阶段的物有所值评价及财政承受能力论证，确定本项目期限为_____年，合作期限届满或政府方（或指定的项目实施机构）_____按约定提前结束项目公司的特许经营资格的，项目公司按照将项目资产全部移交政府方（或指定的项目实施机构）_____或其指定其他机构。移交标准包括设备完好率和最短可使用年限等指标。采用有偿移交的，项目合同中应明确约定补偿方案；没有约定或约定不明的，项目实施机构应按照"恢复相同经济地位"原则拟定补偿方案，报政府审核同意后实施。

（二）项目回报机制

_____项目的性质为_____【准经营性项目或非经营性项目】，根据本项目的物有所值评价及财政承受能力论证，确定本项目的项目回报机制包括_____【选填政府付费/使用者付费/可行性缺口补助】，其中政府付费为_____，使用者付费为_____，可行性缺口补助为_____【根据项目实际情况进行选填】。

（三）相关配套安排

_____项目的相关配套安排，由_____机构（或政府方）负责向项目公司提供满足开工条件相关建设用地（土地使用权属于政府或项目实施机构），并负责项目征地、拆迁及相关手续办理；由_____等相关机构负责向项目公司提供满足本项目建设及运营需求的水、电、气和道路等配套设施；由_____机构负责向项目公司提供满足项目所需的_____等其他上下游服务【其他上下游服务可根据项目具体情况选填】。

五、合同体系

【PPP 项目合同体系是指，项目参与通过签订系列的合同划分与明确各方的权利义务，其中以 PPP 项目合同为核心法律文件，同时包括股东合同、融资合同、工程承包合同、运营服务合同、原料供应合同、产品采购合同和保险合同等合同。PPP 项目合同体系还应明确本项目的边界条件，主要包括权利义务、交易条件、履约保障和调整衔接等边界】

（一）合同体系概述

_____项目根据选择采用的_____运作方式、各阶段参与方主体、项目运营期限及融资情况等因素，确定本项目合同体系主要包括 PPP 项目合同、_____等合同【根据项目需求选填股东合同、融资合同、工程承包合同、运营服务合同、原料供应合同、产品采购合同和保险合同等合同】。

1. PPP 项目合同

_____项目 PPP 项目合同是 PPP 项目的核心合同，用于约定政府方（或指定实施机构）_____与社会资本_____双方的项目合作内容和基本权利义务。PPP 项目合同的签订方式包括以下两种方式。

方式一：政府指定的项目实施机构与项目公司签订 PPP 项目合同；

方式二：政府指定的项目实施机构与中标社会资本签订 PPP 项目合同，项目公司成立后，项目公司书面确认对 PPP 项目合同的权利义务予以承继。

本项目采用方式_____，由项目实施机构_____与社会资本_____双方签订 PPP 项目合同，并用于_____项目的 PPP 项目合同主体、项目的风险分担、项目范围和期限、项目的融资、项目的运营、项目的维护、项目的移交及相关专用性条款等内容的描述与约定。

2. 股东协议

_____项目根据项目资金来源情况，确定股东协议由项目公司中_____股东签订，用以在股东之间建立长期的、有约束力的合约关系。本项目

股东协议包括以下主要条款：＿＿＿＿＿＿＿＿＿＿＿＿＿＿＿＿＿＿＿＿＿＿＿＿
＿＿＿＿＿＿＿＿＿＿＿＿＿＿＿＿＿＿＿＿＿＿＿＿＿＿＿＿＿【根据项目具体情况确定是否签署股东协议，并选填以下条款：前提条件、项目公司的设立和融资、项目公司的经营范围、股东权利、履行PPP项目合同的股东承诺、股东的商业计划、股权转让、股东会、董事会、监事会组成及其职权范围、股息分配、违约、终止及终止后处理机制、不可抗力、适用法律和争议解决等】。

3. 工程承包合同

项目公司本身不具备项目实施能力，根据项目选择的＿＿＿＿＿＿＿运作方式，本项目存在建设阶段，且由于项目公司本身不具备自行设计、采购、建设项目的条件，因此确定将部分或全部设计、采购、建设工作委托给＿＿＿＿＿＿＿工程承包商，并由项目公司与该承包商签订工程承包合同（或委托给＿＿＿＿＿＿＿＿＿＿＿等公司，并由项目公司分别与上述公司签署设计、采购、建设合同）【根据项目具体情况与项目公司具体情况确定是否需要签署工程承包合同，同时根据项目需求及项目公司需求，确定采用的工程承包合同模式，如PPP+EPC模式，即由项目公司与工程承包商之间签工程承包合同，并由其同时完成设计、采购、建设等内容】。

4. 运营合同

＿＿＿＿＿＿＿项目根据项目选择的＿＿＿＿＿＿＿运作方式，本项目存在运营阶段，且由于项目公司本身无法完成项目的运营与维护事务，本项目公司将相应的运营与维护事务外包给＿＿＿＿＿＿＿专业运营公司，并与其签订运营服务合同【根据项目具体情况与项目公司具体情况确定是否需要签署运营合同】。

5. 融资合同

＿＿＿＿＿＿＿项目的融资安排作为PPP项目实施的关键环节，具体包括项目公司与＿＿＿＿＿＿＿融资方签订的项目贷款合同、担保人就项目贷款与融资方签订的担保合同、政府与融资方和项目公司签订的直接介入协议等多个合同。

6. 保险合同

由于＿＿＿＿＿＿＿项目资金规模大、生命周期长，负责项目实施的项目公司及其他相关参与方通常需要对项目融资、建设、运营等不同阶段的不同类型的风险分别进行投保。本项目的保险合同涉及＿＿＿＿＿＿＿＿＿＿＿＿＿＿＿等【根据项目需求进行以下内容的选填:货物运输险、工程一切险、针对设计或其他专业服务的职业保障险、针对间接损失的保险、第三方责任险】。

7. 其他合同

_____

_____【除上述合同之外,政府与项目公司还需要同其他专业中介机构签署咨询合同,根据项目需求选填以下方面的咨询服务合同:投资、法律、技术、财务、税务等】。

(二)项目边界

1. 权利义务边界

(1) 项目资产权属

项目资产包括两种形式:建设期内投资建设形成的项目资产、项目运营期内因更新重置或升级改造投资形成的项目资产。项目资产权属根据项目采用的运作方式、社会资本是否拥有项目土地使用权等内容来确定。_____项目的建设期内投资建设形成的项目资产权属为_____,项目运营期内因更新重置或升级改造投资形成的项目资产权属为_____。

(2) 社会资本承担的公共责任

_____

_____【社会资本承担的公共责任一般包括完成项目建设、接受项目机构的监督与监管、制定合理的票价、妥善运营与维护等内容,根据项目具体情况进行选填】。

(3) 政府支付方式

_____

_____【政府支付方式通常包括两种,政府付费与可行性缺口补助,根据项目具体情况进行选填】。

(4) 风险分配结果

_____项目的风险分担结果详见本实施方案的"风险分担基本框架"。

2. 交易条件边界

（1）项目合同期限

_____ 项目的项目合同期限为 _____ 年。

（2）项目回报机制

_____ 项目的项目回报机制详见本实施方案的"交易结构"。

（3）收费定价调整机制

_____ 项目收费标准将根据运营维护期间的通货膨胀情况、市场需求、相关政策等内容，设定相应的调价周期及启动机制，即在运营期内以 _____ 年为一周期，项目公司可向政府或其指定机构申请启动调价程序，由政府或其指定机构组织相关政府部门审核通过后调价。

（4）产出说明

_____ 项目详见本项目产出说明报告。

3. 履约保障边界

（1）强制保险方案

_____ 项目的强制保险主要包括建筑施工企业必须为从事危险作业的职工办理意外伤害保险。

（2）建设履约保函

_____ 项目根据项目需要，由项目公司（或工程承包方）提供相应建设履约保函。

（3）运营维护保函

_____ 项目根据项目需要，由项目公司（或专业运营公司）提供相应运营维护保函。

（4）移交维修保函

_____ 项目根据项目需要，由项目公司（或专业运营公司）提供相应移交维修保函。

4. 调整衔接边界

（1）应急处置

_____ 项目将依据《中华人民共和国突发事件应对法》相关条文，结合项目自身需求，项目公司及相关参与方建立健全安全管理制度，定期检查各项安全防范措施的落实情况，及时消除事故隐患；掌握并及时处理本单位存在的可能引发社会安全事件的问题，防止矛盾激化和事态扩大；对本项目可能发生的突发事件和采取安全防范措施的情况，按照规定及时向所在地人民政府或者人民政府有关部门报告。

（2）临时接管和提前终止

_____项目自PPP项目合同体系中相关合同与协议生效后，满足符合国家或本地区相关特许经营条例中涉及的临时接管情形的，政府方有权依法提前终止项目协议，取消并负责临时接管经营权。

（3）合同变更

_____项目的合同变更依照《中华人民共和国合同法》相关条款进行。

（4）合同展期

_____项目根据项目实际发生情况，由非社会资本方原因导致资金到位延期、项目工期延误的，或经双方协商一致的，可考虑项目合同展期。

（5）项目新增改扩建需求。

_____项目出现项目新增改扩建需求的，根据双方协商意见，并满足相关法律法规规定，可考虑新增改扩建内容。

六、监管架构

【监管架构主要包括授权关系和监管方式。授权关系主要是政府对项目实施机构的授权，以及政府直接或通过项目实施机构对社会资本的授权；监管方式主要包括履约管理、行政监管和公众监督等】

（一）授权关系

_____项目由_____市人民政府授权，_____作为项目实施机构负责实施负责项目准备、采购、监管和移交等工作。项目公司将由项目实施机构进行授权，即项目公司的特许经营权，并负责项目的_____【建设/运营/管理】等工作。

（二）监管方式

（1）履约管理

1）一般情况下，履约管理最主要的方式就是合同控制，因此，为保证社会投资人（项目公司）严格按照特许经营权的范围履约，授权方可根据合同内容对社会投资人的融资、建设、运营、维护和移交等进行义务定期监测。对项目产出的绩效指标编制季报和年报，并报财政部门（政府和社会资本合作中心）备案。

2）在项目协议中设置相应的履约条款是十分必要的。履约管理在合同控制中主要体现为履约条款及履约担保，即在特许经营协议生效后，由项目公司向授权方出具可接受格式的履约保函，以保证项目公司履行本协议项下建设、运营维护项目设施等的义务。项目公司在特许经营期内应保持保函数额的固定性及保函的有效性。此项目中保函的受益人应为_____。

（2）行政监管

行政监管是政府对其辖区内某些事物的控制。区别于行政管理及司法监管。行政监管主要分为两个阶段，一是项目采购方式的监管；二是项目建设运营移交时期的绩效评价（包括质量、价格、服务水平和财务等方面的监管）。

项目采购实施阶段要严格按照《政府采购法》以及财政部《政府和社会资本合作模式操作指南（试行）》、《政府采购竞争性磋商采购方式管理暂行办法》等相关规定，按照"公开"、"公平"、"规范"的原则实施PPP项目投资人的选择。

项目运营阶段会同行业主管部门（_____）、项目实施主体对PPP项目进行中期评估，重点分析项目运行的合规性、适应性、合理性，科学评价风险，制定应对措施。

项目移交阶段会同行业主管部门（_____）、项目实施主体按合同规定对PPP项目进行整体移交，做好资产评估、性能测试及资金补偿工作，妥善办理过户及管理权移交手续。

（3）公众监督

建立舆论监督和委托第三方监督工作机制，建立健全社会监督网络和舆论监督反馈，形成有效的、完善的社会监督。

附 则

_____项目将采用履约管理、行政监管、公众监督等管理方式。履约管理，将根据项目需求，由项目公司制定本项目 PPP 项目合同体系履约的工作管理计划，并由项目实施机构进行监督，保障合同的严格执行。行政监管，为保障项目公司提供项目资产的质量、运行服务质量，项目实施机构及相关部门将对本项目进行行政监管。公众监督，本项目将设立公众新项目，满足项目的公共监督需求。

七、采购方式选择

根据《政府和社会资本合作模式操作指南（试行）》（财金 [2014]113 号）文件规定，PPP 项目采购应根据《中华人民共和国政府采购法》及相关规章制度执行。采购方式包括公开招标、竞争性谈判、邀请招标、竞争性磋商和单一来源采购。

1. 采购方式的定义及选择

（1）公开招标

公开招标是指在公开媒介上以招标公告的方式邀请不特定的法人或其他组织参与投标，并在符合条件的投标人中择优选择中标人的一种招标方式。主要适用于核心边界条件和技术经济参数明确、完整、符合国家法律法规和政府采购政策，且采购中不作更改的项目。

（2）竞争性谈判

竞争性谈判是指采购人通过与多家供应商（不少于三家）进行谈判，最后从中确定成交供应商的一种采购方式。主要适用于有竞争（参与谈判的供应商不少于三家），有谈判（即最终的结果必须要在谈判的基础上确定）。

（3）邀请招标

邀请招标是指按照事先规定的条件选定合格供应商或承包商，有接到邀请者方才有资格参与投标。主要适用于技术复杂、有特殊要求或者受自然环境限制，只有少量潜在投标人可供选择的情形。

（4）竞争性磋商

竞争性磋商采购方式是指采购人、政府采购代理机构通过组建竞争性磋商小组（以下简称磋商小组）与符合条件的供应商就采购货物、工程和服务事宜进行磋商，供应商按照磋商文件的要求提交响应文件和报价，采购人从磋商小组评审后提出的候选供应商名单中确定成交供应商的采购方式。主要适用于政府购买服务项目；技术复杂或者性质特殊，不能确定详细规格或者具体要求的；因艺术品采购、专利、专有技术或者服务的时间、数量事先不能确定等原因不能事先计算出价格总额的；市场竞争不充分的科研项目，以及需要扶持的科技成果转化项目；按照招标投标法及其实施条例必须进行招标的工程建设项目以外的工程建设项目。

（5）单一来源采购

单一来源采购是指只能从唯一供应商处采购、不可预见的紧急情况。主要适用于采购人向特定的一个供应商采购的一种政府采购方式。

按照《中华人民共和国政府采购法》、《财政部关于印发政府和社会资本合作模式操作指南（试行）的通知》(财金[2014]113号)等政策文件的有关规定，并结合_____项目实际情况和采购需求，_____项目建议拟采用竞争性磋商方式，分析情况如附表3-3所示。

PPP项目采购需求与方式的选择情况　　　　　　　　　　附表3-3

采购方式＼项目需求	长期复杂性	公益性	需要风险共担	不确定性	政府推荐	非必须招标
公开招标						
竞争性谈判						
邀请招标						
竞争性磋商						
单一来源采购						

注：根据项目特点对表格内容勾选。

2.采用竞争性磋商的可行性

（1）根据财库[2014]214号《财政部关于印发〈政府采购竞争性磋商采购方式管理暂行办法〉的通知》及《政府采购竞争性磋商采购方式管理暂行办法》，竞争性磋商方式是为了深化政府制度改革，适应推进政府购买服务、推广政府和社会资本合作（PPP）模式等工作需要而进行的制度创新。

（2）实施方案中所述的_____项目均属于政府购买服务项目，符合竞争性磋商所适用的范围。

（3）鉴于对投资人的资金实力、技术实力、投资运营能力、建设实施能力、高端设备制造能力都有较高要求。选用竞争性磋商形式可由采购人和评审专家分别书面推荐方式选择供应商。

3. 竞争性磋商采购程序

根据《政府采购竞争性磋商采购方式管理暂行办法》的规定，竞争性磋商的磋商程序如附图3-1。

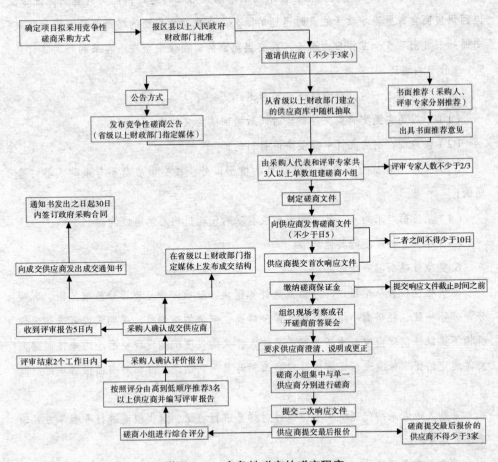

附图 3-1 竞争性磋商的磋商程序

4. 采购合同的签订

采购人与成交供应商应在成交通知书发出之日起30日内，按照磋商文件确定的合同文本以及采购标的、规格型号、采购金额、采购数量、技术和服务要求等事项签订政府采购合同。

采购人不得向成交供应商提出超出磋商文件以外的任何要求作为签订合同的条件，不得与成交供应商订立背离磋商文件确定的合同文本以及采购标的、规格型号、采购金额、采购数量、技术和服务要求等实质性内容的协议。

5. 竞争性磋商保证金

采购人或者采购代理机构应当在采购活动结束后及时退还供应商的磋商保证金，但因供应商自身原因导致无法及时退还的除外。未成交供应商的磋商保证金应当在成交通知书发出后5个工作日内退还，成交供应商的磋商保证金应当在采购合同签订后5个工作日内退还。

有下列情形之一的，磋商保证金不予退还：

（1）供应商在提交响应文件截止时间后撤回响应文件的；

（2）供应商在响应文件中提供虚假材料的；

（3）除因不可抗力或磋商文件认可的情形以外，成交供应商不与采购人签订合同的；

（4）供应商与采购人、其他供应商或者采购代理机构恶意串通的；

（5）磋商文件规定的其他情形。

6. 竞争性磋商偏离处理办法

除资格性检查认定错误、分值汇总计算错误、分项评分超出评分标准范围、客观分评分不一致、经磋商小组一致认定评分畸高、畸低的情形外，采购人或者采购代理机构不得以任何理由组织重新评审。采购人、采购代理机构发现磋商小组未按照磋商文件规定的评审标准进行评审的，应当重新开展采购活动，并同时书面报告本级财政部门。

采购人或者采购代理机构不得通过对样品进行检测、对供应商进行考察等方式改变评审结果。

成交供应商拒绝签订政府采购合同的，采购人可以按照《政府采购竞争性磋商采购方式管理暂行办法》第二十八条第二款规定的原则确定其他供应商作为成交供应商并签订政府采购合同,也可以重新开展采购活动。拒绝签订政府采购合同的成交供应商不得参加对该项目重新开展的采购活动。

7. 竞争性磋商程序的终止

出现下列情形之一的,采购人或者采购代理机构应当终止竞争性磋商采购活动,发布项目终止公告并说明原因,重新开展采购活动:

(1) 因情况变化,不再符合规定的竞争性磋商采购方式适用情形的;

(2) 出现影响采购公正的违法、违规行为的;

(3) 除《政府采购竞争性磋商采购方式管理暂行办法》第二十一条第三款规定的情形外,在采购过程中符合要求的供应商或者报价未超过采购预算的供应商不足3家的。

在采购活动中因重大变故,采购任务取消的,采购人或者采购代理机构应当终止采购活动,通知所有参加采购活动的供应商,并将项目实施情况和采购任务取消原因报送本级财政部门。

第二部分　PPP 项目实施方案评审报告

目　录

一、项目概况

二、评审依据

三、评审目的与原则

四、评审内容

五、评审结论与建议

附件

一、项目概况

（一）项目名称

（二）评审类型

（三）项目地址

（四）建设内容及规模

（五）合作期限

本项目合作期分为项目建设期和运营期。_____。

（六）项目总投资及资金使用情况

本工程估算总投资为_____万元。其中_____。

（七）项目运作模式

1. 项目实施准备

2. 建设期

3. 运营期

4. 移交

二、评审依据

（一）《中华人民共和国政府采购法》

（二）《中华人民共和国招标投标法》

（三）《中华人民共和国合同法》

（四）《关于印发政府和社会资本合作模式操作指南（试行）的通知》（财金[2014]113号）

（五）《关于推广运用政府和社会资本合作模式有关问题的通知》（财金[2014]76号）

（六）《关于规范政府和社会资本合作合同管理工作的通知》（财金[2014]156号）

（七）《关于开展政府和社会资本合作的指导意见》（发改投资[2014]2724号）

（八）《国家发展改革委关于印发〈传统基础设施领域实施政府和社会资本合作项目工作导则〉的通知》（发改投资[2016]2231号）；

（九）《关于在公共服务领域推广政府和社会资本合作模式指导意见的通知》（国办发[2015]42号）；

（十）《政府和社会资本合作项目政府采购管理办法》（财库[2014]215号）；

（十一）《关于政府和社会资本合作项目财政承受能力论证指引的通知》（财金[2015]21号）

（十二）《政府和社会资本合作项目物有所值评价指引》（财金[2015]167号）

（十三）经主管部门批复的项目核准批复文件

（十四）相关法律、法规、技术规范

三、评审目的与原则

评审的目的在于，通过分析项目的政策符合性符合程度和深度、相关计算的准确度、指标选用的可行性等内容，有效识别《实施方案》中存在的问题，供决策部门参考。亦可保障项目实施方案更具合理性、科学性和可行性。

项目评审的原则如下:

(一)公正性原则

(二)独立性原则

(三)客观性原则

(四)合理性原则

(五)科学性原则

(六)规范性原则

(七)效益性原则

四、评审内容

参照《政府和社会资本合作模式操作指南(试行)》(财金 [2014]113 号)规定,实施方案应包括:项目概况、风险分配基本框架、项目运作方式、交易结构、合同体系、监管架构和采购方式选择等七项内容。评审认为_____实施方案编制内容及章节基本全面,符合113号文的要求。评审具体内容如下:

(一)项目符合性评审

(二)结构规范性评审

(三)内容准确性及阐述清晰性评审

(四)项目运作方式评审

(五)交易结构评审

(六)风险分配基本框架评审

(七)合同体系评审

(八)监管架构评审

(九)采购方式评审

(十)绩效指标评审

(十一)物有所值评估报告评审

(十二)财政承受能力论证报告评审

五、评审结论与建议

（一）结论

（二）建议

附件

1. 评审会议通知
2. 评审会议流程
3. 评审会专家签到表
4. 评审会签到表
5. 专家组意见
6. 专家个人意见

范本四：PPP 采购阶段咨询文件参考模板

第一部分　PPP 项目资格预审公告

按照《中华人民共和国政府采购法》和《政府和社会资本合作项目政府采购管理办法》的规定，PPP 项目在采购阶段需对项目进行资格预审，只有资格预审合格后才可进行项目报价。提交资格预审申请文件的时间自公告发布之日起不得少于 15 个工作日。

目　录

一、项目资格预审公告
（一）招标条件
（二）项目概况与招标范围
（三）申请人资格
（四）资格预审方法
（五）申请报名和文件获取
（六）资格预审申请文件的递交
（七）发布公告的媒介
（八）投标保证金的提交
（九）联系方式
（十）附件:《投资申请》格式
二、申请人须知
（一）总则
（二）项目概况
（三）申请人提交的资格预审申请书包含内容
（四）申请人不得存在下列情形之一
（五）语言文字

（六）费用承担

（七）资格预审申请书的份数及签署

（八）资格预审申请书资料的有效性

（九）资格预审申请书的装订、密封和递交

（十）资格预审审查

（十一）通知与确认

一、项目资格预审公告

（一）招标条件

根据_____精神【会议精神、文件】，_____政府决定采用PPP（即政府和社会资本合作模式）模式建设_____项目。目前各项目已具备招标条件，_____授权_____为本项目实施机构及招标人，授权_____为政府出资人代表，委托_____为本项目顾问咨询（含招标代理）机构，对一揽子项目的社会资本进行联合公开招标，特邀请具备相应资格条件的社会资本方提出资格预审申请。

（二）项目概况与招标范围

1. 项目名称：_____PPP 项目（以下简称本项目）
2. 项目地点：_____
3. 项目概况：_____
4. 项目 SPV 公司组建情况
（1）项目公司名称：_____。
（2）项目公司注册资本金为_____万元，注册住所为_____。
（3）项目公司股东结构、出资比例、出资形式：_____，出资比例为_____，出资形式为_____。
5. 投资回报机制：_____【用户付费、政府付费、可行性缺口补助】
6. 资金来源：_____。

7. 特许经营期限：＿＿＿＿＿＿。

8. 招标内容及范围：招标内容＿＿＿＿＿＿，招标范围＿＿＿＿＿＿。【本项目的投融资、工程建设、运营维护、移交，工程范围以招标人下达的任务书、本项目各类设计文件、施工图纸及相关技术标准和要求为准】

（三）申请人资格

1. 凡有投资意向并是正式成立且有效存在，具有相应的综合实力、财务能力、投融资能力和投资建设经验的中国境内企业法人，均可对本招标项目向招标人提出资格审查申请，只有资格预审合格并被列入投标申请人入围名单的投标申请人才能参加投标。

2. 投标申请人基本资格情况：

（1）投标申请人必须是在中国境内注册成立并有效存续的企业法人（或是该等企业组成的联合体）。

（2）投标申请人应具备良好的投融资能力、资金实力：（根据需要修改填写）

1）投标申请人近＿＿＿＿＿年平均净资产不少于＿＿＿＿＿元人民币，近＿＿＿＿＿平均资产负债率不高于＿＿＿＿＿%（若为联合体申请的，联合体牵头人须满足本条款要求）。

2）投标申请人须提供不少于＿＿＿＿＿元的贷款意向证明或银行授信额度（若为联合体申请的，联合体各方提供的贷款意向证明或银行授信额度的累加值须满足本条款要求）。

3）申请人应承诺：申请人负责本项目所有自有资本资金的筹集，除自有资本资金以外的资金由项目公司负责融资，申请人根据需要提供金融机构认可的融资担保；若除自有资本资金以外的资金无法实现项目融资，由申请人负责资金到位，保障项目建设进度需要（若为联合体申请的，由联合体各方共同承诺）。

（3）投标申请人具备行政主管部门核发的有效的＿＿＿＿＿＿＿工程施工总承包＿＿＿＿＿＿级及以上建筑业企业资质证书和《施工企业安全生产许可证》（若为联合体申请的，联合体一方须满足本条款要求）。

（4）投标申请人必须具备如下项目经验和业绩：＿＿＿＿＿＿。【根据项目性质填写】

3. 本项目接受联合体（其他资格预审合格条件详见本项目《资格预审文件》）。

4.本次招标不分标段,各投标申请人应对上述招标范围进行全部投标。

(四)资格预审方法

本次资格预审采用合格制。招标人将依法组建资格审查委员会,根据本《资格预审文件》中所规定的资格预审评审标准和办法,对各投标申请人按时提交的资格预审申请文件进行审查,并确定投标申请人入围名单。资格预审结果将及时告知投标申请人,对进入投标申请人入围名单的投标申请人发出《投标通知书》。投标申请人凭《投标通知书》购买《招标文件》。

(五)申请报名和文件获取

凡有意申请资格预审者,请独立申请人或联合体牵头人的法定代表人或其授权代理人于____年____月____日至____年____月____日(法定公休日、法定节假日除外),每日上午____时____分至____时____分,下午____时____分至____时____分(北京时间,下同),携带下述资料至_____【公司名称】_____【地点】报名。资格预审文件每套____元,售后不退。

1.投资申请原件(格式详见附件,须加盖单位公章和法定代表人签名,如为联合体申请,联合体各方均须加盖单位公章和各方法定代表人签名);

2.申请人对其授权代理人出具的授权委托书原件(如为联合体申请,由联合体牵头人出具;如联合体牵头人法定代表人参加报名,则不需要提交授权委托书);

3.申请人法定代表人或其授权代理人的有效身份证件原件和复印件(加盖公章,如为联合体申请,加盖联合体牵头人公章);

4.营业执照副本原件和复印件(加盖公章;若为联合体申请的,应携带联合体各方营业执照副本原件,复印件加盖联合体牵头人公章)。

(六)资格预审申请文件的递交

1.递交资格预审申请文件截止时间:____年____月____日____时____分,提交地点为_____【公司名称】_____【地点】。

2.逾期送达或者未送达指定地点的资格预审申请文件,招标人不予受理。

（七）发布公告的媒介

本次资格预审公告同时在_____【省级以上人民政府财政部门指定的媒体】。

（八）投标保证金的提交

1. 投标保证金提交的时间及金额：投标保证金_____元，投标申请人提交资格审查文件截止时间前提交人民币_____元，通过资格预审并参加投标的投标人在招标文件规定的时间前再提交剩余保证金。

2. 资格预审阶段投标保证金提交的方式：应从申请人企业基本账户银行以电汇或银行转账的形式，汇到指定的保证金账户。

3. 资格预审阶段投标保证金汇款凭证上用途栏应注明本项目招标编号[标准格式：投标保证金_____]。

备注：若为联合体申请的，应由联合体牵头人按照上述要求提供投标保证金。

（九）联系方式

1. 招标人：_____

联络机构：_____

地址：_____

联系人：_____

电话：_____

传真：_____

2. 顾问咨询（含招标代理）机构：_____

地址：_____

联系人：_____

联系电话：_____

传真：_____

保证金账户：_____

附 则

开户名：_____

开户行：_____

账号：_____

（十）附件:《投标申请》格式

投标申请

招标编号：_____
项目名称：_____
致：_____
_____

我方在了解_____项目（以下简称"本项目"）概况，并认真阅读分析本项目《资格预审公告》所说明的全部内容后，对本项目很感兴趣，按照资格预审公告的要求，特此提出本项目投标申请。我方并作如下承诺：

1. 本投标申请是我方真实意愿的表达，并经过有效的内部决策及批准，我方对所提交材料及投标申请内容的真实性、完整性、合法性、有效性承担相应的法律责任。

2. 我方是在中华人民共和国境内注册并有效存在的公司法人；无任何重大违法行为，具有良好的财务状况、投融资能力、商业信誉和项目经验，且资金来源合法，符合有关法律法规及本项目对申请人的资格条件的所有要求。

3. 我方已充分了解并接受《资格预审公告》全部内容和要求，已认真考虑了本项目市场、政策以及其他不可预计的各项风险因素，愿意承担可能存在的一切投资风险。

4. 我方承诺，与招标人聘请的为此项目提供咨询服务的公司及任何附属机构均无关联，我方不是招标人的附属机构。

我方保证遵守以上承诺，如违反上述承诺或有违规行为，给招标人造成损失的，我方愿意承担法律责任及相应的经济赔偿责任。

（本页为签字页）

投标申请人名称（全称并加盖公章）：_____
投标申请人法定代表人签字：_____
___年___月___日

（以下内容适用于投标申请人为联合体的）

投标申请人联合体牵头人名称（全称并加盖公章）：＿＿＿＿＿＿

投标申请人联合体牵头人法定代表人签字：＿＿＿＿＿＿

投标申请人联合体成员名称（全称并加盖公章）：＿＿＿＿＿＿

投标申请人联合体成员法定代表人签字：＿＿＿＿＿＿

……

＿＿＿年＿＿月＿＿日

二、申请人须知

（一）总则

＿＿＿＿＿＿受＿＿＿＿＿＿的委托，对＿＿＿＿＿＿项目组织资格预审，欢迎符合条件的供应商参加。采购人将对本项目申请人进行资格预审，申请人可对本次采购项目提出资格预审申请。

（二）项目概况

1. 采购人：＿＿＿＿＿＿
2. 采购代理机构：＿＿＿＿＿＿
3. 项目名称：＿＿＿＿＿＿
4. 采购内容：＿＿＿＿＿＿

（三）申请人提交的资格预审申请书中应包括下列资格资质证明文件，以证明其符合资格要求和具备履行合同的能力

1. 资格预审申请函；
2. 法定代表人身份证明或法定代表人授权委托书原件及代理人身份证复印件；
3. 企业营业执照原件；
4. 国家住房和城乡建设部颁发的＿＿＿＿＿＿级（含）以上设计资质证

书原件或省环保产业协会颁发的环境污染治理_____级（含）以上资质证书原件；

  5._____工程专业承包_____级（含）以上资质证书原件；

  6.质量、环境体系认证证书原件；

  7.A级（含）以上资信证明原件；

  8.____年至____年具备资质的中介结构出具的财务审计报告原件；

  9.____年____月____日至今完成的类似项目的合同书原件；

  10.申请人认为有必要提供的其他资料；

  11.申请人若为联合体除应符合上述要求外，还应遵守以下规定：

  （1）联合体各方必须签订联合体协议书，明确联合体牵头人和各方的权利义务；

  （2）由同一专业的单位组成的联合体，按照资质等级较低的单位确定资质等级；

  （3）通过资格预审的联合体，其各方组成结构或职责，以及财务能力、信誉情况等资格条件不得改变；

  （4）联合体各方不得再以自己名义单独或加入其他联合体参加资格预审。

  注：申请人必须按要求提供上述所有资料，另外所有资料的复印件必须加盖单位公章后附在资格预审申请书中，否则导致的后果由申请人自负，申请人对其真伪、有效性负相应法律责任。

（四）申请人不得存在下列情形之一

  1.为采购人不具有独立法人资格的附属机构（单位）；

  2.为本项目提供采购代理服务的；

  3.被责令停业的；

  4.被暂停或取消投标资格的；

  5.财产被接管或冻结的；

  6.在最近三年内有骗取中标或严重违约或重大项目质量问题的。

（五）语言文字

  除专用术语外，来往文件均使用中文。必要时专用术语应附有中文注释。

（六）费用承担

申请人准备和参加资格预审发生的费用自理。

（七）资格预审申请书的份数及签署

1. 资格预审申请书正本一份，副本四份。

2. 资格预审申请书的正本和副本均需打印或使用不褪色的蓝、黑墨水笔书写，字迹应清晰易于辨认并在正本和副本的封面上清楚地标记"正本"或"副本"字样。当正本和副本不一致时，以正本为准。

3. 资格预审申请书封面或扉页应加盖申请人单位公章。

（八）资格预审申请书资料的有效性

1. 资格预审申请人必须使用本文件所附的统一格式（表格可扩展），全部资料应当准确详尽，以便采购人做出正确的判断。

2. 资格预审申请书中要求提供的资料应全面、准确，未按要求在资格预审申请书中提供复印件的按未提供相应申请材料处理。

3. 参加资格预审时，申请人应携带本须知"三"要求的所有证件、证明的原件（或相关部门要求的验证方式），以备资格预审评审委员会当场查验，不能当场提供原件者，按无效申请资料处理。

4. 资格预审申请书提供的全部资料必须完全真实，如发现所提供材料不实或有弄虚作假行为，将取消其参加资格预审的资格。

5. 资格预审将完全依据资格预审文件对资格预审申请书中提供的全部资料进行审查，如果资格预审申请书不符合资格预审文件要求，将导致资格预审不合格。

（九）资格预审申请书的装订、密封和递交

1. 资格预审申请书和有关资料必须装订成册，按要求签署后密封。

2. 密封袋的封口处加盖申请人单位公章，封面应注明"＿＿＿＿＿＿项目资格预审申请书"字样。

3. 资格预审申请书在_____年_____月_____日_____时（北京时间）之前递交。

4. 递交申请书地点：_____。

5. 逾期送达的资格预审申请书将被拒绝并退还申请人，其资格预审资格将被取消。

6. 未递交资格预审申请书的，视为放弃参与资格审查和后期报价资格。

7. 资格预审申请书不予退还，采购人及参与审查人员应对申请人所提交的资格预审申请书内容予以保密。

（十）资格预审审查

1. 审查机构

（1）资格预审审查由采购人组建的评审机构负责，评审机构由采购人代表和随机抽取的专家组成，成员为5人。

（2）审查机构成员应当客观、公正地履行职责，遵守职业道德。按照本预审文件规定的评审标准和方法进行。本预审文件未规定的标准和条件，不能作为审查的依据。

2. 审查原则

本次资格预审采用合格制，凡符合资格预审文件审查标准的申请人均通过资格预审。根据国家相关法律、法规，结合本项目特点，遵循公平、公正、客观、准确的原则，选择具有良好信誉和能力的申请人参加本项目后期报价。通过资格预审的申请人的数量不足3个的，采购人将重新组织资格预审。

3. 审查程序

（1）符合性审查，审查资格预审申请书的完整性。

（2）对资格预审必要合格条件进行审查。

（3）确定合格供应商。

（4）编制资格审查报告，并由审查机构所有成员签字。

（十一）通知与确认

1. 只有资格预审合格的申请人才能参加本项目的报价。

2. 资格预审结果通知。

（1）采购人将于_____年_____月_____日向所有通过资格预审的申请人发出《资

格预审合格通知书》及《采购邀请书》，同时向所有未通过资格预审的申请人发出《资格预审结果通知书》，书面通知未通过资格预审的原因。

（2）凡资格预审合格被允许参加报价的申请人，在领取《资格预审合格通知书》的同时购买采购文件及相关资料。

第二部分　PPP 项目竞争性磋商文件

目　录

一、竞争性磋商公告

二、竞争性磋商须知

三、项目情况说明

四、合同文本

五、附件——响应文件格式

_____ 项目竞争性磋商文件

一、竞争性磋商公告

1. 采购项目名称：_____

2. 采购项目标号：_____

3. 采购项目概况：_____

（1）建设内容：_____

（2）建设周期：_____

（3）合作模式：_____

1）运作方式：_____

2）投资收益：_____

3）保障措施：_____

4. 获取竞争性磋商文件：

（1）时间：_____

（2）地点：_____

（3）方式：获取竞争性磋商文件时需要携带以下证件：

1）营业执照（复印件加盖公章）、供应商资格要求中的相关资质证书及业绩证明

（复印件加盖公章）、单位基本账户开户证明复印件、税务登记证复印件、法定代表人身份证复印件、法定代表人授权委托书及委托代理人身份证复印件；

2）提供财务报告或财务报告表复印件加盖公章；

3）提供缴纳增值税或营业税的证明，为税务部门出具的税单或交税证明或银行出具的"银行电子缴税付款凭证"复印件加盖公章；

4）提供社会保障部门出具的本单位职工社会保障缴费证明或本单位交费清单复印件加盖公章。

以上资料合格方发售采购文件。但是最终资格是否合格由评审小组在评审时确定。

（4）售价：_____ 元/份，售后不退。

5.递交响应文件时间及地点：

时间：_____ 至 _____（北京时间）

地点：_____

6.磋商时间及地点：

时间：_____（北京时间）

地点：_____

7.联系方式：

（1）采购人：_____　　　　　　　　地址：_____

联系人：_____　　　　　　　　　　联系方式：_____

（2）采购代理机构：_____

地址：_____

联系人：_____　　　　　　　　　　联系方式：_____

____年____月____日

二、竞争性磋商须知

（一）使用范围

本磋商文件仅适用于本次磋商所叙述的_____政府与社会资本合作（PPP）项目采购。

（二）定义

1."采购人"系指：_____

2."采购代理机构"系指：_____

3."供应商"系指无条件接受磋商文件的各项要求，具备相应履约能力，具有《中华人民共和国政府采购法》第22规定的相关条件并向磋商小组提交响应文件的供应商。

（三）合格供应商的范围

1.具有独立承担民事责任的能力：

（1）法人或者其他组织的营业执照等证明文件，自然人的身份证明；

（2）财务状况报告，依法缴纳税收和社会保障资金的相关材料；

（3）具备履行合同所必需的设备和专业技术能力的证明材料；

（4）参加政府采购活动前3年内在经营活动中没有重大违法记录的书面声明；

（5）具备法律、行政法规规定的其他条件的证明材料。

2.具有良好的商业信誉和健全的财务会计制度。

3.具有履行合同所必需的设备和专业技术能力。

4.有依法缴纳税收和社会保障资金的良好记录。

5.参加政府采购活动前三年内，在经营活动中没有重大违法记录。

6.具备法律行政法规规定的其他条件。

7.完全满足磋商文件的实质性要求。

8.凡具备磋商文件要求资格，有服务能力的供应商均可参加。

如不具备以上条件则按《中华人民共和国政府采购法》第七十七条规定处理。

（四）磋商代表

磋商代表必须是法定代表人，或持有《法定代表人授权委托书》的被授权代表人。

（五）费用

1.无论磋商结果如何，供应商自行承担所有与参加磋商有关的全部费用；

2. 采购代理机构按成交金额的一定比例向成交供应商收取代理服务费。

（六）踏勘现场

（1）供应商自行踏勘现场。

（2）供应商踏勘现场发生的费用自理。

（3）供应商在踏勘现场中所发生的人员伤亡和财产损失由供应商负责。

（4）采购人在踏勘现场中介绍的工程场地和相关的周边环境情况，供应商在编制投标文件时参考，采购人不对供应商据此作出的判断和决策负责。

（七）响应文件

1. 响应文件的组成

（1）磋商函

（2）法定代表人身份证明

（3）授权委托书

（4）项目管理机构

（5）针对本项目的总体项目进度计划实施方案

（6）企业本身资金实力分析及针对本项目的融资实施方案

（7）针对本项目的建设实施方案

（8）针对本项目的运营管理方案

（9）针对本项目的财务管理方案

（10）市场风险分析及利益分配方案分析

（11）社会资本投资回报率保证措施

（12）针对本项目的移交方案

（13）资格审查资料

1）投资人的简介及经营状况介绍（包括综合实力、企业规模和信誉及有效证明）

2）《营业执照》副本复印件

3）《税务登记证》副本复印件

4）《组织机构代码证》副本复印件

5）法定代表人资格证明书或法定代表人授权委托书及全权代表养老保险证明复印件；

6）法定代表人或全权代表身份证复印件；

7）投资人认为有必要提交的有关企业信誉、荣誉证书及获奖资料等复印件投资人认为须提交的其他资料

2.响应文件编制要求

1）响应文件按相应文件顺序组成，装订成册。

2）响应文件一式五份，其中正本一份，副本四份。如果正本与副本不符，以正本为准。响应文件应字迹清楚、内容齐全、数字准确、不应有涂改增删处。如修改时，修改处须有响应文件全权代表印章。

3）响应文件必须用不褪色的墨水填写或打印，并注明"正本"、"副本"字样。响应文件正副本均须采用 A4 纸装订且胶装成册，不得出现散页、重页、掉页现象，不得采用活页夹装订。外封套应写明：供应商的全称、地址、邮编、项目编号及项目名称，并在骑缝上加盖公章。

4）响应文件中报价表必须加盖供应商公章和全权代表签章。

5）供应商在提交响应文件截止时间前，可以对所提交的响应文件进行补充、修改或者撤回，并书面通知采购人、采购代理机构。补充、修改的内容作为响应文件的组成部分。补充、修改的内容与响应文件不一致的，以补充、修改的内容为准。

3.响应文件必须在 ____ 年 ____ 月 ____ 日上午 ____ 时送达磋商地点。

（八）保证金

1.投标保证金为人民币 ____ 元（大写：____ 万元），投标保证金必须经投标单位基本账户提交。投标人可以电汇、支票、网银等方式（不接受以现金方式缴纳的投标保证金）缴纳。在规定的期限内将投标保证金足额缴入保证金专用账户。

账户：_____

账号：_____

开户行：_____

缴纳起始时间:自领取招标文件起至 ____ 年 ____ 月 ____ 日下午 ____ 时 ____ 分。

投标单位在规定的期限内将投标保证金足额缴入保证金专用账户。

2. 未按上述第 1 条要求提交磋商保证金的将被视为报价无效。在下列情况下磋商保证金不予返还：

1）供应商在提交响应文件截止时间后撤回响应文件的；

2）供应商在响应文件中提供虚假材料的；

3）除因不可抗力或磋商文件认可的情形以外，成交供应商不与采购人签订合同的；

4）供应商与采购人、其他供应商或者采购代理机构恶意串通的；

5）磋商文件规定的其他情形。

3. 成交供应商的磋商保证金应当在签订采购合同并提交了履约保证金后 5 个工作日内无息退还。

4. 未成交供应商的磋商保证金应当在成交通知书发出后 5 个工作日内无息退还。

（九）评审工作程序

1. 供应商全权代表向磋商小组递交响应文件。

2. 按签到顺序决定供应商磋商次序。

3. 磋商小组审阅响应文件：

磋商小组依据磋商文件的规定，采购对响应文件的有效性、完整性和对磋商文件的响应程度进行审查，以确定是否对磋商文件的要求做出实质性响应。未对磋商文件做实质性响应的供应商，不得进入具体磋商程序。

在磋商文件及程序符合法律规定的前提下，递交响应文件或对磋商文件做出实质响应的供应商少于 3 家时，在书面征得供应商及采购人同意情况下，并报经财政部门核准后，可以按照公平、公正和竞争原则，继续进行磋商采购；如果少于两家，应终止磋商，重新组织采购。

4. 磋商开始，与供应商谈各项内容：

磋商小组所有成员集中与单一供应商按照签到顺序的磋商次序分别进行磋商。磋商小组可根据供应商的报价，响应内容及磋商的情况，给予每个正在参加磋商的供应商相同的机会。

（1）在磋商过程中，磋商小组可以根据磋商文件和磋商情况实质性变动采购需求中的技术、服务要求以及合同草案条款，但不得变动磋商文件中的其他内容。实质性变动的内容，须经采购人代表确认。

（2）对磋商文件作出的实质性变动是磋商文件的有效组成部分，磋商小组应当及时以书面形式同时通知所有参加磋商的供应商。

（3）供应商应当按照磋商文件的变动情况和磋商小组的要求重新提交响应文件，并由其全权代表签章。

5. 各供应商进行报价：

磋商结束后，参加磋商的供应商应当对磋商的承诺以书面形式确认，并由全权代表签章。

6. 由磋商小组采用综合评分法对提交最后报价的供应商的响应文件和最后报价进行综合评分。

7. 确定成交供应商。

8. 采购人与成交供应商签订合同，政府采购监督管理办公室备案。磋商内容采购项目的质量、价格、其他条件等内容。

（十）磋商内容

采购项目的质量、价格、其他条件等内容。

（十一）评审原则与评审方法

1. 评审原则

（1）本次磋商遵循公开透明、公平竞争、公正和诚实信用的原则。磋商小组成员按照客观、公正、审慎的原则，根据磋商文件规定的评审程序、评审方法和评审标准进行独立评审。未实质性响应磋商文件的响应文件按无效响应处理，并告知提交响应文件的供应商。

（2）磋商小组应当根据综合评分情况，按照评审得分由高到低顺序推荐3名以上成交候选供应商，并编写评审报告。评审得分相同的，按照最后报价由低到高的顺序推荐。评审得分且最后报价相同的，按照技术指标优劣顺序推荐。

（3）评审报告应当由磋商小组全体人员签字认可。磋商小组成员对评审报告有异议的,磋商小组按照少数服从多数的原则推荐成交候选供应商,采购程序继续进行。对评审报告有异议的磋商小组成员,应当在报告上签署不同意见并说明理由,由磋商小组书面记录相关情况。磋商小组成员拒绝在报告上签字又不书面说明其不同意见和理由的,视为同意评审报告。

2. 评审标准

根据《中华人民共和国政府采购法》《中华人民共和国政府采购法实施条例》及省、市有关规定,磋商小组成员按照客观、公正、谨慎的原则,根据磋商文件规定的评审程序、评审方法和评审标准进行独立评审。根据排名先后确定成交候选供应商。

(十二)磋商小组

磋商小组由采购人代表和评审专家共同组成,采购人代表不得担任评审委员会主要负责人。评审专家应当从政府采购评审专家库内相关专业的专家名单中随机抽取。

(十三)磋商评审纪律

1. 磋商小组成员内部讨论的情况和意见必须保密,任何人不得以任何形式透露给供应商或与供应商有关的单位或个人;

2. 在磋商过程中,供应商不得以任何形式对磋商小组成员进行旨在影响磋商结果的私下接触,否则取消其磋商资格;

3. 磋商小组采用以及与磋商有关的人员应当对评审情况和评审过程中获悉的国家秘密、商业秘密予以保密。

(十四)无效报价情况说明

响应文件有下列情形之一的,应当按照无效响应文件处理:

1. 在规定的截止时间之后递交的;

2. 未按采购文件规定要求密封、签署、盖章的;

3. 未按规定交纳保证金的;

4. 不具备采购文件中规定的资格要求的;

5. 未经财政部门核准,提供进口产品的;

6. 报价超过采购预算的；

7. 未全部响应采购文件规定的实质性要求的；

8. 不符合法律、法规规定的其他情形。

（十五）对响应文件的修正

磋商中，对价格的计算错误按下述原则修正：

（1）磋商时，响应文件中磋商报价表内容与响应文件中明细表内容不符的，以磋商报价表为准。

（2）响应文件的大写和小写金额不一致的，以大写金额为准；总价金额与按单价汇总金额不一致的，以单价金额计算结果为准；单价金额小数点有明显错位的，应以总价为准，并修改单价；对不同文字文本投标文件的解释发生异议的，以中文文本为准。

（3）供应商不同意以上修正，则其响应文件将被拒绝。

（十六）成交公示

成交公告内容应当包括采购人和采购代理机构的名称、地址、联系方式，项目名称和项目编号，成交供应商、地址和成交金额，主要成交标的的名称、规格型号、单价、服务要求以及磋商小组成员。

（十七）成交通知

1. 在磋商有效期内，采购代理机构以书面形式通知所选定的成交供应商。通知也可传真的形式，但需要随后以书面确认。

2. 当成交供应商按规定与采购人签订合同后，采购代理机构将向其他供应商发出落标通知，并退还投标保证金。采购代理机构对落标的供应商不作落标原因的解释。

（十八）成交通知书将是合同的一个组成部分

（十九）合同授予

1. 磋商文件、响应文件及磋商过程中有关补充文件均作为合同附件，并与合同具有相同的法律效力。

2. 当按照合同履行义务，完成磋商项目。未经采购人同意，成交供应商不得向他人转让成交项目。

（二十）本项目磋商有效期为 30 个日历天

（二十一）履约保证金

签订合同前，成交供应商以单位账户电汇形式按照成交金额的 5% 向采购人交纳履约保证金。

（二十二）签订合同

1. 成交供应商应按成交通知书中规定的时间、地点与采购人签订合同，否则按违约处理，其磋商保证金不予退还，并赔偿本次及再次采购所发生的费用。

2. 磋商文件、成交供应商的响应报价文件及评审过程中有关澄清文件均应作为合同附件，并与合同具有相同的法律效力。

（二十三）合同公示

采购人应当自政府采购合同签订之日起 2 个工作日内，将政府采购合同在省级以上人民政府财政部门指定的媒体上公告，但政府采购合同中涉及国家秘密、商业秘密的内容除外。

三、项目情况说明

1. 项目基本情况：＿＿＿＿＿＿
2. 项目建设必要性：＿＿＿＿＿＿
3. 项目建设进程：＿＿＿＿＿＿

四、合同文本

根据《中华人民共和国政府采购法》《中华人民共和国合同法》《中华人民共和国

政府采购法实施条例》等法律、法规的规定,经双方充分协商,特订立本合同,以资共同遵守。

下列文件构成本合同的组成部分:

(1)竞争性磋商文件

(2)响应文件

(3)竞争性磋商报价表等

(4)竞争性磋商项目清单及技术要求等

(5)质疑澄清表及承诺

(6)成交通知书

(7)履约保证金

具体根据PPP项目通用合同体系双方协商后拟定,以财政部《关于规范政府和社会资本合作合同管理工作的通知》为基础。

五、附件——响应文件格式

_____(项目名称)

竞争性磋商响应文件

投资人:_____(盖单位章)

法定代表人或其委托代理人:_____(签字)

____年____月____日

(一)磋商函

(本承诺书装订于响应文件首页)

_____:

_____(投资人全称)授权_____(职务、职称)为全权代表,参加贵方组织的_____(项目编号、项目名称)磋商的有关活动,并对项目投资收益率(____%/年)进行报价(不超过12%/年,投资回收期不超过12年)。为此:

1. 我方承诺已经具备《中华人民共和国政府采购法》中第二十二条中规定的参加政府采购活动的投标供应商应当具备的条件：

（1）具有独立承担民事责任的能力；

（2）具有良好的商业信誉和健全的财务会计制度；

（3）具有履行合同所必需的设备和专业技术能力；

（4）有依法缴纳税收和社会保障资金的良好记录；

（5）参加政府采购活动前三年内，在经营活动中没有重大违法记录；

（6）法律、行政法规规定的其他条件。

2. 我方将严格遵守《中华人民共和国政府采购法》的有关规定，若有下列情形之一，将被处以采购金额千分之五以上千分之十以下的罚款，列入不良行为记录名单，在一至三年内禁止参加政府采购活动，有违法所得的，并处没收违法所得，情节严重的，由工商行政管理机关吊销营业执照；构成犯罪的，依法追究刑事责任：

（1）提供虚假材料谋取中标、成交的；

（2）采取不正当手段诋毁、排挤其他供应商的；

（3）与采购人、其他供应商或者采购代理机构恶意串通的；

（4）向采购人、采购代理机构行贿或者提供其他不正当利益的；

（5）在磋商采购过程中与采购人进行协商谈判的；

（6）拒绝有关部门监督检查或者提供虚假情况的。

3. 完全满足磋商文件中全部实质性要求。

4. 提供规定的全部投标文件：正本 ____ 份、副本 ____ 份。

5. 保证遵守磋商文件中的有关规定。

6. 保证严格执行双方所签的采购合同，并承担合同规定的责任义务。

7. 愿意向贵方提供任何与磋商有关的资料、情况和技术资料。

8. 本报价响应文件自磋商之日起 ____ 日内有效。

9. 若我方成交，我方愿意按相关文件规定交纳履约保证金。

10. 与本磋商有关的一切来往通信请寄：

地址：_____　　邮编：_____

电话：_____　　传真：_____

供应商全称（公章）：

全权代表（签字或盖章）：

日期：_____

（二）法定代表人身份证明

投资人名称：_____

单位性质：_____

地址：_____

成立时间：____年____月____日

经营期限：_____

姓名：____性别：____年龄____职务系_____（响应人名称）的法定代表人。

特此证明。

响应人（单位公章）

____年____月____日

（三）授权委托书

本人_____（姓名）系_____（响应人名称）的法定代表人，现委托（姓名）为我方代理人。代理人根据授权，以我方名义签署、澄清、说明、补正、递交、撤回、修改_____（项目名称）响应文件、签订合同和处理有关事宜，其法律后果由我方承担。

委托期限：_____

代理人无转委托权。

附：法定代表人身份证明

响应人：_____（盖单位章）

法定代表人：_____（签字）

身份证号：_____

委托代理人：_____（签字）

身份证号：_____

____年____月____日

（四）项目管理机构

1. 项目管理机构组成表（附表4-1）

项目管理机构组成表　　　　　　　　　　附表4-1

职务	姓名	职称	执业或职业资格证明					备注
			证书名称	级别	证号	专业	养老保险	

2. 项目负责人简历表（附表4-2）

应附资格证书、身份证、职称证、学历证、养老保险复印件，管理过的项目业绩须附合同协议书复印件。

项目负责人简历表　　　　　　　　　　附表4-2

姓名		年龄		学历	
职称		职务		拟在本合同任职	
毕业学校		年毕业于　　学校　　专业			
主要工作经历					
时间	参加过的类似项目		担任职务	委托人及联系电话	

（五）针对本项目的总体项目进度计划实施方案

（六）企业本身资金实力分析及针对本项目的融资实施方案

（七）针对本项目的建设实施方案

（八）针对本项目的维护管理方案

（九）针对本项目的财务管理方案

（十）市场风险分析及利益分配方案分析

（十一）社会资本投资回报率保证措施

（十二）针对本项目的移交方案

（十三）资格审查资料

1. 基本情况表（见附表4-3）

基本情况表　　　　　　　附表4-3

企业名称					
注册地址			邮政编码		
联系方式	联系人		电话		
	传真		网址		
组织结构					
法定代表人	姓名		技术职称		电话
技术负责人	姓名		技术职称		电话
成立时间			职工总人数：		
企业资质等级		其中	项目经理		
营业执照号			高级职称人员		
注册资金			中级职称人员		
开户银行			初级职称人员		
账号			技工		
经营范围					
备注					

2. 近年财务状况表

3. 近年完成的类似项目情况表（附表4-4）

近年完成的类似项目情况表　　　　　　　　　　附表 4-4

项目名称	
项目所在地	
发包人名称	
发包人地址	
发包人电话	
合同价格	
开工日期	
竣工日期	
承担的工作	
工程质量	
项目经理	
技术负责人	
项目描述	
备注	

4. 正在实施的和新承接的项目情况表（附表 4-5）

正在实施的和新承接的项目情况表　　　　　　附表 4-5

项目名称	
项目所在地	
发包人名称	
发包人地址	
发包人电话	
合同价格	
开工日期	
竣工日期	
承担的工作	
工程质量	
项目经理	
技术负责人	
项目描述	
备注	

5. 其他资格审查资料

第三部分 PPP 项目竞争性磋商公告

竞争性磋商公告应包括项目实施机构和项目名称、项目结构和核心边界条件、是否允许未进行资格预审的社会资本参与采购活动，以及审查原则、项目产出说明、对社会资本提供的响应文件要求、获取采购文件的时间、地点、方式及采购文件的售价、提交响应文件截止时间、开启时间及地点。竞争性磋商公告应在省级以上人民政府财政部门指定的媒体上发布。提交响应文件的时间自公告发布之日起不得少于 10 日。

目 录

一、项目的用途、数量、简要技术要求或招标项目的性质

二、对供应商资格要求（供应商资格条件）

三、磋商和响应文件时间及地点等

四、其他补充事宜

五、项目联系方式

六、采购项目需要落实的政府采购政策

_____ 项目竞争性磋商公告

_____ 受委托 _____，根据《中华人民共和国政府采购法》等有关规定，现对 _____ 项目进行竞争性磋商，欢迎合格的供应商前来投标。

项目名称：_____

项目编号：_____

项目联系方式：_____

项目联系人：_____

项目联系电话：_____

采购人联系方式：_____

采购人：_____

地址：＿＿＿＿＿＿＿＿＿＿＿＿＿＿＿

联系方式：＿＿＿＿＿＿＿＿＿＿＿＿

代理机构：＿＿＿＿＿＿＿＿＿＿＿＿

代理机构联系人：＿＿＿＿＿＿＿＿＿

代理机构地址：＿＿＿＿＿＿＿＿＿＿

一、项目的用途、数量、简要技术要求或招标项目的性质

＿＿＿＿＿＿＿＿＿＿＿＿＿＿＿【根据项目性质和要求填写】

二、对供应商资格要求（供应商资格条件）

【根据项目共性和特性要求填写】

1.《中华人民共和国政府采购法》第二十二条规定的条件（并根据《中华人民共和国政府采购法实施条例》提供相关证明材料）：

（1）具有独立承担民事责任的能力（请提供法人或者其他组织的营业执照等证明文件，自然人的身份证明）；

（2）具有良好的商业信誉和健全的财务会计制度（请提供财务状况报告，依法缴纳税收和社会保障资金的相关材料）；

（3）具有履行合同所必需的设备和专业技术能力（请提供具备履行合同所必需的设备和专业技术能力的证明材料）；

（4）有依法缴纳税收和社会保障资金的良好记录；

（5）参加政府采购活动前三年内，在经营活动中没有重大违法记录（请提供参加政府采购活动前3年内在经营活动中没有重大违法记录的书面声明）；

（6）法律、行政法规规定的其他条件（请提供具备法律、行政法规规定的其他条件的证明材料）。

2.采购人根据采购项目的特殊要求规定的特定条件，供应商提供相关证明文件：

＿＿＿＿＿＿＿＿＿＿＿＿＿＿＿＿＿＿＿＿＿＿＿＿＿＿＿＿＿＿＿＿＿＿＿＿＿。

三、磋商和响应文件时间及地点等

预算金额：＿＿＿＿＿＿＿

谈判时间：＿＿＿年＿＿＿月＿＿＿日＿＿＿：＿＿＿

获取磋商文件时间：＿＿＿年＿＿＿月＿＿＿日＿＿＿：＿＿＿

至＿＿＿年＿＿＿月＿＿＿日＿＿＿：＿＿＿（双休日及法定节假日除外）

获取磋商文件地点：＿＿＿＿＿＿＿

获取磋商文件方式：＿＿＿＿＿＿＿【按照竞争性磋商的规定获取】

磋商文件售价：＿＿＿＿＿＿＿元（人民币）

响应文件递交时间：＿＿＿年＿＿＿月＿＿＿日＿＿＿：＿＿＿至＿＿＿年＿＿＿月＿＿＿日＿＿＿：＿＿＿（双休日及法定节假日除外）

响应文件递交地点：＿＿＿＿＿＿＿

响应文件开启时间：＿＿＿年＿＿＿月＿＿＿日＿＿＿：＿＿＿

响应文件开启地点：＿＿＿＿＿＿＿＿＿＿＿＿＿＿

四、其他补充事宜

磋商文件的获取方式：

出售时间：＿＿＿＿＿＿＿

出售地点：＿＿＿＿＿＿＿

售价：＿＿＿＿＿＿＿

【可根据项目填写相关补充事宜】

五、项目联系方式

项目联系人：＿＿＿＿＿＿＿

项目联系方式：＿＿＿＿＿＿＿

六、采购项目需要落实的政府采购政策

_____【根据当地政策选择填写】

第四部分　PPP 项目谈判备忘录

PPP 项目谈判备忘录是在业务磋商过程中的一种提示或记事性文书，是在 PPP 项目谈判时，经过初步讨论后，记载双方的内容与承诺，为进一步洽谈时作参考。谈判备忘录一般不具备合同效力，备忘录所记录的则是双方各自的意见、观点，它有待于在下一次洽谈时进一步磋商。

_____ 项目谈判备忘录

_____ 年 _____ 月 ___ 日 _____ 项目谈判备忘录

谈判时间：_____

谈判地点：_____

谈判双方：_____

　　　　　_____

与会人员：_____

内容概述：1._____

　　　　　2._____

　　　　　3._____

　　　　　4._____

　　　　　5._____

　　　　　……

双方签字：

甲方：　　　　　　　　　　　　　　　乙方：

____ 年 ____ 月 ____ 日　　　　　　　____ 年 ____ 月 ____ 日

第五部分　PPP 项目采购文件补遗公告

PPP 项目采购文件补遗是针对 PPP 项目采购文件中的遗漏信息进行的补充，在补遗文件中注明需要补充的信息以及信息位置，确保采购文件的信息准确、完整，以免造成由于信息不完整导致的问题。

_____ 采购文件补遗公告

各潜在投标人：

根据采购单位采购需求及工作实际需要，现对项目编号_____采购文件进行补遗公告。补遗内容如下：

一、采购文件补遗：_____【补遗内容位置】改动如下：

1. _____

2. _____

……【补遗内容】

二、本项目其他采购要求按原采购文件_____的规定执行。

特此公告

_____【单位】

____年____月____日

第六部分　PPP 项目投资合作协议

PPP 项目投资合作协议是政府和社会资本相互之间对某一 PPP 项目有合作意向，经过共同协商后，订立的共同遵守和执行的条文。协议书不具有违约责任规定，包含内容范围广但不具体。

目　录

一、项目内容

1. 项目概况

2. 项目合作范围

3. 项目批准文件

二、项目公司

1. 项目公司成立条件

2. 项目公司注册

3. 项目公司的出资方式

4. 项目公司成立时限

5. 项目公司的组织结构

6. 项目公司的运营

7. 项目公司财务管理

8. 项目公司风险

9. 项目移交

10. 其他

_____ 项目投资合作协议

本 PPP 项目协议（如下称"本协议"）于____年____月____日由以下双方订立：

甲方（　政府主体　）：_____（以下简称"甲方"）

乙方（社会资本主体）：_____（以下简称"乙方"）

根据《中华人民共和国招标投标法》《中华人民共和国政府采购法》《中华人民共和国合同法》以及《中华人民共和国招投标法实施条例》等法律法规，结合_____项目的具体情况，本着"政企合作、互惠互利、合作共赢"的原则，本协议由_____授权委托_____（下称"甲方"），与_____（下称"乙方"）于____年____月____日在_____签署。

鉴于：

（1）_____经过物有所值论证及财政可承受力评价，批准_____项目采用 PPP 模式（即政府与社会资本合作模式），引进有实力的投资合作人进行本项目投资建设合作。

（2）甲方于____年____月____日至____年____月____日对本项目遵循公开、公平、公正和利益共享、风险共担的原则，进行公开招标。经过法定程序，确定乙方_____为本项目投资人和施工总承包单位。

（3）甲方与乙方共同签署《_____项目 PPP 投资合作协议》（以下简称"本协议"），双方合作进行本项目的投资建设合作和运营。

（4）根据本协议约定，由甲方与乙方在项目所在地合资成立项目公司，_____授权_____签署《_____项目协议》（以下简称"《协议》"），以规定授予项目公司对本项目投资建设合作特许经营权。项目公司负责对本项目进行投资、融资、建设、运营维护、移交并承担风险。

（5）本协议是甲乙双方合作实施本项目的投资、建设、运营的原则依据，双方将共同维护和遵守。

甲乙双方在此达成如下条款：

① _____

② _____

③ _____

④ _____

【本部分根据达成协议填写】

一、项目内容

1. 项目概况

（1）项目建设规模：_____。【项目建设成本、规划面积、建筑面积等】

（2）项目公司融资利息：_____。【项目公司的融资利息以项目公司融资实际发生的费用为准，计入项目公司的投资总费用】

（3）项目实施：计划 _____ 年 _____ 月开工建设，_____ 年 _____ 月建成使用。本项目特许经营期 _____ 年，其中计划建设期 _____ 年，运营期 _____ 年。

2. 项目合作范围

（1）_____ 项目下的投融资、施工总承包建设（含土建工程、机电工程、弱电工程、专业设备设施、室外工程及其他工程等）、竣工移交以及质量缺陷责任期内的整改修复、项目运营、维护管理等；具体工程范围以本项目经有资质单位审核的设计文件、施工图纸及相关技术标准和要求为准。

（2）甲乙双方按照本协议的约定负责项目合作期间涉及的债务偿还、风险承担及享受相应的运营收益。

（3）项目运营期的绩效考评。

3. 项目批准文件

（1）_____ 建议书的批复文件。

（2）发改委的招标核准文件。

（3）由甲方建设 _____ 的政府会议纪要。

二、项目公司

1. 项目公司成立条件

（1）项目公司必须按本协议约定的条件设立。

（2）甲方应协助项目公司获得设立项目公司所必需的政府相关部门的批文，以使项目公司能够按照《中华人民共和国公司法》等相关法律、法规的要求，办理组建、设立项目公司的工商登记手续。

2. 项目公司注册

项目公司注册资本金为项目总投资的 _____ %，即 _____ 元，其中：甲方出资 _____ 元，占项目公司 _____ %的股权；乙方出资 _____ 元，占项目公司 _____ %的股权。

【股东注册资本金根据项目实施的资金需求，同时同股权比例到位，具体事项在项目公司章程中约定。项目公司注册资本的增加、减少、股东变更、股权转让等，应按国家有关规定及本协议相关条款执行】

3. 项目公司的出资方式

甲方 _____【出资方式】乙方 _____【出资方式】甲乙双方按照本协议支付给项目公司的注册资本金以外的款项作为甲乙双方各自对项目公司的债权。

4. 项目公司成立时限

乙方必须保证配合甲方在本协议签订之日起 30 日内设立项目公司完毕，获得企业法人营业执照、组织机构代码证、税务登记证等，并达到可以对外营业的法定条件。

5. 项目公司的组织结构

项目公司采用现代法人治理结构，成立股东会、董事会或执行董事、监事会，保证项目公司顺利运行。

（1）股东会

由甲乙双方组成，是本协议项下项目公司的最高权力机构，具体职权按照公司法的有关规定执行。

下列事项由股东会决定，并由全体股东一致同意才能发生法律效力：

1）任何一方转让所持有的全部或部分股权，或在全部或部分股权上设置担保的；

2）项目公司对与本项目建设、运营无关的融资及担保的；

3）对公司增加或减少注册资本的；

4）对公司合并、分立、解散、清算或者变更公司形式的；

5）选举和更换由非职工代表担任的董事、监事。

（2）董事会

项目公司设立董事会，董事会由_____人组成，甲方委派_____人，乙方委派_____人。董事会按照公司法的有关规定执行。

下列事项由董事会决定，并经董事会过半数后生效：

1）选举公司董事长、副董事长、总经理、财务总监；

2）制定项目运作方案和管理团队考核目标；

3）制定项目运营方案；

4）决定项目公司员工的劳动报酬。

（3）监事会

项目公司设监事会，监事会由_____名监事组成，其中一人任监事会主席。甲方委派_____人，乙方委派_____人。监事会主席由_____委派的监事担任。除本合同约定外，监事会按照公司法的有关规定执行。

（4）总经理

总经理由公司董事会选聘。

6. 项目公司的运营

（1）项目公司成立后，_____方负责组织项目施工管理团队，负责合作项目的建设、管理和运营。

（2）项目管理团队应当接受董事会、监事会的监督。

7. 项目公司财务管理

（1）项目公司所涉的会计、税务由项目公司统一处理。

（2）项目所需资金实行统一管理、统一支出的原则。

8. 项目公司风险

除本协议另有约定外，因项目风险而形成的损失由甲乙双方按项目公司股权比例进行负担。

9. 项目移交

项目移交：特许经营期届满，项目 ＿＿＿＿＿【有偿或者无偿】移交给政府，政府也可以根据实际需要和项目运营情况提前接收，但因此给乙方造成的全部损失由甲方全额承担。

（1）移交范围

在移交日期，乙方应向接收人移交：

项目设施或项目资产的所有权利和利益；

本项目 ＿＿＿＿＿ 个月内正常需要的消耗性备件和事故修理备品备件。

甲方可以合理要求的且此前乙方未曾按照本协议规定交付的运营、维护、修理记录、移交记录和其他资料，以使其能够直接或通过其指定机构继续本项目的运营。

【在向甲方移交项目设施或项目资产时，应解除和清偿完毕乙方设置的所有债务、抵押、质押、留置、担保物权，以及源自本项目的建设、运营和维护的由乙方引起的环境污染及其他性质的请求权】

（2）最后恢复性大修和移交验收

1）最后恢复性大修

在移交日期之前不早于 ＿＿＿＿＿ 个月，乙方应对本项目设施进行一次最后恢复性大修，确保本项目设备的整体完好率达到100%，但此大修应不迟于移交日期 ＿＿＿＿＿ 个月之前完成。大修的具体时间和内容应于移交日期前 ＿＿＿＿＿ 个月时由移交委员会核准。

最后恢复性大修应包括：

消除实际存在的缺陷；

检修、探伤、检测等；

甲方合理要求的其他检修项目；

乙方有义务将甲方合理提出的检修项目列入其最后恢复性大修计划；

如果乙方不能进行最后恢复性大修,甲方可以自行或委托第三方进行大修,由乙方承担费用和风险。

2)移交验收

在最后恢复性大修后并在移交日期之前,甲方应在乙方代表在场时对本项目进行移交验收。如发现存在缺陷的,则乙方应及时修复,如果乙方不能自前次验收日起_____日或双方同意的更长时间内修正任何上述缺陷,则甲方可以自行修正,由乙方承担风险和费用。

3)移交程序

移交委员会应在移交日期_____个月前会谈并商定移交项目资产清单(包括备品备件的详细清单)和移交程序。

乙方应提供移交必要的文件、记录、报告等数据,作为移交时双方的参考。

除本协议另有规定外,双方在完成项目资产移交程序前,均应继续履行其本协议项下的义务。

10. 其他

(1)项目公司的章程及相关管理制度,均应当符合本协议的约定。

(2)除本合同约定外:甲乙双方根据项目公司的股权比例行使股东会的表决权;项目公司的成立时间及组织机构的设立、运作程序、利润分配等按本协议的相关约定执行。

(3)本项目合作期间,有关物业管理及其他相关方面的事宜,可通过补充合同条款来对本合同进行补充。

范本五：PPP 执行阶段咨询文件参考模板

第一部分　项目融资方案

项目融资由社会资本或项目公司负责。社会资本或项目公司应及时开展融资方案设计、机构接洽、合同签订和融资交割等工作。PPP 项目融资方案研究，需要充分调查项目的运行和投融资环境基础，需要向政府、社会资本投资方、融资方征询意见，不断修改完善项目的融资方案，最终拟定出一套或几套融资方案。最终提出的融资方案应当是保证公平性、融资效率、风险可接受的融资方案。

目　录

一、项目概况

二、融资组织与机构

三、融资方式

四、资金来源

五、融资监管

一、项目概况

【简单描述项目的基本情况，项目名称，项目建设的背景条件，项目的规模，投资规模，项目法人等】

1. 项目名称：
2. 项目位置：
3. 建设用地：
4. 建设工期：
5. 建设规模：

二、融资组织与机构

1. 融资主体

项目融资由社会资本或项目公司负责。

2. 项目投资机构

股权式投资，股东为甲方 _____%，乙方 _____%，丙方 _____%。

3. 项目融资结构

PPP 模式，是指政府与私人组织之间，为了提供某种公共物品和服务，以特许权协议为基础，彼此之间形成一种伙伴式的合作关系，并通过签署合同来明确双方的权利和义务，以确保合作的顺利完成，最终使合作各方达到比预期单独行动更为有利的结果。合作各方参与某个项目时，政府并不是把项目的责任全部转移给私人企业，而是由参与合作的各方共同承担责任和融资风险。

三、融资方式

1. 融资方式

（1）直接融资

（2）间接融资

（3）直接融资＋间接融资

2. 退出方案

公司各股东，由于各方面原因，股东自愿放弃持有的所有股份时，经股东会议研究，根据公司当时盈亏情况进行协商，如公司盈利退股，公司按各股东占有股份进行分配，公司盈利分配比率按股东协议进行分配；如公司亏损时，股东自愿放弃所有股份时，并按亏损弥补比例拿出相关费用进行弥补公司亏损。

四、资金来源

1. 项目总投资

根据项目的投资估算，项目总投资为 _____ 万元。建设投资 _____ 万元，其中建筑工程费 _____ 万元，设备及工器具购置费 _____ 万元，工程建设其他费用 _____ 万元，预备费 _____ 万元。流动资金为 _____ 万元。

2. 资金来源

本项目由丙方以现金的方式出资 ____%，由乙方以现金的方式出资 ____%。本项目的总投资分项目公司股东出资和项目公司贷款融资两部分。丙方和乙方应另行签订《出资协议》并按照该协议的预定将承担的投资金额缴付或转账到项目公司指定账户。

3. 政府提供的其他投融资支持

在本项目中，甲方不提供投资补助和基金注资，同时对各参与方的资金支出不提供担保补贴、贷款贴息等优惠条件。但甲方应当在其权限范围内协助项目公司积极申请相关的政府补贴和税收优惠。项目公司根据相关政府补贴的批复及税收优惠的法律法规享有相关利益。甲方确认不会以该等政府补贴和税收优惠为由调整项目公司的费用。

五、融资监管

1. 在项目公司中设立资金监管小组，专门负责项目建设资金的监督与管理。

2. 在项目投融资阶段，资金监管小组应当严格按照合同的约定，监督项目各参与方的资金交付情况，并在最终交付时间截止前催促和提醒各方资金交付情况。

3. 在项目建设阶段，资金监管小组应当严格按照项目实施计划和资金使用计划监督项目资金的拨付情况，保证资金使用的合理性。本资金监管小组的费用作为项目公司的管理费用支出计算。

4. 资金监管小组共有__人组成,其中甲方委派__人,乙方委派__人,丙方委派__人。

第二部分　PPP 项目合同（一）

【PPP 项目合同（一）以国家发展和改革委员会于 2014 年 12 月 2 日公布的《国家发改委关于开展政府和社会资本合作的指导意见》（发改投资 [2014]2724 号）为指导、以该"意见"附件《政府和社会资本合作项目通用合同指南》为体例进行编写。该模板较适用于国家发展改革委 PPP 项目库中的项目】

目　录

引　言

一、总则

二、合同主体

三、合作关系

四、投资计划及融资方案*

五、项目前期工作

六、工程建设

七、政府移交资产

八、运营和服务

九、社会资本主体移交项目*

十、收入和回报

十一、不可抗力和法律变更

十二、合同解除

十三、违约处理

十四、争议解决

十五、其他约定

引 言

按照相关法律、法规、标准和规范的要求,根据_____【根据项目具体情况,简单介绍本协议签署的目的、原则和法律依据】,经_____市人民政府授权,本合同由_____(下称"甲方"),地址:_____,被授权代表:_____,职务:_____;与_____(下称"乙方"),注册地点_____,注册号:_____,法定代表人:_____,职务:_____,国籍:_____。于_____年_____月_____日在_____市签署。

鉴于:

(1)_____市人民政府决定以特许经营的方式实施_____项目。该项目已于_____年_____月_____日,获得_____人民政府或有关部门的批准,或者纳入____规划(批文或规划见附件__)。

(2)_____(甲方)于_____年_____月至_____年_____月对_____项目遵循公开、公平、公正和公共利益优先的原则,经过_____,确定由_____(乙方)承担本项目的建设。

双方在此达成如下条款:

一、总则

第1条 术语定义和解释

1.1 定义

除非本合同特别说明,或存在明显相反的意思表示,本合同下列词语的定义如下:

1.1.1 项目:指_____项目,建设规模为_____,建设地点为_____。

1.1.2 本合同:指甲方与乙方之间签订的本PPP项目合同,包括附件_____至附件_____,以及日后可能签订的任何本PPP项目合同之补充修改协议和附件,上述每一文件均被视为并入本合同。

1.1.3 生效日期:约定的合同生效日期。

1.1.4 法律适用：指适用所有的中国法律、法规、规章和政府部门颁布的所有技术标准、技术规范以及其他所有的强制性要求。

1.1.5 法律变更：（a）在本合同签署之后，本合同适用的法律被修改、废除或重新解释以及新颁布的任何法律；或者（b）甲方的任何上级政府部门在本合同签署日之后修改、批准的重要条件或增加的任何重要的额外条件。并且，上述任何一种情况导致：（i）适用于乙方或由乙方承担的税收、税收优惠或关税发生任何变化；或（ii）对项目的融资、建设、运营维护和移交的要求发生的任何变化。

1.1.6 工作日：指法定的工作日。

1.1.7 投标保函：指投标人按照投标人须知与投标书同时提交的保函。

1.1.8 土地使用权：由 _____ 市土地管理部门划拨给项目的土地使用权或通过招拍挂方式取得的土地使用权。

1.1.9 土地使用权证明：指由 _____ 市土地管理部门核发的土地使用权证。

1.1.10 批准：指根据本合同的规定，乙方为项目进行融资、建设、拥有、运营、维护和/或移交而需从政府部门获得的审批、审查、许可、登记、核准、核备、备案等。

1.1.11 融资完成：指乙方与贷款人签署并递交所需的有效融资文件（包括满足或放弃该融资文件要求的获得首笔资金的每一前提条件），用以证明乙方为本项目获得举债融资所需的全部交易办理完毕，同时乙方应一并收到本协议和融资文件可能要求的股权投资人的认购书（或股权出资）。

1.1.12 融资文件：指与项目的融资或再融资相关的贷款协议、保函、外汇套期保值协议和其他文件，但不包括:(a)与股权投资人的认购书或股权出资相关的任何文件，或（b）与提供履约保函和维护保函相关的文件。

1.1.13 开工日期：指颁布项目施工许可证之日，或按约定方式确定的日期:(a)本协议生效后 _____ 天,或（b）_____ 年 _____ 月 _____ 日,或（c）其他条件。

1.1.14 最终竣工日：指实质上完成项目施工并合格地通过交工验收后，在交工证书中标明的日期。

1.1.15 其他：_____。

1.2 解释

在本合同中，除非本合同另有明确规定，下述词语的释义如下：

1.2.1 标题仅为参考所设，不应影响条文的解释。

1.2.2 一方、双方指本协议的一方或双方，并且包括经允许的替代该方的人或该方的受让人。

1.2.3 一段时间（包括一年、一个季度、一个月和一天）指按公历计算的该时间段。

1.2.4 除非本合同另有明确约定，"包括"指包括但不限于；除本合同另有明确约定，"以上"、"以下"、"以内"或"内"均含本数，"超过"、"以外"不含本数。

1.2.5 合同或文件包括经修订、更新、补充或替代后的该合同或文件。

第2条 合同背景和目的

【根据本项目情况简要说明】

2.1 合同签署的背景

_____

_____。

2.2 合同签署的目的

_____

_____。

第3条 声明和保证

3.1 甲方的声明

甲方在此向乙方声明，在生效日期：

3.1.1 甲方已获 _____ 市人民政府授权管理本项目，有权签署本协议，并可以履行其在本协议项下的各项义务。

3.1.2 甲方已经获得本协议附件 _____ 列出的应在生效日期前获得的所有批准。

3.1.3 如果甲方在此所作的声明被证实在作出时存在实质方面的不属实，并且该等不属实声明严重影响本协议项下的项目顺利进行，乙方有权终止本协议。

3.2 乙方的声明

乙方在此向甲方声明，在生效日期：

3.2.1 乙方是依据中华人民共和国法律正式成立的合法机构，具有签署和履行本协议、其他项目合同和融资文件的法人资格和权利。

3.2.2 乙方已经获得本协议附件__列出的应在生效日期前获得的所有批准。

3.2.3 乙方应确保在特许经营期内的任何时候，在项目中的投资股本金数额高于或等于届时项目投资额的_____%。

3.2.4 如果乙方在此所作的声明被证实在作出时存在实质方面的不属实，并且该等不属实声明严重影响本协议项下的项目顺利进行，甲方有权终止本协议。

第 4 条 合同生效条件

【参考财政部印发的《PPP 项目合同指南（试行）》（财金 [2014]156 号，以下简称《合同指南》）第二章第四节中的"一、前提条件"，根据有关法律法规及相关约定和项目实际情况予以明确】

_____
_____。

第 5 条 合同构成及优先次序

合同文件构成及优先次序为：_____。

二、合同主体

第 6 条 政府主体

6.1 主体资格

名称：_____

住所：_____

法定代表人：_____

政府主体出现机构调整时的延续或承继方式：_____

6.2 权利界定

政府监管的权利：_____

项目合同约定的权利：_____

6.3 义务界定

需要承担的义务：_____

【概括约定政府主体需要承担的主要义务，如遵守项目合同、及时提供项目配套条件、项目审批协调支持、维护市场秩序等】

第 7 条 社会资本主体

7.1 主体资格

名称：_____。

住所：_____。

法定代表人：_____。

项目合作期间社会资本主体应维持的资格和条件：_____。

7.2 权利界定

按约定获得政府支持的权利：_____。

按项目合同约定实施项目、获得相应回报的权利：_____。

7.3 义务界定

【明确社会资本主体在合作期间应履行的主要义务，如按约定提供项目资金，履行环境、地质、文物保护及安全生产等义务，承担社会责任等】

应履行的义务：_____。

7.4 对项目公司的约定

【如政府参股项目公司的，还应明确政府出资人代表、投资金额、股权比例、出资方式等；政府股份享有的分配权益，如是否享有与其他股东同等的权益，在利润分配顺序上是否予以优先安排等；政府股东代表在项目公司法人治理结构中的特殊安排，如在特定事项上是否拥有否决权等】

注册资金：_____。

住所：_____。

组织形式：_____。

项目公司股东结构、董事会、监事会及决策机制安排：_____。

项目公司股权、实际控制权、重要人事发生变化的处理方式：_____。

三、合作关系

第 8 条 合作内容

8.1 项目范围

甲方按照有关法律、法规的规定授予乙方的在特许经营期内独家的行使的权利，以使乙方进行＿＿＿＿＿＿（融资、建设、运营和维护）项目设施的建设并取得经营收费。乙方的特许经营权在整个特许经营期内始终持续有效。

8.2 政府提供的条件

8.2.1 授予乙方特许经营权。

8.2.2 根据本协议的规定按时向乙方支付＿＿＿＿＿＿。

8.2.3 在特许经营期内，非经甲方同意，并仅限于本项目的融资担保所需，乙方不得擅自就本特许经营权及相关权益向任何第三方进行转让、出租、质押或其他任何处置。

8.2.4 在特许经营期内，协助乙方办理有关政府部门要求的各种与本项目有关的批准和保持批准有效。

8.2.5 对乙方特许经营过程实施监管，包括产品和服务质量，项目经营状况和安全防范措施，以及协助相关部门核算和监控企业成本等。

8.2.6 甲方本着尊重社会公众的知情权，鼓励公众参与监督的原则，有权及时将产品和服务质量检查、监测、评价结果和整改情况以适当的方式向社会公布，并受理公众对乙方的投诉，进行核实处理。

8.2.7 遇紧急情况，在可能严重影响公众利益的情况下，可依法对乙方进行临时接管。

8.3 社会资本主体承担的任务

8.3.1 乙方在特许经营期内享有特许经营权。

8.3.2 根据本协议的规定，乙方应在特许经营期内自行承担费用、责任和风险，负责进行项目的＿＿＿＿＿＿（融资、建设，以及项目设施的运营与维护）。

8.3.3 按照本协议规定的方式取得＿＿＿＿＿＿（经营性收费或政府补贴）。

8.3.4 接受政府部门的行业监管。服从社会公共利益，履行对社会公益性事业所应尽的义务和服务。

8.4 回报方式

社会资本主体在合作期间获得回报的具体途径：_____。

【根据项目性质和特点，项目收入来源主要包括使用者付费、使用者付费与政府补贴相结合、政府付费购买服务等方式】

8.5 项目资产权属

关于合作各阶段项目有形及无形资产的所有权、使用权、收益权、处置权的归属：_____。

8.6 土地获取和使用权利

8.6.1 土地使用权

在本协议生效后，以_____（视项目具体情况而定）形式由甲方向乙方提供或由乙方自行取得项目用地的土地使用权（以下简称"土地使用权"），并确保乙方在特许经营期内独占性地使用土地。

8.6.2 对使用土地的限制

无甲方事先书面同意，乙方不得将第 8.6.1 条项目土地用于项目之外的其他任何目的。

第 9 条 合作期限

项目合作期限：_____。

_____

_____。【可参考《合同指南》第二章第三节中的"二、项目合作期限"，并根据项目实际情况予以填写】

第 10 条 排他性约定

_____

_____。【如有必要，可作出合作期间内的排他性约定，如对政府同类授权的限制等】

第 11 条　合作履约担保

11.1　建设期的履约保函

乙方注册登记并完成项目批准手续后 _____ 个工作日内，应向甲方提交按照附件 10 的格式出具的履约保函。履约保函的金额为相应工程项目资本金的 ___%。以保证乙方履行本协议项下有关设计和建设的义务。

11.2　运营期的履约保函

乙方应在每个运营年的 ____ 月 ____ 日前向甲方交纳上一年度运营收入的 ____% 作为乙方在运营期的履约担保的组成部分，直到运营期的履约担保金额达到 _____ 为止。履约保证金可专项用于项目的 _____，最低额度应保持在 _____ 以上。

四、投资计划及融资方案

【本章适用于包含新建、改扩建工程，或政府向社会资本主体转让资产（或股权）的合作项目】

第 12 条　项目总投资

12.1　投资规模及其构成

工程建设总投资及构成：_____。【对于包含新建、改扩建工程的合作项目，应在合同中明确工程建设总投资及构成，包括建筑工程费、设备及工器具购置费、安装工程费、工程建设其他费用、基本预备费、价差预备费、建设期利息、流动资金等。合同应明确总投资的认定依据，如投资估算、投资概算或竣工决算等。对于包含政府向社会资本主体转让资产（或股权）的合作项目，应在合同中明确受让价款及其构成】

12.2　项目投资计划

项目的分年度投资计划：_____。

第 13 条　投资控制责任

社会资本主题对约定的项目投资控制责任：_____。

【根据合作项目特点，可约定社会资本主体承担全部超支责任、部分超支责任，或不承担超支责任】

第 14 条　融资方案

14.1　项目资本金比例及出资方式：_____。

14.2　债务资金的规模、来源及融资条件：_____。

【如有必要，可约定政府为债务融资提供的支持条件】

14.3　各类资金的到位计划：_____。

第 15 条　政府提供的其他投融资支持

政府提供的其他融资支持：_____。

【如政府为合作项目提供投资补助、基金注资、担保补贴、贷款贴息等支持，应明确具体方式及必要条件】

第 16 条　投融资监管

关于监管主体、内容、方法和程序以及监管费用的约定：_____。

第 17 条　投融资违约及其处理

关于各方投融资违约行为的认定和违约责任：_____。

【可将违约行为划分为重大违约和一般违约，并分别约定违约责任】

五、项目前期工作

第 18 条　前期工作内容及要求

18.1　关于项目需要完成的前期工作内容、深度、控制性进度要求：_____。

18.2 采用的技术标准和规范要求：_____。

【对于超出现行技术标准和规范的特殊规定，应予以特别说明。如包含工程建设的合作项目，应明确可行性研究、勘察设计等前期工作要求；包含转让资产（或股权）的合作项目，应明确项目尽职调查、清产核资、资产评估等前期工作要求】

第 19 条　前期工作任务分担

19.1　政府负责的前期工作内容：_____。

19.2　社会资本主体负责的前期工作内容：_____。

第 20 条　前期工作经费

20.1　政府承担的前期工作费用：_____。

政府开展前期工作的经费是否需要社会资本主体承担：_____。

若需要,关于费用范围、确认和支付方式,以及前期工作成果和知识产权归属约定：_____。

20.2　社会资本主体承担的前期工作费用：_____。

第 21 条　政府提供的前期工作支持

政府应对项目前期工作提供支持,包括但不限于：

（1）协调相关部门和利益主体提供必要资料和文件。

（2）对社会资本主体的_____（合理诉求）提供支持。

（3）组织召开项目协调会。

第 22 条　前期工作监管

关于监管内容、方法和程序,以及监管费用的约定：_____。

第 23 条　前期工作违约及处理

23.1　政府方违约行为的认定和违约责任：_____。

23.2　社会资本主体违约行为的认定和违约责任：_____。

【可参考《合同指南》第二章第十八节中"一、违约事件",并根据项目实际情况予以填写。可视影响将违约行为划分为重大违约和一般违约,并分别约定违约责任】

六、工程建设

【本章适用于包含新建、改扩建工程的合作项目】

第 24 条 政府提供的建设条件

_____。【项目合同可约定政府为项目建设提供的条件,如建设用地、交通条件、市政配套等】

第 25 条 进度、质量、安全及管理要求

25.1 关于项目控制性进度计划,包括项目建设期各阶段的建设任务、工期等要求的约定_____。

25.2 关于项目达标投产标准,包括生产能力、技术性能、产品标准等的约定_____。

25.3 关于项目建设标准,包括技术标准、工艺路线、质量要求等的约定_____。

25.4 关于项目安全要求,包括安全管理目标、安全管理体系、安全事故责任等的约定_____。

25.5 关于工程建设管理要求,包括对招投标、施工监理、分包等的约定_____。

【项目合同应约定项目建设的进度、质量、安全及管理要求。详细内容可在合同附件中描述】

第 26 条 建设期的审查和审批事项

26.1 不可免除

26.1.1 甲方或相关主管部门未监督、检验建设工程的任何部分或未书面通知项

目公司不符合本合同约定的任何工程、材料或设备不应视为放弃其在本合同下的任何权利，也不能免除项目公司在本合同下的任何义务。

26.1.2 尽管有上述规定，为尽量减少纠正缺陷的费用，甲方或相关主管部门在知悉任何缺陷之后应及时将该缺陷书面通知项目公司，要求项目公司尽快采取补救措施。

26.2 项目公司在建设工程建设期对建设工程的主要义务

26.2.1 项目公司应按适用法律的规定及时申请并获得项目的建设用地规划许可证、建设工程规划许可证及其他必须的批准。

26.2.2 项目公司应通过招投标的方式确定承担建设工程施工设计、土建施工、设备供应、安装的相应主体，并在建设工程竣工后完成竣工验收工作。

26.2.3 除本合同第18.1条款约定的前期工作外，项目公司应进行其他所有场地准备工作。

26.2.4 项目公司应选择经招标确认的有相应资质的监理公司，并承担相应费用。

26.2.5 项目公司应在签署、取得或完成（视情况而定）下列文件后三十（30）个工作日内，将下列有关建设工程的文件之复印件报_____市相关主管部门：①设计委托合同；②项目初步设计和施工设计文件；③规划主管部门批准的设计施工图和审批意见及建设工程施工许可证；④甲方或相关主管部门合理要求的其他资料。

26.2.6 项目公司应促使相关施工主体在适用的进度日期当日或之前完成建设工程。项目公司应在每月十（10）日前向甲方或相关主管部门提交上个月的工程进度报告和监理月报，并加盖相应公章。

26.2.7 项目公司应在建设工程最终完工之后，按照本合同约定交付有关图纸和技术细节。

26.3 甲方在建设工程建设期对建设工程的主要义务

26.3.1 配合项目公司在项目开工日前获得地质详勘、建设用地规划许可证、建设工程规划许可证、施工许可证及其他根据适用法律需取得的证书，并在该等证书的有效期届满后配合项目公司进行续期。

26.3.2 给予并维持应由甲方给予的批准。

26.3.3 在适用的进度日期当日或之前，按照本合同的约定完成前期工作，在完成时书面通知项目公司并提供有关的政府批文或许可证等的复印件。

26.3.4 确保及时按照本合同第 8.6.1 条的约定将项目用地的_____办理至项目公司名下,并确保项目公司能够出入和占用。

26.3.5 商业试运行日的当日 1 个月前,提供适量的符合本合同约定进水水质标准的污水并将永久性供电和供水、尾水排放条件接入到距离项目工程场地红线外一米的合理位置。

第 27 条　工程变更管理

项目公司应在指定项目建设区域范围进行项目建设,并达到技术要求和建设质量标准,在出现以下情况时,进行变更处理:

27.1 工程范围的变化:_____。

27.2 工艺技术方案的变化:_____。

27.3 设计标准或建设标准变化:_____。

27.4 关于项目实质性内容的其他变动:_____。

27.5 项目公司应当按照项目建设进度计划进行工程建设,如果需要调整项目进度计划,项目公司应当提前向甲方和乙方发出变更通知单,并详细说明变更实施方案,在得到甲乙双方同意后,项目公司方能调整项目实施进度。

第 28 条　实际投资认定

_____
_____。【项目合同应根据投资控制要求,约定项目实际投资的认定方法,以及项目投资发生节约或出现超支时的处理方法,并视需要设定相应的激励机制】

第 29 条　征地、拆迁和安置

征地拆迁

甲方应协调好有关部门和单位,协助乙方进行本项目工程建设用地征地拆迁工作。征地拆迁的有关费用包括_____等由乙方承担。征地标准按照批复的初步设计概算的标准执行。【项目合同应约定征地、拆迁、安置的范围、进度、实施责任主体及费用负担，并对维护社会稳定、妥善处理后续遗留问题提出明确要求】

第30条 项目验收

30.1 专项验收

关于验收计划、标准、费用和工作机制等的要求：_____。

30.2 竣工验收

关于验收计划、标准、费用和工作机制等的要求：_____。

【项目验收应遵照国家及地方主管部门关于基本建设项目验收管理的规定执行。如有必要，应针对特定环节做出专项安排】

第31条 工程建设保险

关于工程建设保险的约定：_____。

【项目合同应约定建设期需要投保的相关险种，如建筑工程一切险、安装工程一切险、建筑施工人员团体意外伤害保险等，并落实各方的责任和义务，注意保险期限与项目运营期相关保险在时间上的衔接】

第32条 工程保修

项目合同应约定工程完工之后的保修安排，内容包括但不限于：

（1）保修期限和范围：_____。

（2）保修期内的保修责任和义务：_____。

（3）工程质保金的设置、使用和退还：_____。

（4）保修期保函的设置和使用：_____。

第33条 建设期监管

关于监管主体、内容、方法和程序，以及费用安排的约定：_____。

【若需要，可对项目建设招标采购、工程投资、工程质量、工程进度以及工程建设档案资料等事项安排特别监管措施】

第 34 条 建设期违约和处理

34.1 甲方违约

甲方违约的情形：_____。

甲方违约的责任：_____。

34.2 乙方违约

乙方违约的情形：_____。

乙方违约的责任：_____。

七、政府移交资产

【本章适用于包含政府向社会资本主体转让或出租资产的合作项目】

第 35 条 移交前准备

项目合同应对移交前准备工作做出安排，以保证项目顺利移交，内容一般包括：

35.1 准备工作的内容和进度安排：_____。

35.2 各方责任和义务

甲方责任和义务：_____。

乙方责任和义务：_____。

35.3 负责移交的工作机构和工作机制：_____。

第 36 条 资产移交

36.1 移交范围

在特许经营期结束当日即移交日，乙方应向甲方无偿移交：

（1）乙方对项目设施的所有权利和利益，包括：

（a）项目设施的建筑物和构筑物；

（b）与项目设施使用相关的所有机械和设备；

（c）其他动产：_____；

（d）运营和维护项目设施所要求的所有技术和技术诀窍、知识产权等无形资产（包括以许可方式取得的）。

（2）在用的各类管理章程和运营手册，包括专有技术、生产档案、技术档案、文秘档案、图书资料、设计图纸、文件和其他资料，以使项目能平稳地正常地继续运营。

（3）土地使用权及与项目场地有关的其他权利。

这些资产在向甲方移交时应不存在任何留置权、债权、抵押、担保物权或任何种类的其他请求权。项目场地在移交日应不存在任何环境问题和环境遗留问题。

甲乙双方在办理移交工作的同时，应明确特许经营期结束后妥善安置原项目公司雇员的办法。

36.2　进度安排：_____。

36.3　移交验收程序：_____。

36.4　移交标准：_____。

36.5　移交的责任和费用：_____。

36.6　其他事项：_____。

【其他事项，如项目人员安置方案、项目保险的转让、承包合同和供货合同的转让、技术转让及培训要求等】

第37条　移交违约及处理

37.1　甲方违约

甲方违约的情形：_____。

甲方违约的责任：_____。

37.2　乙方违约

乙方违约的情形：_____。

乙方违约的责任：_____。

八、运营和服务

【本章适用于包含项目运营环节的合作项目】

第38条 政府提供的外部条件

项目合同约定政府为项目运营提供的外部条件,包括但不限于以下内容:

(1)关于项目运营所需的外部设施、设备和服务及其具体内容、规格、提供方式(无偿提供、租赁等)和费用标准等的约定:_____。

(2)关于项目生产运营所需特定资源及其来源、数量、质量、提供方式和费用标准等的约定:_____。【如污水处理厂的进水来源、来水量、进水水质】

(3)关于对项目特定产出物的处置方式及配套条件等的约定:_____。【如污水处理厂的出水、污泥的处置,垃圾焚烧厂的飞灰、灰渣的处置】

(4)道路、供水、供电、排水等其他保障条件的约定:_____。

第39条 试运营和正式运营

项目合同约定试运营的安排,包括但不限于以下内容:

(1)试运营的前提条件和技术标准:_____。

(2)试运营的期限:_____。

(3)试运营期间的责任安排:_____。

(4)试运营的费用和收入处理:_____。

(5)正式运营的前提条件:_____。

(6)正式运营开始时间和确认方式等:_____。

第40条 运营服务标准

项目合同约定运营服务的标准,包括但不限于以下内容:

(1)服务范围、服务内容:_____。

(2)生产规模或服务能力:_____。

(3)技术标准:_____。
【如污水厂的出水标准,自来水厂的水质标准等】

(4)服务质量:_____。【如普遍服务、

持续服务等】

（5）其他要求：_____。【如运营机构资质、运营组织模式、运营分包等】

【项目合同应从维护公共利益、提高运营效率、节约运营成本等角度，约定项目运营服务标准。详细内容可在合同附件中描述】

第41条 运营服务要求变更

项目合同约定运营期间服务标准和要求的变更安排，包括但不限于以下内容：

（1）变更触发条件：_____。

【如因政策或外部环境发生重大变化，需要变更运营服务标准等】

（2）变更程序：_____。

【包括变更提出、评价、批准、认定等】

（3）新增投资和运营费用的承担责任：_____。

（4）各方利益调整方法或处理措施：_____。

第42条 运营维护与修理

项目合同约定项目运营维护与设施修理事项：

（1）项目日常运营维护的范围和技术标准：_____。

（2）项目日常运营维护记录和报告制度：_____。

（3）大中修资金的筹措和使用管理等：_____。

【详细内容可在合同附件中描述】

第43条 更新改造和追加投资

关于更新改造和追加投资的范围、触发条件、实施方式、投资控制、补偿方案等的约定：_____。

第44条 主副产品的权属

关于在运营过程中产生的主副产品的权属和处置权限的约定：_____。

第45条 项目运营服务计量

关于项目所提供服务（或产品）的计量方法、标准、计量程序、计量争议解决、责任和费用划分等事项的约定：_____。

第46条 运营期的特别补偿

关于运营期间由于政府特殊要求造成社会资本主体支出增加、收入减少的补偿方式、补偿金额、支付程序及协商机制等的约定：_____。

第47条 运营期保险

关于运营期需要投保的险种、保险范围、保险责任期间、保额、投保人、受益人、保险赔偿金的使用等的约定：_____。

第48条 运营期政府监管

政府有关部门依据自身行政职能对项目运营进行监管，社会资本主体应当予以配合。政府可在不影响项目正常运营的原则下安排特别监管措施，并与社会资本主体议定费用分担方式，包括但不限于以下内容：

（1）委托专业机构开展中期评估和后评价。

（2）关于政府临时接管的触发条件、实施程序、接管范围和时间、接管期间各方的权利义务等的约定：_____。

第49条 运营支出

社会资本主体承担的成本和费用范围：_____。

第50条 运营期违约事项和处理

50.1 甲方违约

甲方违约的情形：_____。

甲方违约的责任：_____。

50.2 乙方违约

乙方违约的情形：_____。

乙方违约的责任：_____。

九、社会资本主体移交项目

【本章适用于包含社会资本主体向政府移交项目的合作项目】

第51条　项目移交前过渡期

项目合同约定项目合作期届满前的_____个月作为过渡期，并约定过渡期安排，以保证项目顺利移交。内容包括但不限于：

（1）过渡期的起讫日期、工作内容和进度安排：_____。

（2）各方责任和义务，包括移交期间对公共利益的保护：_____。

（3）负责项目移交的工作机构和工作机制：_____。

【如移交委员会的设立、移交程序、移交责任划分等】

第52条　项目移交

对于合作期满时的项目移交，项目合同应约定以下事项：

（1）移交方式：_____。

【明确资产移交、经营权移交、股权移交或其他移交方式】

（2）移交范围：_____。

【如资产、资料、产权等】

（3）移交验收程序：_____。

（4）移交标准：_____。

【如项目设施设备需要达到的技术状态、资产法律状态等】

（5）移交的责任和费用：_____。

（6）移交的批准和完成确认：_____。

（7）其他事项：_____。

【如项目人员安置方案、项目保险的转让、承包合同和供货合同的转让、技术转让及培训要求等】

第53条 移交质量保证

项目合同应明确如下事项：

（1）移交保证期的约定：_____。

【包括移交保证期限、保证责任、保证期内各方权利义务等】

（2）移交质保金或保函的安排：_____。

【可与履约保证结合考虑，包括质保金数额和形式、保证期限、移交质保金兑取条件、移交质保金的退还条件等】

第54条 项目移交违约及处理

54.1 甲方违约

甲方违约的情形：_____。

甲方违约的责任：_____。

54.2 乙方违约

乙方违约的情形：_____。

乙方违约的责任：_____。

十、收入和回报

第55条 项目运营收入

项目合同按照合理收益、节约资源的原则，约定社会资本主体的收入范围、计算方法等事项。包括但不限于以下内容：

（1）社会资本主体提供公共服务而获得的收入范围及计算方法：_____。

（2）社会资本主体在项目运营期间可获得的其他收入：_____。

（3）分成机制：_____。【如涉及政府与社会资本主体收入分成的，应约定分成机制，如分成计算方法、支付方式、

税收责任等】

【详细内容可在合同附件中描述】

第56条 服务价格及调整

56.1 执行政府定价的价格及调整

(1) 执行政府批准颁布的项目服务或产品价格。

(2) 遵守政府价格调整相关规定,配合政府价格调整工作,如价格听证等。

56.2 项目合同约定的价格及调整

(1) 初始定价及价格水平年:_____。

(2) 运营期间的价格调整机制:_____。

【包括价格调整周期或调价触发机制、调价方法、调价程序及各方权利义务等】

第57条 特殊项目收入

_____。【若社会资本主体不参与项目运营或不通过项目运营获得收入的,项目合同应在法律允许框架内,按照合理收益原则约定社会资本主体获取收入的具体方式】

第58条 财务监管

政府和社会资本合作项目事关公共利益,项目合同约定对社会资本主体的财务监管制度安排,明确社会资本主体的配合义务,包括但不限于以下内容:

(1) 成本监管和审计机制:_____。

(2) 年度报告及专项报告制度:_____。

(3) 特殊专用账户的设置和监管等:_____。

第59条 违约事项及其处理

59.1 甲方违约

甲方违约的情形:_____。

甲方违约的责任:_____。

59.2 乙方违约

乙方违约的情形：_____。

乙方违约的责任：_____。

【项目合同应明确各方在收入获取、补贴支付、价格调整、财务监管等方面的违约行为的认定和违约责任。可视影响将违约行为划分为重大违约和一般违约，并分别约定违约责任】

十一、不可抗力和法律变更

第60条 不可抗力事件

不可抗力是指在签订本协议时不能合理预见的、不能克服和不能避免的事件或情形。以满足上述条件为前提，不可抗力包括但不限于：

（a）雷电、地震、火山爆发、滑坡、水灾、暴雨、海啸、台风、龙卷风或旱灾；

（b）流行病、瘟疫爆发；

（c）战争行为、入侵、武装冲突或外敌行为、封锁或军事力量的使用，暴乱或恐怖行为；

（d）全国性、地区性、城市性或行业性罢工；

（e）由于不能归因于甲乙方的原因引起的工程供电中断。

第61条 不可抗力事件的认定和评价

不可抗力事件发生后，双方应本着诚信平等的原则，立即就此等不可抗力事件进行协商。

（a）如果双方在___日内达成一致意见，继续履行在本协议项下的义务，则甲方应按照附件12的规定向乙方进行补偿。

（b）如果双方不能够在上述___日期限内达成一致意见，则任何一方可送达终止通知。

【项目合同应约定不可抗力事件的认定及其影响后果评价程序、方法和原则。对于特殊项目，应根据项目实际情况约定不可抗力事件的认定标准】

第62条 不可抗力事件发生期间各方权利和义务

积极补救不可抗力的义务

（a）尽快向对方通告事件或情况的发生，对事件或情况的预计持续时间和其在本协议项下履行义务的可能影响作出估计；

（b）作出一切合理努力以继续履行其在本协议项下的义务；

（c）尽快采取行动纠正或补救造成免于履行义务的事件或情况；

（d）作出一切合理努力以减轻或限制对对方造成的损害；

（e）将其根据上述（b）(c）和（d）采取的行动或行动计划定期通告对方，并在导致它免于履行义务的事件或情况不再存在时立即通知对方。

第63条 不可抗力事件的处理

（a）本合同生效日之后发生的不可抗力事件完全地或部分地阻碍一方履行其在本合同项下的义务时，可在不可抗力影响的范围内，全部或部分免除该方在本合同项下的相应义务。

（b）除本合同或双方另有约定外，发生不可抗力时，双方应各自承担由于不可抗力对其造成的费用损失。

（c）如果声称遭受不可抗力影响的一方已履行了通知程序，并且在不可抗力事件影响项目进展的情况下，已履行了请求延长进度日期的程序，则本合同中规定的履行某项义务的任何期限，经受到影响的一方请求，应根据不可抗力对履行该项义务产生影响的相同时间相应顺延。

第64条 法律变更

64.1 本合同生效后，适用法律发生了任何变化，包括颁布任何新法规、修改或撤销法律法规的某些条款或对任何法律法规作出不同解释或采取不同的实施方法，也包括任何与本项目的批准有关的实质性条件发生变化，这些变化使项目公司在本合同项下的经济利益产生实质性有利或者不利影响，项目公司可以提出书面要求改变本合同的条款或通过协商以政府特别补贴等及其他双方认可的方式进行合同的变更或解除。

64.2 处理程序

政府主体和社会资本主体组织专家评价法律、法规和法令的变化对本项目的影响程度；评价结果应通过各个专家认可。

64.3 根据评审结果变更或解除合同

变更或解除项目合同触发条件包括但不限于：

（a）法律法规变更致使本项目无法继续进行，如国家取消了PPP项目，收回项目运营权；

（b）法律法规的变更使合同的履行出现了不可逾越的客观障碍，在客观上会使合同的基础和预期的目的发生根本性的动摇，如继续履行原合同，将对一方当事人明显不利而一方当事人明显有利或者不能实现合同目的，会产生显失公平的效果，与诚实信用原则和公平原则相违背；

（c）适用于项目公司或由项目公司承担的税收（除所得税外）发生变化；

（d）项目融资、建设、运营、维护和移交要求发生变化；

（e）任何与本项目的批准有关的实质性条件发生变化；

（f）其他触发条件。

十二、合同解除

第65条　合同解除的事由

项目合同约定各种可能导致合同解除的事由，包括：

（a）发生不可抗力事件，导致合同履行不能或各方不能就合同变更达成一致。

（b）发生法律变更，各方不能就合同变更达成一致。

（c）合同一方严重违约，导致合同目的无法实现。

（d）社会资本主体破产清算或类似情形。

（e）合同各方协商一致。

（f）法律规定或合同各方约定的其他事由。

第66条 合同解除程序

关于合同解除程序的约定：＿＿＿＿＿＿＿＿＿＿＿＿＿＿＿＿＿＿＿＿＿＿。

第67条 合同解除的财务安排

【按照公平合理的原则，在项目合同中具体约定各种合同解除情形时的财务安排，以及相应的处理程序。如：(1)明确各种合同解除情形下，补偿或赔偿的计算方法，赔偿应体现违约责任及向无过错方的利益让渡。补偿或赔偿额度的评价要坚持公平合理、维护公益性原则，可设计具有可操作性的补偿或赔偿计算公式。(2)明确各方对补偿或赔偿计算成果的审核、认定和支付程序】

第68条 合同解除后的项目移交

【项目合同应约定合同解除后的项目移交事宜，可参照本指南"项目移交"条款进行约定】

第69条 合同解除的其他约定

【结合项目特点和合同解除事由，可分别约定在合同解除时项目接管、项目持续运行、公共利益保护以及其他处置措施等】

十三、违约处理

第70条 违约行为认定

关于违约行为的认定以及免除责任或限制责任的约定：＿＿＿＿＿＿＿＿。

第71条 违约责任承担方式

71.1 赔偿

任一方应有权获得因违约方违约而使该方遭受的任何损失、支出和费用的赔偿，该项赔偿由违约方支付。

71.2 减轻损失的措施

由于另一方违约而遭受损失的一方应采取合理行动减轻损失。如果一方未能采取此类措施，违约方可以请求从赔偿金额中扣除应能够减轻或减少的损失金额。

受损害的一方应有权从另一方获得为减轻损失而采取行动所发生的合理费用。

71.3 由于受损害方造成的损失的扣除

如果造成损失的部分原因是受损害方的作为或不作为造成的，赔偿的数额应扣除这些因素。

71.4 对间接损失不负责任

除非本协议另有规定，各方均不应对由于或根据本协议产生的或与其相关的任何索赔为对方的任何间接、特殊、利润损失或附带损失或惩罚性损害赔偿负责。

【项目合同应明确违约行为的承担方式，如继续履行、赔偿损失、支付违约金及其他补救措施等】

第72条 违约行为处理

违约行为的处理程序：_____。

【如违约发生后的确认、告知、赔偿等救济机制，以及上述处理程序的时限】

十四、争议解决

第73条 争议解决方式

73.1 协商

若双方由于本合同条款或与本合同有关条款的解释（包括关于其存在、有效或终止的任何问题）产生任何争议、分歧或索赔，则应尽力通过友好协商的方式解决该争议、分歧或索赔。

除非双方届时另有约定，若在尝试友好协商解决后三十（30）日内该争议、分歧或索赔未能最终得到解决，则应适用本合同第73.2条的约定。

73.2 调解

_____。【项目合同可约定采用调解方

式解决争议,并明确调解委员会的组成、职权、议事原则,调解程序,费用的承担主体等内容】

73.3 仲裁或诉讼(二者只能选择其一)

73.3.1 仲裁

双方同意本协议引起的或与本协议有关的所有争议,均提交给＿＿＿＿＿＿仲裁委员会裁决,仲裁裁决对双方均有约束力。

73.3.2 诉讼

若双方未能根据上述第70.1条解决争议、分歧或索赔,双方均可向项目所在地人民法院提起诉讼解决。

第74条 争议期间的合同履行

在争议、分歧或索赔作出最终裁决前,各方应继续履行其在本协议项下的所有义务并继续享有其在本协议项下的所有权利,任何一方不得以发生争议为由,停止项目运营服务、停止项目运营支持服务或采取其他影响公共利益的措施,在最终裁决作出后按裁决进行最终调整。

十五、其他约定

第75条 合同变更与修订

＿＿＿＿＿＿＿＿＿＿＿＿＿＿＿＿＿＿＿。【可对项目合同变更的触发条件、变更程序、处理方法等进行约定。项目合同的变更与修订应以书面形式作出】

第76条 合同的转让

＿＿＿＿＿＿＿＿＿＿＿＿＿＿＿＿＿＿＿。【项目合同应约定合同权利义务是否允许转让;如允许转让,应约定需满足的条件和程序】

第77条 保密

＿＿＿＿＿＿＿＿＿＿＿＿＿＿＿＿＿＿＿。【项目合同应约定保密信息范

围、保密措施、保密责任。保密信息通常包括项目涉及国家安全、商业秘密或合同各方约定的其他信息】

第78条 信息披露

_____。【为维护公共利益、促进依法行政、提高项目透明度，合同各方有义务按照法律法规和项目合同约定，向对方或社会披露相关信息。详细披露事项可在合同附件中明确】

第79条 廉政和反腐

_____。【项目合同应约定各方恪守廉洁从政、廉洁从业和防范腐败的责任】

第80条 不弃权

_____。【合同应声明任何一方均不被视为放弃本合同中的任何条款，除非该方以书面形式作出放弃。任何一方未坚持要求对方严格履行本合同中的任何条款，或未行使其在本合同中规定的任何权利，均不应被视为对任何上述条款的放弃或对今后行使任何上述权利的放弃】

第81条 通知

_____。【项目合同应约定通知的形式、送达、联络人、通信地址等事项】

第82条 合同适用法律

_____。【项目合同适用中华人民共和国法律】

第83条 适用语言

_____。【项目合同应约定合同订立及

执行过程中所采用的语言。对于采用多种语言订立的，应明确以中文为准】

第 84 条　适用货币

_____。【明确项目合同所涉及经济行为采用的支付货币类型】

第 85 条　合同份数

_____。【项目合同应约定合同的正副本数量和各方持有份数，并明确合同正本和副本具有同等法律效力】

第 86 条　合同附件

_____。【项目合同可列示合同附件名称】

第三部分　PPP 项目合同（二）

【PPP 项目合同（二）以财政部于 2014 年 12 月 30 日发布的《财政部关于规范政府和社会资本合作合同管理工作的通知》(财金 [2014]156 号)为指导、以该"通知"附件《PPP 项目合同指南(试行)》为体例进行编写。该模板较适用于各级财政部门所推进的 PPP 项目】

目　录

第 1 章　引言、定义和解释

第 2 章　项目范围和期限

第 3 章　前提条件

第 4 章　项目的融资

第 5 章　项目用地

第 6 章　项目的建设

第 7 章　项目的运营

第 8 章　项目的维护

第 9 章　股权变更限制

第 10 章　付费机制

第 11 章　履约担保

第 12 章　政府承诺

第 13 章　保险

第 14 章　守法义务及法律变更

第 15 章　不可抗力

第 16 章　政府方的监督和介入

第 17 章　违约、提前终止及终止后处理机制

第 18 章　项目的移交

第 19 章　适用法律及争议解决

第1章　引言、定义和解释

第1条　签署时间及签署主体信息

1.1　签署时间

本合同签署时间为 ＿＿＿＿＿＿

1.2.　签署主体信息

1.2.1　政府方

名称：＿＿＿＿＿＿＿＿＿＿＿＿＿＿＿

住所：＿＿＿＿＿＿＿＿＿＿＿＿＿＿＿

法定代表人：＿＿＿＿＿＿＿＿＿＿＿

1.2.2　项目公司

名称：＿＿＿＿＿＿＿＿＿＿＿＿＿＿＿

住所：＿＿＿＿＿＿＿＿＿＿＿＿＿＿＿

法定代表人：＿＿＿＿＿＿＿＿＿＿＿

第2条　签署背景及签署目的

2.1　经＿＿＿＿＿＿批准，＿＿＿＿＿＿＿＿项目（项目编号＿＿＿＿＿＿＿＿）采用PPP模式建设和运营。

2.2　＿＿＿＿＿＿＿作为本项目的发起人，确保在特许经营期内为本项目提供必要的＿＿＿＿＿＿＿＿＿＿＿＿＿＿＿＿等支撑。由＿＿＿＿＿＿＿＿组织成立＿＿＿＿＿＿＿＿项目推进领导小组，全面负责＿＿＿＿＿＿＿＿。

2.3　＿＿＿＿年＿＿月，＿＿＿＿＿＿＿＿项目完成物有所值及财政承受能力评价报告。

2.4　＿＿＿＿年＿＿月，＿＿＿＿＿＿＿＿项目编制完成PPP实施方案。

2.5　＿＿＿＿年＿＿月，＿＿＿＿＿＿＿＿发布竞争性磋商公告。＿＿＿＿＿＿＿＿＿于＿＿＿＿年＿＿月＿＿日通过本项目的竞争性磋商，被确定为本项目的投资人，并取得成交通知书。

2.6 _____ 年 ____ 月，_____ 和 _____ 成立项目公司。

第 3 条　定义与解释

3.1　定义

3.1.1　政府方：_____。

3.1.2　项目公司：_____。

3.1.3　社会资本：_____。

3.1.4　项目实施机构：_____。

3.1.5　工作日：指中国法定节假日和公休日以外的公历日。

3.1.6　生效日：指双方当事人签署合同当日日期。

3.1.7　运营日：指运营期内每日从 00：00 时开始至同日 24：00 时结束的二十四小时期间。

3.1.8　移交日：指特许经营期结束后的第一个工作日，或经双方书面同意的移交项目设施的其他日期。

3.1.9　不可抗力：指在签订本合同时不能合理预见的、不能克服和不能避免的事件。以满足上述条件为前提，包括：台风、地震、洪水等自然灾害；战争、罢工、骚乱等社会异常现象；征收征用等政府行为；以及双方不能合理预见和控制的任何其他事件。

3.1.10　政治不可抗力：指包括非因政府方原因导致的且不在其控制下的征收征用，根据第 3.1.13 款规定的法律变更、未获审批等政府行为引起的不可抗力事件。

3.1.11　自然不可抗力：指除根据第 3.1.10 款规定以外，根据第 3.1.9 款规定的不可抗力事件。

3.1.12　广义的法律：指全国人民代表大会及常务委员会制定的法律；全国人民代表大会常务委员会制定的法律解释；国务院制定的行政法规，各省、自治区、直辖市人民代表大会及其常务委员会制定的地方性法规、自治条例、单行条例；国务院各部、委员会、中国人民银行、审计署和具有行政管理职能的直属机构制定的部门规章；省、自治区、直辖市和较大的市的人民政府制定的地方政府规章。

3.1.13　法律变更：指在 PPP 项目合同生效日之后颁布的各级人民代表大会或其

常务委员会或有关政府部门对任何法律的施行、修订、废止或对其解释或执行的任何变动。

3.1.14 融资交割：指项目公司为项目建设融资的目的签署并向融资方进行所有融资文件的提交，并且融资文件要求的就本项目获得资金的所有前提条件得到满足或被豁免。

3.1.15 本合同：指 _____ 和 _____ 共同签订的 _____。

3.2 解释

在本合同中，除非本合同另有明确规定，下述词语的解释如下：

3.2.1 标题仅为参考所设，不应影响条文的解释。

3.2.2 一方、双方指本协议的一方或双方，并且包括经允许的替代该方的人或该方的受让人。

3.2.3 一段时间（包括一年、一个季度、一个月和一天）指按公历计算的该时间段。

3.2.4 "包括"是指"包括但不限于"。

3.2.5 任何合同或文件包括经修订、更新、补充或替代后的该合同或文件。

第 2 章 项目范围和期限

第 4 条 项目范围

4.1 项目合作内容

项目公司负责本项目的 _____，项目建成后的服务对象为 _____。

4.2 政府提供的条件

4.2.1 政府方授权项目公司在特许经营期内 _____。项目公司有权在特许经营地域范围内 _____

_____。

4.2.2 项目公司有权根据政府方授予的特许经营权 _____。

4.3 项目公司主体承担的任务 _____。

4.3.1 项目公司在特许经营期内自行承担_____。在特许经营期满后，项目公司将前述设施完好、无偿地移交给政府方或政府方指定的第三方。

4.3.2 除了为本项目根据第 9 条规定进行融资和根据第 12 条规定进行再融资的，项目公司不得为其他项目抵押、质押本项目的收费权、在项目公司名下的全部资产、设施和设备。

4.3.3 抵押、质押本项目的资产、设施、设备。在特许经营期内，项目公司不得改变本项目场地的用途。

4.4 回报方式

项目公司的收入来源为_____。

4.5 项目资产权属

在特许经营期内，项目公司拥有本项目的_____。

第 5 条 项目合作期限

5.1 期限

本项目的合作期限为_____起到_____止，暂定为____年。

5.2 期限的延长

在法律允许的范围内，对于项目合作期限内发生非项目公司应当承担的风险而导致项目公司损失的情形下，项目公司可以请求延长项目合作期限。请求延长项目合作期限的情形包括：

（1）因政府方违约导致项目公司延误履行其义务；

（2）因发生政府方应承担的风险导致项目公司延误履行其义务；

（3）根据 42.1 款规定导致的项目公司延误履行其义务；

（4）根据 41.2 款规定导致的项目公司延误履行其义务；

（5）经双方同意且在合同中约定的其他事由。

5.3 期限的结束

项目合作期限届满或者项目提前终止，项目合作期限结束。

第 3 章 前提条件

第 6 条 前提条件

6.1 完成融资交割

项目公司已为根据第 9 条规定的融资方案签署并向融资方提交所有融资文件，并且融资文件要求的就本项目获得资金的所有前提条件得到满足或被豁免。

6.2 获得项目相关审批

项目公司审批手续满足可以正式实施项目。

6.3 保险已经生效

项目公司已根据第 38 条规定购买保险，且保单已经生效，并向政府方提交了保单的复印件，以此作为 PPP 项目合同的生效条件。

第 7 条 前提条件豁免

上述前提条件可以被豁免，但只有负责满足该前提条件的一方相对方拥有该豁免权利。

第 8 条 未满足前提条件的后果

8.1 合同终止

如果双方根据第 6 条的规定前提条件未满足，并且拥有豁免权利的合同方未同意豁免或延长期限，则该合同方有权终止项目合同。

8.2 合同终止的效力和后果

8.2.1 合同项下的权利和义务将终止

如果由于未满足前提条件而导致合同终止，除根据 47.2 款规定的回购补偿外，其他权利义务将终止。

8.2.2 经济赔偿

如因合同一方未能在规定的时间内满足其应当满足的前提条件而导致合同终止的，合同另一方有权向其主张一定的经济赔偿，但经济赔偿的额度应当与合同另一方因此所遭受的损失相匹配，并符合我国合同法关于损害赔偿的规定。

8.2.3 提取保函

如果项目公司未能按照约定的时间和要求达成前提条件，且政府方未同意豁免该前提条件时，政府方有权提取根据第31条规定保函项下的金额。

第4章 项目的融资

第9条 项目融资方案

9.1 项目公司总资本_____，其中_____为项目公司自有资金，_____由项目公司申请银行贷款融资。项目公司的自有资金中由项目实施机构以_____的方式出资_____%（约__万元），由社会资本以_____的方式出资_____%（约_____万元）。项目公司的融资利息以项目公司融资实际发生的费用为准，计入项目公司的投资总费用。

9.2 本项目的总投资分为_____出资和_____融资。社会资本和项目实施机构应另行签订《出资协议》并按照该协议的约定将承担的投资金额缴付或转账到项目公司指定账户。

第10条 项目公司融资权利和义务

10.1 项目公司有权通过资产和权益上设定抵押、质押担保的方式获得项目融资。

10.2 除根据第26条规定的股权变更限制外，项目公司有权在通过转让项目公司股权，以及处置项目相关资产或权益的方式实现投资的退出。

第11条 融资方权利

11.1 融资方的主债权和担保债权

项目公司有权以_____、社会资本有权以_____担保，向融资方申请融资。融资方在提供融资时具有_____权，政府方可以接受融资方行使_____权所可能导致的法律后果。

11.2 融资方的介入权

融资方在发生项目公司违约事件且项目公司无法在约定期限内补救时,可以自行或委托第三方在根据第46条规定终止项目合同前,对于项目进行补救。

第12条 再融资

12.1 项目公司的再融资应增加项目收益且不影响项目的实施,签署再融资协议需经过政府的批准。

12.2 政府方对于因再融资所节省的财务费用享有按融资比例分成的权利。

第5章 项目用地

第13条 土地权利取得

政府方应自本合同生效日起____日内,应根据第53条规定的适用法律将建设工程涉及根据附件一规定土地的土地使用权证办理至项目公司名下,土地使用权证办理的相关费用由项目公司承担。

第14条 取得土地使用权或其他相关权利费用

14.1 项目公司应根据第53条规定的适用法律承担项目用地的土地使用税等相关税费。

14.2 项目公司负责及完成根据附件一规定土地的征用和平整工作,并承担费用支出。

14.3 项目公司对土地使用权证办理至项目公司名下之前发生根据附件一规定土地的环境污染不承担责任;土地使用权证办理至项目公司名下起由项目公司导致的,或因项目公司作为或不作为的行为而加重的项目用地之上的环境污染,项目公司应依法承担相应的责任。

第15条 土地使用的权利及限制

15.1 项目公司的土地使用权

项目公司有权为本项目特许经营之目的合法、独占性地使用根据附件一规定土地进行以实施项目为目的的活动。

15.2 项目公司土地使用权的权限

15.2.1 项目公司未经政府方批准,项目公司不得将根据附件一规定土地使用权转让给第三方或用于该项目以外的其他用途。

15.2.2 项目公司的土地使用权受第53条规定适用法律的约束。

第16条 政府方场地出入权

16.1 政府方有权出入项目设施场地

为了保证政府对项目的开展拥有足够的监督权,政府方有权出入根据附件一规定的土地。

16.2 条件和限制

政府方行使根据第16.1款规定的权利需要满足下述的条件和限制:

(1)仅在检查建设进度、监督项目公司履行本合同项下义务等特定目的,有权进入场地;

(2)政府方在通知项目公司后有权进入场地;

(3)政府方在不影响项目的正常建设和运营的条件下,有权进入场地。

第6章 项目的建设

第17条 项目设计

17.1 设计的范围及工作分工

项目公司承担可行性研究报告、总体规划任务、初步设计和施工图设计等工作。

17.2 项目设计要求

项目公司完成的设计工作应依据以下内容:

(1)项目公司编制并经政府方审查同意的可行性研究报告和项目产出说明;

(2)双方约定的其他技术标准和规范;

(3)_____省地区和行业的强制性技术标准;

(4)《建筑法》《环境保护法》《产品质量法》等建设工程相关法律法规的规定。

17.3 政府方权责

17.3.1 政府方有权审查由项目公司制作的任何设计文件,项目公司有义务将上述文件提交政府方审查。

17.3.2 设计文件中存在任何不符合根据第17.2款规定的内容,政府方可以要求项目公司对不符合同的部分进行修正,有关修正的风险、费用由项目公司承担。

17.3.3 项目公司对政府方提出的意见存在异议,可根据第54条规定提交争议解决处理。

17.3.4 政府方的设计审查不能减轻或免除项目公司根据第53条规定的适用法律履行相关设计审批程序的义务。

17.4 项目设计责任

项目公司对其所作出的设计承担全部责任。该责任不因该设计已由项目公司分包给其他设计单位或已经政府方审查而被豁免或解除。

第18条 项目建设

18.1 项目建设时间

本项目特许经营期为＿＿＿年,自＿＿＿至＿＿＿。其中包含建设期＿＿＿年,自＿＿＿至＿＿＿,运营期＿＿＿年,自＿＿＿至＿＿＿。

18.2 项目建设责任

项目公司负责根据第18.1款规定的时间完成项目的建设并开始运营,该责任不因项目建设已由项目公司部分或全部分包给施工单位或承包商实施而豁免或解除。

18.3 政府方对项目建设的监督和介入

18.3.1 政府方有权在不影响建设工程建设进度的情况下对建设工程进行监督和检查,并提前通知项目公司有关监督和检查的事宜。

18.3.2 政府方承担监督和检查的费用和责任。

18.3.3 政府方对项目建设的监督和介入权利包括:

(1) 定期获取有关项目计划和进度报告及其他相关资料;

(2) 在不影响项目正常施工的前提下进场检查和测试;

（3）对建设承包商的选择进行有限的监控（包括资质的设定）。

18.3.4 项目公司应提供或责成建设承包商提供政府方进行检查所需的、与检查目的相关的资料及资料复印件。

第7章 项目的运营

第19条 开始运营

19.1 开始运营的条件

满足以下条件可开始运营。

（1）项目的建设已经基本完工或部分可运营建设已基本完工，并且已经达到满足_____水平；

（2）项目运营所需的审批手续已经完成；

（3）其他需要满足项目开始运营条件的测试和要求已经完成或具备。

19.2 开始运营的安排

本项目运营期___年，自_____至_____。项目公司满足根据第19.1款规定的条件下，经双方同意后，项目建设期第二年可开始进行部分已完工程的运营。

19.3 因项目公司原因导致无法按期开始运营的后果

无法按时获得付费、运营期缩短。如果项目公司未能按照合同约定开始运营，开始获得厂房租赁费的时间延迟，并且在没有正当理由可以展期的情况下，项目合作期限固定、不分别设置建设期和运营期。

19.4 因政府方原因导致无法按期开始运营的后果

因政府方原因导致项目公司无法按期开始运营的，项目公司有权主张延迟开始运营日并向政府方索赔额外费用。

19.5 因自然不可抗力导致无法按期开始运营的后果

因第3.1.11款规定的自然不可抗力导致政府方或项目公司不能按期开始运营的，受到影响的一方或双方均可以免除根据45.3款规定违约赔偿，可根据影响期间申请延迟开始运营日。

第 20 条 运营期间权利与义务

20.1 项目运营的内容

项目公司运营期内的运营内容为 _____。

20.2 项目运营的标准和要求

20.2.1 项目的建设已经基本完工(除一些不影响运营的部分)并且已经达到满足 _____ 目的的水平;

20.2.2 项目公司应编制运营与维护手册,载明生产运营、日常维护以及设备检修的内容、程序和频率等,并在开始运营之前报送政府方审查。

20.3 运营责任划分

项目的运营由 _____ 负责, _____ 应提供与本项目进行配套或对接的设施与服务。

20.4 暂停服务

20.4.1 计划内的暂停服务

(1)项目公司应在报送运营维护计划时提前向政府方报告计划内的暂停服务,政府方应在暂停服务开始之前给予书面答复或批准。发生计划内的暂停服务,项目公司不承担不履约的违约责任。

(2)项目公司应于每年 ___ 月 ___ 日之前提交下一运营年的维护计划,将其重大维护和更新的计划通知政府方或相关主管部门。如果有计划内暂停服务,项目公司应至少提前 ___ 日将暂停服务的预定日期通知政府方。政府方应在预定日期之前至少 ___ 个工作日确认批准或不批准提议的计划内暂停服务。如果政府方或相关主管部门没有在计划内暂停服务之前 ___ 个工作日给予书面答复,计划内暂停服务应被视为获得批准。

(3)每一运营年计划内暂停服务不得超过 ____ 日。

20.4.2 计划外的暂停服务

发生突发的计划外暂停服务,项目公司应立即通知政府方。对于计划外的暂停服务的责任划分:

(1)因项目公司原因造成,由项目公司承担责任并赔偿相关损失;

（2）因政府方原因造成，由政府方承担责任，项目公司有权向政府方索赔因此造成的费用损失并申请延展项目期限；

（3）因自然不可抗力原因造成，双方共同分担该风险，均不承担对对方的任何根据第45.3款规定的违约补偿。

第21条 政府方对项目运营监督和介入

政府方对于项目运营享有一定的监督和介入权，包括：

（1）在不影响项目正常运营的情况下入场检查；

（2）定期获得有关项目运营情况的报告，包括运营维护计划、经审计的财务报告、事故报告；

（3）审阅项目公司拟定的运营方案并提出意见；

（4）委托第三方机构开展项目中期评估和绩效评价。

第22条 公众监督

项目公司接受社会监督，除根据第53条规定的适用法律规定可以不予公开的信息外。经双方同意后，项目公司在运营期间应公开披露项目产出标准、运营绩效的信息。

第8章 项目的维护

第23条 项目维护义务和责任

23.1 项目维护责任

项目公司根据第23.2款规定的维护方案和手册，负责本项目的设施维护和修理，该责任不因项目公司将部分或全部维护事务分包给其他运营维护商实施而豁免或解除。

23.2 维护方案和手册

23.2.1 维护方案

项目公司在合同生效后、开始运营日之前编制项目维护方案并提交政府方审核，政府方有权对该方案提出意见。在双方共同确定维护方案后，项目公司作出重大变更，均须提交政府方。维护方案应包括项目运营期间计划内的维护、修理和更换的时间、费用以及上述维护、修理和更换可能对项目运营产生的影响等内容。维护方案应在本项目开始运营前30天完成。

23.2.2 维护手册

项目公司应根据项目需要、政府方意见，确定是否编制除维护方案外的维护手册。如需编制维护手册，应包括日常维护和设备检修的内容、程序及频率，并在本项目开始运营前30天完成。

23.3 计划外的维护

23.3.1 发生意外事故或其他紧急情况，需进行维护方案之外的维护或修复工作的，项目公司应书面通知政府方，并在双方另行约定的时间内完成修复工作。

23.3.2 对于计划外的维护事项，根据第20.4.2款规定进行责任划分。

第24条 政府方对项目维护监督和介入

政府方对项目维护享有一定的监督和介入权，包括：

（1）在不影响项目正常运营和维护的情形下入场检查；

（2）定期获得有关项目维护情况的报告；

（3）审阅项目公司拟定的维护方案并提供意见。

第9章 股权变更限制

第25条 股权变更范围

25.1 直接或间接转让股权

在合同生效日起直至项目缺陷责任期届满，项目公司的股权变更及其各级控股母公司的控股股权变更均须经过政府的事前书面批准。

25.2 并购、增发方式导致的股权变更

以收购其他公司股权或者增发新股等方式导致或可能导致项目公司股权结构或母公司控股股东发生变化的情形。

25.3 股份相关权益的变更

除包括普通股、优先股等股份的持有权变更以外,还包括股份上附着的其他相关权益的变更(包括表决权)。

25.4 兜底规定

其他任何可能导致股权变更的事项。

第 26 条 股权变更限制

26.1 锁定期

26.1.1 在锁定期内,未经政府方批准,项目公司及其母公司不得发生根据第 25 条规定的任何除根据第 26.1.3 款规定的股权变更情形。

26.1.2 锁定期期限为本合同生效日起直至项目缺陷责任期届满。

26.1.3 例外情形

在锁定期内,发生以下特殊的情形,并满足根据第 26.2 款规定的限制可以允许发生股权变更:

(1)项目贷款人为履行本项目融资项下的担保而涉及的股权结构变更;

(2)将项目公司及其母公司的股权转让给社会资本的关联公司;

(3)政府方转让其在项目公司股权的不受上述股权变更限制。

26.2 其他限制

受让方须具备相应的履约能力及资格,并继承转让方相应的权利义务。

26.3 违反股权变更限制的后果

一旦发生违反本合同项下的股权变更限制的情形,将直接认定为项目公司的违约行为,政府方有权根据第 46.2 款规定终止本合同。

第 10 章 付费机制

第 27 条 项目付费机制

项目公司在特许经营期内的收入来源主要为 _____。

第 28 条　定价机制

28.1 ＿＿＿＿费基准值：＿＿＿＿＿＿＿＿＿＿＿＿＿＿＿＿＿＿

28.2 ＿＿＿＿率基准值：＿＿＿＿＿＿＿＿＿＿＿＿＿＿＿＿＿＿

28.3 可行性缺口补助基准值：＿＿＿＿＿＿＿＿＿＿＿＿＿＿＿＿

第 29 条　调价机制

29.1 若实际运营中发生下述事件，则考虑到项目公司先期投入以及各方的资金占用等情况，政府方承诺使用财政预算内资金对项目公司进行额外的可行性缺口补助，补助额度按照下述有关规定执行。本条的实际发生与否，不影响根据第 28.3 款规定的可行性缺口补助基准值的额度与拨付。

29.2 ＿＿＿＿费下浮引起的可行性缺口补助调整：＿＿＿＿＿＿＿＿＿＿＿＿＿＿＿＿＿＿＿

29.3 ＿＿＿＿率下浮引起的可行性缺口补助调整：＿＿＿＿＿＿＿＿＿＿＿＿＿＿＿＿＿＿＿

29.4 ＿＿＿＿费与＿＿＿＿率同时出现下浮引起的可行性缺口补助调整

分别执行根据第 29.2 款规定、根据第 29.3 款规定的调整规则，将计算结果进行累加，并减去一次可行性缺口补助基准值。

29.5 其他因素变化引起的可行性缺口补助调减、调增

根据实际发生的情况，调整可行性缺口补助额度以保障项目公司合理的年收益率，并由项目公司董事会出具可行性缺口补助调整意见，供各方协商解决。若仍有争议，则适用争议解决条款。

第 11 章　履约担保

第 30 条　履约担保方式

本项目选用的担保方式为＿＿＿＿＿＿。

第 31 条 保函

31.1 建设期的履约保函

本合同生效日后 ____ 日内,项目公司应向政府方提交建设期的履约保函,以用于担保项目公司在建设期能够按照合同约定的标准进行建设,并且能够按时完工。保函的金额及返还事宜双方另行协商确定。

31.2 运营维护期的履约保函/维护保函

项目运营开始日 _____ 日之前,项目公司应向政府方提交运营维护期的履约保函/维护保函,以用于担保项目公司在运营维护期内按照项目合同的约定履行运营维护义务。保函的有效期直至项目期限终止。保函的金额及返还事宜双方另行协商确定。

31.3 移交维修保函

期满终止日 ____ 个月之前,项目公司应向政府方提交移交维修保函,担保至期满移交后 ____ 个月届满。保函的金额及返还事宜双方另行协商确定。

第 12 章 政府承诺

第 32 条 付费或补助

政府方承诺在特许经营期内为本项目提供必要的政策引导、计入年度财政预算的可行性缺口补助、中长期财政规划等支撑。

第 33 条 负责或协助获取项目相关土地权利

政府方承诺根据第 13 条规定提供土地的使用权。

第 34 条 提供相关连接设施

政府方承诺给予项目公司 _____。政府方组织成立 _____ 项目推进领导小组及管理委员会,全权负责本项目的全部招商与招租、引租工作。

第35条 办理有关政府审批手续

政府方承诺协助项目公司获得有关的政府审批。

第36条 防止不必要的竞争性项目

政府方承诺自本项目合同签订之日起 _____ 年内，不在 ____ 内兴建任何竞争性的项目，以避免过度竞争引起项目公司经营收益的下降。

第13章 保险

第37条 保险义务

37.1 购买和维持保险义务

项目公司承担购买和维持保险的义务，包括：

37.1.1 在整个PPP项目合作期限内，购买并维持项目合同约定的保险，确保其有效且达到最低保险金额，最低保险金额由双方另行商定。

37.1.2 督促保险人或保险人的代理人在投保或续保后尽快向政府提供保险凭证，以证明项目公司已按合同规定取得保单并支付保费。

37.1.3 如果项目公司没有购买或维持合同约定的某项保险，则政府可以投保该项保险，并从履约保函项下扣抵其所支付的保费或要求项目公司偿还该项保费。

37.1.4 向保险人或保险代理人提供完整、真实的项目信息。

37.1.5 在任何时候不得作出或允许任何其他人作出任何可能导致保险全部或部分失效、可撤销、中止或受损害的行为。

37.1.6 当发生任何可能影响保险或其项下的任何权利主张的情况或事件时，项目公司应立即书面通知政府方。

37.1.7 尽一切合理努力协助政府或其他被保险人及时就保险提出索赔或理赔。

37.2 保单要求

37.2.1 项目公司应当以政府方作为被保险人进行投保。

37.2.2 保险人同意放弃对政府方行使一些关键性权利，包括代位权、抵扣权以及多家保险公司共同分摊保险赔偿的权利。

37.2.3 在取消保单、不续展保单或对保单做重大修改等事项发生时提前向政府方发出书面通知。

37.3 保险条款变更

未经政府方同意，不得对保险合同的重要条款，包括保险范围、责任限制以及免赔范围，做出实质性变更。

第38条 保险种类

项目公司应当和确定的承包商协商投保 _____，投保期限从 ____ 至 ____。

第14章 守法义务及法律变更

第39条 守法义务

项目公司在实施PPP项目的过程中有义务遵守根据第3.1.13款规定的广义"法律"。

第40条 法律变更后果

40.1 政府方可控的法律变更的后果

40.1.1 由该政府方、或其内设政府部门、或其下级政府所颁行的法律及规范性文件发生根据第3.1.13款规定的法律变更，认定为政府方可控的法律变更。

40.1.2 在建设期间，因发生根据第40.1.1款规定的法律变更导致项目发生额外费用或工期延误，项目公司有权向政府方索赔额外费用或要求延长工期。

40.1.3 在运营期间，因发生根据第40.1.1款规定的法律变更导致项目公司运营成本费用增加，项目公司有权向政府方索赔额外费用或申请延长项目合作期限。

40.1.4 因发生根据第40.1.1款规定的法律变更导致合同无法继续履行，则构成根据第45.1款规定政府违约事件，项目公司有权根据第45.3款规定要求违约赔偿及根据第46.1款规定要求本合同终止。

通过违约条款及提前终止机制等进行救济。

40.2 政府方不可控的法律变更的后果

对于超出根据第 40.1.1 款规定的法律变更的，包括国家或上级政府统一颁行的法律，视为政治不可抗力，项目公司可根据第 42 条规定获得相应补偿。

第 15 章 不可抗力

第 41 条 自然不可抗力的法律后果

41.1 免于履行

发生不可抗力并导致一方完全或部分无法履行其合同义务时，根据不可抗力的影响可全部或部分免除该方在合同项下的相应义务。

41.2 延长期限

如果不可抗力发生在建设期或运营期，则项目公司有权根据该不可抗力的影响期间申请延长建设期或运营期。

41.3 免除违约责任

不可抗力条款启动后，在不可抗力事件持续期间，受影响方无需为其中止履约或履约延误承担违约责任。

41.4 费用补偿

对于不可抗力发生所产生的额外费用，由各方自行承担，政府方不给予项目公司额外的费用补偿。

41.5 解除合同

不可抗力发生持续超过_____个月的，任何一方均有权提出解除合同。

第 42 条 政治不可抗力的法律后果

42.1 延长期限

发生政治不可抗力事件，项目公司有权要求延长工期、获得额外补偿或延长项目合作期限。

42.2 项目提前终止

政治不可抗力事件导致项目提前终止，项目公司可根据第 42 条规定获得回购补偿。

第16章 政府方的监督和介入

第43条 政府方的监督权

43.1 政府方的监督权必须在不影响项目正常实施的前提下行使。

43.2 政府方拥有项目实施期间的知情权。

43.3 项目公司有义务定期向政府方提供有关项目实施的报告和信息,以便政府方及时了解项目的进展情况。

43.4 政府方的上述知情权贯穿项目实施的各个阶段:

43.4.1 建设期审阅项目计划和进度报告:

(1) 在项目正式开工以前,项目公司有义务向政府提交项目计划书,对建设期间重要节点作出原则规定,以保障按照该工程进度在约定的时间内完成项目建设并开始运营。

(2) 在建设期间,项目公司还有义务定期向政府提交项目进度报告,说明工程进度及项目计划的完成情况。

43.4.2 运营维护期审阅运营维护手册和有关项目运营情况的报告:

(1) 在开始运营之前,项目公司应编制项目运营维护手册,载明生产运营、日常维护以及设备检修的内容、程序和频率等,并在开始运营日之前报送政府备查。

(2) 在运营维护期间,项目公司应定期向政府报送有关运营情况的报告或其他相关资料,包括运营维护报告(说明设备和机器的现状以及日常检修、维护状况等)、严重事故报告。政府方有权要求项目公司定期提交经审计的财务报告、使用者相关信息资料。

43.5 进场检查和测试

政府方有权进入项目现场进行检查和测试。

43.6 政府方行使进场检查和测试权,并且受制于特定的条件:

(1) 不得影响项目的正常建设和运营。

(2) 通知项目公司后可入场。

(3) 仅在检查建设进度、监督项目公司履约情况等特定目的下才有权进入场地。

43.7 对承包商和分包商选择的监控

政府方有权在建设承包商或者运营维护分包商的选择上进行把控：

43.7.1 建设承包商或运营维护分包商的资质要求。

43.7.2 项目公司在签订工程承包合同或运营维护合同前事先报告政府方，由政府方在 5 个工作日内确认该承包商或分包商是否符合上述合同约定的资质要求。如果在规定期限内，政府方没有予以正式答复，则视为同意项目公司所选择的承包商或分包商。

第44条 政府方的介入权

44.1 项目公司未违约情形下的介入

44.1.1 政府方可以介入的情形：

（1）存在危及人身健康或安全、财产安全或环境安全的风险；

（2）介入项目以解除或行使政府的法定责任；

（3）发生紧急情况，且政府合理认为该紧急情况将会导致人员伤亡、严重财产损失或造成环境污染，并且会影响项目的正常实施。

44.1.2 发生根据第44.1.1款规定的情形，政府方可以选择介入项目的实施，但政府方在介入项目时必须提前通知项目公司。

44.2 政府方介入的法律后果

发生根据第44.1条规定的项目公司未违约情形下的介入，需提前通知项目公司其介入的计划以及介入的程度，该介入的法律后果如下：

44.2.1 在政府方介入的范围内，如果项目公司的任何义务或工作无法履行，该义务或工作将被豁免。

44.2.2 因政府方介入引发的所有额外费用均由政府方承担。

44.3 项目公司违约情形下的介入

44.3.1 政府方根据第43条规定行使监督权时发现项目公司违约，政府方认为有可能需要介入的，在介入前书面通知项目公司并给予其一定期限自行补救；如果项目公司在约定的期限内仍无法补救，政府方才有权行使其介入权。

44.3.2 政府方在项目公司违约情形下介入的法律后果如下：

（1）政府方或政府方指定第三方将代项目公司履行其违约所涉及的部分义务；

（2）在项目公司为上述代为履行事项提供必要协助的前提下，在政府方介入的期间内，政府方仍应当根据第 28 条规定、根据第 29 条规定就不受违约影响部分提供可行性缺口补助；

（3）任何因政府方介入产生的额外费用均由项目公司承担；

（4）政府方的介入仍然无法补救项目公司的违约，政府方有权根据第 47 条规定终止项目合同。

第 17 章　违约、提前终止及终止后处理机制

第 45 条　违约

45.1　政府方违约事件

45.1.1　未按合同约定向项目公司付费或提供补助达到一定期限或金额的。

45.1.2　违反合同约定转让 PPP 项目合同项下义务。

45.1.3　发生政府方可控的对项目设施或项目公司股份的征收或征用的。

45.1.4　发生政府方可控的法律变更导致 PPP 项目合同无法继续履行的。

45.2　项目公司违约事件

45.2.1　项目公司破产或资不抵债的。

45.2.2　项目公司未在约定时间内实现约定的建设进度或项目完工或开始运营，且逾期超过一定期限的。

45.2.3　项目公司未按照规定的要求和标准提供产品或服务，情节严重或造成严重后果的。

45.2.4　项目公司违反合同约定的股权变更限制的。

45.2.5　未按合同约定为 PPP 项目或相关资产购买保险的。

45.3　违约赔偿

45.3.1　任一方应有权获得因违约方违约而使该方遭受的任何损失、支出和费用的赔偿，该项赔偿由违约方支付。

45.3.2 由于另一方违约而遭受损失的一方应采取合理行动减轻损失。如果一方未能采取此类措施,违约方可以请求从赔偿金额中扣除应能够减轻或减少的损失金额。受损害的一方有权从另一方获得为减轻损失而采取行动所发生的合理费用。

第 46 条 提前终止事由

46.1 政府方违约

发生根据 45.1 款规定的政府方违约事件,政府方在一定期限内未能根据 45.3 款规定进行违约赔偿,项目公司可主张终止本合同。

46.2 项目公司违约

发生根据 45.2 款规定的项目公司违约事件,项目公司未能根据 45.3 款规定进行违约赔偿,政府方可主张终止本合同。

46.3 不可抗力事件

发生不可抗力事件持续或累计达到 _____ 个月,任何一方可主张终止本合同。

第 47 条 终止后的处理机制

47.1 回购义务

根据第 46 条规定发生的合同终止,政府仍有义务进行项目回购,并就回购提供相应补偿。

47.2 回购补偿范围包括

(1)项目公司尚未偿还的所有贷款;

(2)项目公司股东在项目终止之前投资项目的资金总和;

(3)因项目提前终止所产生的第三方费用或其他费用;

(4)除根据 46.2 款规定发生的合同终止外,补偿项目公司的利润损失。

47.3 补偿的支付

合同终止后的政府方回购补偿支付方式为一次性全额支付。政府方应在收到项目公司书面通知之日起 _____ 日内赔偿相关损失和预期可得的利润。

第18章 项目的移交

第48条 移交的范围

48.1 移交的范围包括 _____。

48.2 所有与移交的设施、权益、文件等有关的违约或侵权责任,应由 _____ 全部清偿或赔偿完毕。

第49条 移交的条件和标准

49.1 项目公司应将项目无偿移交给政府方,并保证项目正常运行、没有任何负债违约等法律责任。

49.2 权利方面的条件和标准

项目设施、土地及所涉及的任何资产不存在权利瑕疵,其上未设置任何担保及其他第三人的权利。

49.3 技术方面的条件和标准

项目设施应符合双方约定的技术、安全和环保标准,并处于良好的运营状况。

第50条 移交程序

50.1 评价和测试

50.1.1 由政府方委托的独立专家或者由政府方和项目公司共同组成的移交委员会负责项目移交事宜,并在各方同意的时间与地点举行会议商定项目移交的详尽程序、最后恢复性大修计划以及按照合同约定的移交范围与详细清单,并由移交委员会认可的有资质的评价机构对项目公司名下的固定资产、在建工程与无形及递延资产之总和的评价值。

50.1.2 经评价和测试,项目状况不符合约定的移交条件和标准的,政府方有权提取移交维修保函,并要求项目公司对项目设施进行相应的恢复性修理、更新重置,以确保项目在移交时满足约定要求。

50.2 移交手续办理

移交相关的资产过户和合同转让等手续由项目公司负责。

50.3 移交费用（含税费）承担

50.3.1 由政府方和项目公司共同承担移交手续的相关费用。

50.3.2 如果因为一方违约事件导致项目终止而需要提前移交，可以约定由违约方来承担移交费用。

第51条 转让

51.1 项目相关合同的转让

51.1.1 在项目移交时同意项目公司将所涉合同转让给政府方或政府方指定的其他机构。

51.1.2 可转让的合同包括：_____。

51.1.3 如果可转让的合同中包含尚未期满的相关担保，应全部转让给政府方或者政府方指定的其他机构。

51.2 技术转让

51.2.1 项目公司应在移交时将项目运营和维护所需要的所有技术，全部移交给政府方或政府方指定的其他机构，并确保政府方或政府方指定的其他机构不会因使用技术而遭受任何侵权索赔。

51.2.2 如果有关技术为第三方所有，项目公司应在与第三方签署技术授权合同时即与第三方明确约定，同意项目公司在项目移交时将技术授权合同转让给本合同中政府方或政府方指定的其他机构。

第52条 风险转移

52.1 在移交日前，由项目公司承担项目设施的全部损失或损坏的风险，除非该损失或损坏是由政府方的过错或违约所致。

52.2 在移交日及其后，由政府承担项目设施的全部损失或损坏的风险。

第19章 适用法律及争议解决

第53条 适用法律

本合同适用于中华人民共和国法律、法规、规章和政府部门颁布的所有技术标准、技术规范以及所有其他适用的强制性要求和规范性文件,并按照中华人民共和国法律进行解释。

第54条 争议解决

54.1 协商

在发生争议后先由双方通过友好协商的方式解决纠纷,双方必须在争议发生后_____个工作日内进行协商,在该期限届满前双方均不能进一步根据54.2款规定解决纠纷。

54.2 诉讼

根据54.1款规定的协商限届满后,纠纷未能解决的,双方均可向项目所在地法院提起诉讼解决。

54.3 争议期间的合同履行

在发生争议期间,各方对于合同无争议部分应当继续履行,除法律规定外或另有约定外,任何一方不得以发生争议为由,停止项目运营。

第四部分　修订项目合同申请

在 PPP 项目合同执行和管理过程中，项目实施机构应重点关注合同修订、违约责任和争议解决等工作。按照项目合同约定的条件和程序，项目实施机构和社会资本或项目公司可根据社会经济环境、公共产品和服务的需求量及结构等条件的变化，提出修订项目合同申请，待政府审核同意后执行。后附修订项目合同申请表。

修改项目合同注意事项：

1. 合同法律关系合法

对于合同法律关系，应当分别从法律关系当中的主体、客体和权利义务内容，有无违反国家强制性规定之处着手。在进行合同修订前要明确合同主体、客体和双方的权利义务。

PPP 项目合同是政府方与社会资本方依法就 PPP 项目合作所订立的合同。其目的是在政府方与社会资本方之间合理分配项目风险，明确双方权利义务关系，保障双方能够依据合同约定合理主张权利，妥善履行义务，确保项目全生命周期内的顺利实施。

2. 合同履行程序合规

在申请合同修改时，要明确合同履行程序，例如国有土地出让一般必须履行"招—拍—挂"原则，在 PPP 合同修订中一定要明确履行程序，在合同当中作出相应规定。

3. 合同生效条件明确

不同的生效条件，签署生效、约定条件生效还是批准生效，这是影响合同双方权利义务的重要之处，在合同修订内容中要明确提出。

4. 合同修订不得违反国家现行法律法规的规定。

修改合同申请表

原合同名称：

原合同编号：

修改原因：

【可根据社会经济环境、公共产品和服务的需求量及结构等条件的变化】

修改内容：

现对_____PPP 合同、章程相关条款修改如下：

（一）合同

原第___章第___条为：

现修改为：

（二）章程

原第___章第___条为：

现修改为：

原合同、章程除以上条款修改外，其他条款不变，仍按原合同、章程执行。

本补充修改协议是原合同、章程的延续和补充，与原合同、章程具有同等的法律效力。

本补充修改协议一式___份，于___年___月___日于_____签订，经_____批准后生效。

甲方名称   乙方名称

签字（盖章）   签字（盖章）

　年　月　日   年　月　日

范本六：PPP 移交阶段咨询文件参考模板

第一部分　资产评估报告

目　录

摘　要

一、委托人、被评价单位和其他评价报告使用者

二、评价目的

三、评价范围

四、价值类型及其定义

五、评价基准日

六、评价依据确定

七、评价方法选择

八、评价实施过程

九、评价结论

十、评价报告日期

摘　要

　　_____公司接受_____项目的_____市政府（指定的接收机构）委托，就_____社会资本方向_____市政府（指定的接收机构）移交的_____项目进行资产评估。

　　本次资产评估范围为_____项目的全部资产及相关负债，包括本项目建设阶段与运营阶段形成的全部建筑工程资产、设备资产、工器具资产、其他资产、_____资产及相应负债。

　　评价基准日为：_____。

评价的价值类型为：_____（市场价值或投资价值）。

本次评价以持续使用和公开市场为前提，结合_____项目的实际建设情况与运营情况，综合各项影响因素，分别采用资产成本法与资产收益法进行_____项目的资产评估。通过合理、科学的校核比较，最终选择_____（成本法/收益法）评价结果作为最终结果。

经评价，_____项目净资产价值为_____万元，评价值为_____万元，评价增值_____万元，增值率_____%。

本次评价结果试用有效期为_____年，即自_____年_____月_____日至_____年_____月_____日使用有效。

一、委托人、被评价单位和其他评价报告使用者

【委托人概况应包含政府指定接受机构的名称、机构性质、运营管理范围等内容；被评价项目概况应包含项目建设情况与运营情况，以及形成的相关资产；项目公司概况应包含项目公司成立过程及发展过程、项目公司的股权结构等】

1. 委托人概况

_____

_____。

2. 被评价项目概况

_____

_____。

3. 项目公司概况

_____

_____。

二、评价目的

根据_____项目特许经营协议要求、PPP项目合同相关约定及相关法

律法规，本项目将于 _____ 年 _____ 月 _____ 日结束特许经营活动，并由项目公司移交于 _____ 市政府（指定接收机构）。为保证项目移交科学规范，确保移交双方科学、合理的收益，特对 _____ 项目进行资产评估。

三、评价范围

本次评价范围为 _____ 项目的全部资产及相关负债，包括本项目建设阶段与运营阶段形成的全部建筑工程资产、设备资产、工器具资产、其他资产、_____ 资产及相应负债。经评价，_____ 项目资产总额为 _____ 项万元，负债 _____ 万元，其中建设资产 _____ 万元、设备资产 _____ 万元、工器具 _____ 万元，其他资产 _____ 万元、_____ 资产 _____ 项目万元。

四、价值类型及其定义

依据本次评价目的及委托人需求，确定本次评价的价值类型为 _____（市场价值/投资价值）。

市场价值是指 _____ 项目资产所在交易市场的价格，是自愿买方和自愿卖方在各自理性行事且未受任何强迫的情况下，评价对象在评价基准日进行正常公平交易的价值估计数额。

投资价值是指 _____ 项目资产对于具有明确投资目标的投资者或某一类投资者所具有的价值。

五、评价基准日

_____ 项目资产评估基准日为 _____ 年 _____ 月 _____ 日。

基准日根据委托人综合考虑被评价项目的资产规模、评价工作量程度、预计评价所需期限等因素进行确定。

六、评价依据确定

_____项目资产评估遵循的评价依据主要包括:经济行为依据、法律法规依据、评价准则依据、资产权属依据及评定估算时采用的取价依据和其他参考资料等。具体如下:

1. 经济行为依据

《_____项目特许经营协议》、《_____项目PPP项目合同》、_____。

2. 法律法规依据

《中华人民共和国公司法》《国有资产评估管理办法》《中华人民共和国城市房地产管理法》《中华人民共和国土地管理法》《招标拍卖出让国有土地使用权的规定》、_____。

3. 评价准则依据

《资产评估准则——基本准则》《资产评估职业道德准则——基本准则》《资产评估准则——评价程序》《资产评估价值类型指导意见》《资产评估准则——机器设备》、_____。

4. 资产权属依据

《国有土地使用证》、重要资产购置合同或凭证、_____。

5. 取价依据

《基本建设财务管理规定》《工程勘察设计收费管理规定》《建设工程监理与相关服务收费管理规定》、_____。

6. 其他参考资料

_____。

七、评价方法选择

依据资产评估准则的规定,评价方法包括收益法、市场法、成本法三种。收益法是整体资产预期获利能力的量化与现值化，强调的是项目的整体预期盈利能力。市场法是以现实市场上的参照物来评价估值对象的现行公平市场价值，它具有估值数据直接取材于市场，估值结果说服力强的特点。成本法是指在合理评价企业各项资产价值和负债的基础上确定评价对象的价值。

成本法可以客观地反映_____项目全部资产价值，为项目移交后提供科学、有效的运营管理及绩效考核的依据与经验，因此，本次评价可采用成本法进行评价。_____项目作为准经营性基础设施项目，主要提供_____社会服务。该项目公司在特许经营期内，已形成稳定的经营模式，未来收益与风险具有可量化性特征。因此，本次评价可采用收益法进行。

综上所述，本次评价确定采用成本法和收益法进行评价。

八、评价实施过程

1. 评价准备阶段

_____年_____月_____日，委托人邀请_____项目公司、实施机构、_____等有关各方，开展项目资产评估协调会，就本次评价的目的、评价基准日、评价范围等问题协商一致，并制定出本次资产评估工作计划。_____年_____月_____日至_____年_____月_____日，委托公司本项目评价小组开展布置资产评估工作，收集资产评估所需的文件资料、填报资产评估申报明细表工作。

2. 现场评价阶段

_____年_____月_____日至_____年_____月_____日，委托公司本项目评价小组开展了现场评价工作。

（1）听取委托人及被评价单位有关人员介绍企业总体情况和委估资产的历史及现状，了解项目公司的财务制度、经营状况、_____项目固定资产技术状态等情况。

（2）对项目公司提供的_____项目资产清查评价申报明细表进行审核、鉴别，并与项目公司有关财务记录数据进行核对，对发现的问题协同项目公司做出调整。

（3）根据资产清查评价申报明细表，对＿＿＿＿＿＿项目固定资产进行全面清查核实。

（4）对主要设备，查阅技术资料、决算资料和竣工验收资料；对通用设备，通过市场询价等方式，收集价格资料；对运营的建筑物资产，依据管理制度和维护、改建、扩建情况，收集相关资料。

（5）对评价范围内的资产及负债，在清查核实的基础上做出初步评价测算。

3. 评价汇总阶段

＿＿＿年＿＿＿月＿＿＿日至＿＿＿年＿＿＿月＿＿＿日，对各类资产评估及负债审核的初步结果进行分析汇总，对评价结果进行必要校核、调整与完善。

4. 报告提交阶段

＿＿＿年＿＿＿月＿＿＿日至＿＿＿年＿＿＿月＿＿＿日，起草＿＿＿＿＿＿项目资产评估报告，就评价结果与委托人交换意见，并完成最终报告的修改、校正工作，提交项目资产评估报告。

九、评价结论

1. 成本法评价结论

＿＿＿＿＿＿＿＿＿＿公司采用成本法进行＿＿＿＿＿＿＿＿项目全部资产及负债评价，在评价基准日＿＿＿年＿＿＿月＿＿＿日的评价结论：＿＿＿＿＿＿＿＿项目资产账面价值＿＿＿＿＿＿＿万元，评价值＿＿＿＿＿＿万元，评价增值＿＿＿＿＿＿万元，增值率＿＿＿＿＿％；负债账面价值＿＿＿＿＿＿万元，评价值＿＿＿＿＿＿＿万元，评价增值＿＿＿＿＿＿万元，增值率＿＿＿＿＿％；净资产账面价值＿＿＿＿＿＿万元，评价值＿＿＿＿＿＿万元，评价增值＿＿＿＿＿＿万元，增值率＿＿＿＿＿％。详见附表6-1。

资产评估结果汇总表　　　　　　　　　　　附表 6-1

序号	项目名称	账目价值	评价价值	增减值	增值率
1	建筑物				
2	设备				
3	器具				
4	工具				
5					

2. 收益法评价结论

＿＿＿＿＿＿公司经实施清查核实、实地查勘、市场调查和询证、评定估算等评价程序，采用收益法对＿＿＿＿＿＿项目资产价值进行评价，在评价基准日＿＿＿年＿＿月＿＿日的评价结论为：净资产账面值为＿＿＿＿＿＿万元，评价后的项目公司股东全部权益资本价值（净资产价值）为＿＿＿＿＿＿万元，评价增值＿＿＿＿＿＿万元，增值率＿＿＿＿＿＿％。

3. 结论分析

（1）评价结果差异性分析

本次评价采用成本法与收益法进行评价的结果存在差异，其主要原因为：一方面，成本法的评价结论主要依据资产成本的重置，反映的是项目建设与运营产生资产投入的社会平均消耗必要劳动成本，评价结论通常伴随国民经济的增长而变化；另一方面收益法则以项目资产的预期收益为评价标准，反映项目的资产运营（获利）能力，两者评价标准存在差异。

（2）＿＿＿＿＿＿＿＿＿

＿＿＿＿＿＿＿＿＿＿＿＿＿＿＿＿＿＿＿＿＿＿＿＿＿＿＿＿＿＿

＿＿＿＿＿＿＿＿＿＿＿＿＿＿＿＿＿＿＿＿＿＿。

十、评价报告日期

＿＿＿＿＿＿项目资产评估报告日期为＿＿＿＿年＿＿＿月＿＿＿日。

第二部分　性能测试方案

_____项目性能测试方案

_____项目性能测试目为，检验本项目服务设备的性能保证参数，确保_____服务的运行效果稳定性、可靠性、安全性。

1. 性能测试依据

本项目的性能测试依据为工程的设计图纸、招标文件、投标文件、施工和供货合同、验收资料、竣工图纸、试验检测报告、运行记录等文件，执行_____等国家标准，以及_____等地方标准、行业和厂商的技术标准。

2. 性能测试范围

_____项目的性能测试范围为本项目移交的所有资产，以及项目安全与环保等性能测试。

3. 性能测试内容

_____项目的性能测试内容为：本项目的设计_____（服务）能力测试，以及_____等相关技术参数检测；本项目的主要构（建）筑物、管道、道路、绿化、预埋等工程的质量检测与使用功能检测；本项目的安全与环保检测。

4. 性能测试流程

_____项目的性能测试流程为确定检测依据的相关资料，进行技术准备；项目公司确认测试；双方（委托的）相关技术人员完成技术交流，编制性能测试方案；实施项目性能测试；性能测试缺陷问题汇总与分析；编制性能缺陷修改方案。

5. 性能测试实施

_____项目以专业委托的形式，委托_____公司，针对本项目的性能检测内容完成现场检测工作，见附表6-2。

性能测试清单及结果　　　　　　　　　　　附表6-2

序号	性能测试内容	检测结果	备注

续表

序号	性能测试内容	检测结果	备注

6. 性能缺陷及处理

＿＿＿＿＿＿＿＿项目由＿＿＿＿＿＿＿＿公司编制项目性能缺陷问题，并交由项目公司确认，依据相关法律法规及合同约定等，经双方协定明确性能缺陷调整方案。依据合同约定，确定性能缺陷调整的资金支付方式，并完成缺陷调整工作。

第三部分　移交维修保修函

_____项目移交维修保修函

_____项目_____（工程内容、项目资产），经验收，确认本项目已由项目公司于_____年____月____日完成建设，并于_____年____月____日完成特许经营，于_____年____月____日向_____市政府（或政府指定机构）进行项目移交。为保障本项目后续的顺利运营，根据相关规定及双方合同约定，由_____（项目公司/社会资本/工程承包方）向_____市政府（或政府指定机构）提交维修保修函。

1. 保修期及保修内容

1）根据相关规定及双方合同约定，保修期自_____年____月____日起至_____年____月____日止。

2）根据相关规定及双方合同约定，保修内容为_____。

2. 保修期联系方式及处理办法

1）保修期内出现符合保修内容的质量问题，_____市政府（或政府指定机构）将以电话、电子邮件、传真等方式通知_____（项目公司/社会资本/工程承包方）。

2）_____（项目公司/社会资本/工程承包方）联系方式：_____。

3）_____（项目公司/社会资本/工程承包方）在接到保修通知后，将于___日内提交处理，派专人至处理现场，并于相应时间内完成维修工作，由_____市政府（或政府指定机构）确认维修合格，视维修完成。

_____市政府（或政府指定机构）
签字/盖章：_____
_____项目公司
签字/盖章：_____

第四部分　项目资产清单模板

_____ 项目资产清单（明细表见附表 6-3～附表 6-5）

建筑工程资产清单　　　　　　　　　　　　　　　　附表 6-3

序号	单项工程名称	结构	面积（m²）	价值（元）

设备、工具、器具、家具等资产清单　　　　　　　　附表 6-4

序号	名称	规格型号	单位	数量	价值（元）	设备安装费（元）

其他资产清单　　　　　　　　　　　　　　　　　　附表 6-5

流动资产		无形资产		递延资产	
名称	价值（元）	名称	价值（元）	名称	价值（元）

移交单位：　　　　　　　　　　　　　接受单位：
负责人：　　　　　　　　　　　　　　负责人：
盖章：　　　　　　　　　　　　　　　盖章：
时间：　　　　　　　　　　　　　　　时间：

第五部分　PPP 项目绩效评价

一、项目基本情况

（一）项目概况

1. 项目背景

中共中央十八大以来，新型城镇化建设成为推动我国经济体制转型的重要引擎，十八届三中全会提出贯彻"允许社会资本通过特许经营等方式参与城市基础设施投资和运营"的精神，深入推动以预算改革、税制改革以及财政改革为重点的财税体制改革。在此基础上，为了拓宽城镇化建设融资渠道，完善财政投入及管理方式，加快转变政府职能，国务院、财政部、发改委多次发文要求大力推广政府与社会资本合作（PPP）模式。

为贯彻中央精神，响应国家政策，更为提高（增强、满足……）_____【此部分根据项目建设需求填写】，所以建设_____项目。

【项目背景可根据项目可行性研究报告内容编写，主要内容涉及该项目立项的社会背景，国家有关该项目的行业政策、项目立项的目的、项目基本情况、项目建设必要性】

2. 项目基本情况

（1）项目内容

1）项目名称：_____

2）项目概况：_____

3）项目合作范围：_____

4）项目批准文件：_____

（2）项目公司

1）项目公司成立条件：_____

2）项目公司注册资本：_____

3）项目公司出资方式：_____

4）项目公司成立时限：_____

5）项目公司的组织结构：_____

6）项目公司的运营：_____

7）项目公司财务管理：_____

8）项目公司风险：_____

9）项目移交：_____

10）其他：_____

3. 项目建设必要性

（1）缓解地方政府债务压力，降低系统性风险

PPP模式直接引入私人资本，减少了政府在城镇化过程中的投资，政府可将资金用于能发挥更大功效的项目上，实现资金的合理配置。此外，引入竞争机制，提高项目建设和运营效率，节约建设成本，提高资金利用效率。

（2）提高政府供给公共产品的效率

PPP模式具有全生命周期管理、风险分担、依据绩效付费等特征，从而有利于充分发挥市场机制作用，提升公共服务的供给质量和效率，有利于加快转变政府职能，实现政企分开、政事分开，有利于打破行业的准入限制，激发经济活力和创造力。有利于完善财政投入和管理方式，提高财政资金的使用效益。

（3）_____

（4）_____

【此部分根据项目建设目的、项目满足效果填写】

4. 项目总体评价情况

项目完成后，_____ 牵头，组织 _____ 进行绩效评价，该项目构建三级指标____个，四级指标____个，五级指标____个。为了审慎判断绩效评价结果的可靠性，本绩效评价运用多种方法评价。评价结论如下：

（1）基础设施功能得到提升，方便民众

_____

（2）制定有效管理机制，保证目标实现

_____

（3）＿＿＿＿＿＿＿＿
（4）＿＿＿＿＿＿＿＿

【此部分根据项目建设完成情况以及项目达到的经济效益、社会效益填写】

本次绩效评价工作按照《财政部关于印发〈财政支出绩效评价管理暂行办法〉的通知》（财预 [2011]285 号）、《财政部关于印发〈预算绩效评价共性指标体系框架〉的通知》（财预 [2013]53 号）及《关于印发政府和社会资本合作模式操作指南（试行）的通知》（财金 [2014]113 号文）中"绩效评价内容"中规定的相关内容，主要从投入、过程、产出、移交等方面展开绩效评价工作，建立了一系列的评价指标体系，并按照＿＿＿＿＿＿＿＿＿＿项目的具体评价标准对项目进行了绩效评价，评价结果如附表 6-6 所示。

＿＿＿＿＿＿＿＿项目总体评价　　　　　　附表 6-6

一级指标	二级指标	三级指标	评价分析	评价结果
投入	项目立项	项目立项规范性		
		绩效目标合理性		
		绩效指标明确性		
		项目资金价值		
		经济环境		
		政治环境		
		市场环境		
		政府方/社会资本对PPP模式理解与掌握程度		
		双方达成的相互承诺和责任分担		
	招投标	竞争性招标程序		
		融资结构合理性		
		方案技术经济性		
	资金落实	资金到位率		
		到位及时率		

续表

一级指标	二级指标	三级指标	评价分析	评价结果
过程	特许权授予	有效的沟通协调		
		与政府良好关系		
		合理定价机制		
		特许权期合理性		
	设计施工	质量管理		
		风险管理		
		成本管理		
		安全措施与管理		
产出	项目运营	产品质量和服务		
		政府补贴		
		政府监督		
		良好的运营管理		
		合理收益		
	项目移交	技术转移		
		运营状况		
		维修担保		
		移交范围标准程序		
效果	项目效益	经济效益		
		社会效益		
		生态效益		
		可持续影响		
		社会公众或服务对象满意度		

【评价分析、评价结果根据项目具体情况填写】

(二)项目绩效目标

1. 项目绩效总目标

一般来说,建设基础设施项目是为了方便民众出行,不断地提高居民的生活质量。城镇更新步伐加快显露出必然性:城镇化发展,城镇聚集效益的提高,更大吸引力和辐射作用;城镇居民的社会生活质量提高,社会活动日趋多样化和多元化,追求宽敞的住宅、优美的环境、充足的公共设施及多样化的公共场所。＿＿＿＿＿项目具有良好的社会效益和经济效益。

(1)社会效益目标

1)提高基础设施的使用功能,改善城镇居民的居住条件。

2)提升城镇新形象,创建文明新城市。

3)＿＿＿＿＿。

(2)经济效益目标

根据项目各阶段的特点,不同阶段有不同的经济目标。立项阶段应保证申请资金的准确性及合理性。项目在建设过程中的经济性目标是通过合理的决策和严格的监督制度,保证工程费用在概算范围内,做到结算不超概算。

(3)其他绩效目标

＿＿＿＿＿。

【此部分根据项目所要达到的社会效益、经济效益等效益填写】

2. 项目绩效阶段性目标

(1)项目识别阶段目标

做好识别阶段工作,确保识别工作、流程等按照规范操作,不做虚假瞒报。

＿＿＿＿＿。

(2)项目准备阶段目标

做好组建管理架构、编制实施方案、审核实施方案工作。

＿＿＿＿＿。

(3)项目采购阶段目标

做好资格预审、采购文件编制、响应文件编制、签署谈判与合同工作。

_____。

（4）项目执行阶段目标

项目执行时，做好质量、进度、成本控制。

_____。

（5）项目移交阶段目标

保证项目移交顺利，程序规范。

_____。

【根据项目操作流程编写项目绩效阶段性目标】

二、绩效评价工作情况

（一）绩效评价目的

开展绩效评价工作的目的主要是为了加强政府财政支出管理，强化资金使用责任，建立科学、合理的财政支出绩效评价管理体系，提高财政资金使用效益。因此，通过对项目进行绩效评价工作，即是为了清楚地了解项目建设目标的实现程度以及财政资金产生的综合效益。进而为政府开展政府和社会资本合作管理工作决策和完善PPP模式制度体系提供参考依据，最终达到PPP项目物有所值。

本项目开展绩效评价的目的：_____。

（二）绩效评价原则、指标体系及评价方法

1. 绩效评价原则

（1）合法性原则

财政绩效评价的重点是评价财政收支的合法性和规范性，不能过分注重经济效益。这实际上是由政府职能和由政府职能决定的财政收支的范围决定的。_____
_____。

（2）社会效益原则

财政绩效评价必须重社会效益，轻经济效益，这是由市场经济条件下政府职能决定的。在市场经济条件下，竞争性、赢利性领域的资源配置主要是通过市场实现的。

_____。

（3）规模适度原则

财政收支规模必须与经济发展水平相适应，与政府履行其公共管理职能的需要相适应。_____。

（4）服务政府职能原则

财政收支首先是为政府履行其职能服务的。要开展财政绩效评价，首先就要对财政收支的范围与效果有一个明确的界定，这是开展财政绩效评价的前提。_____。

（5）独立实用原则

项目的绩效评价以实际情况为基础，绩效评价所依据的资料是实际测得的数据或是依据实际数据推算得到的数据。_____。

（6）客观公正原则

绩效评价应符合真实、客观、公平、公正的要求，依法公开并接受监督。_____。

【根据项目具体情况自行补充】

2. 绩效评价依据

财政部《财政支出绩效评价管理暂行办法》（财预[2011]285号）、____市财政局《____市财政支出绩效评价管理办法》（_____号）中涉及绩效评价内容的规定如下：

基本情况；

绩效评价的组织实施情况；

绩效评价指标体系、评价标准和评价方法；

绩效目标的实现程度；

存在问题及原因分析；

评价结论及建议；

其他需要说明的问题。

依据上述规定的内容并结合_____项目的具体情况，制定了编制本次绩效评价报告所需的材料清单，如附表6-7。

_____项目绩效评价材料清单　　　　　附表6-7

序号	资料类别	资料名称
1	政府方相关文件及批文	项目建议书
		项目实施方案
		工程立项的批复
		工程初步设计的批复
2	设计相关资料	初步设计说明书
		总概算书
		有关设计变更的相关合同、协议或说明
3	招投标相关资料	招标公告/PPP项目竞争性磋商公告
		招标文件/PPP项目竞争性磋商文件
		评标报告
		中标通知书
4	各类相关合同	PPP项目合同
		履约合同
		融资合同
		保险合同
5	政府方相关资料	采购前的工程情况:地位、作用、存在的不能满足需要的相关方面的情况(立项背景)
		采购目标:具体要达到的功能、效益目标
		采购工程中:建设单位的管理方式,建设单位参与合同管理、采购管理、支付控制、质量管理、进度管理方面的相关情况
		相关行业建设标准规范
		同行业的相关数据:规模、假设相关数据
		政府方对已完工程项目的评价
6	项目后期相关资料	采购结算审核报告(或决算书)
		决算报告(或决算书)
		设备验收报告
7	图片资料	项目采购前、中、后项目相关图片及领导视察相关资料

根据评价的内容,最终确定绩效评价的依据有:

(1)相关法律、法规和规章制度

(2)国民经济和社会发展规划及方针政策

(3)预算管理制度、资金及财务管理方法、财务会计资料

(4)绩效评价管理制度及工作规范

(5)部门职能职责、中长期发展规划和年度工作计划

(6)行业政策、标准及专业技术规范

(7)部门申请预算时提出的绩效目标及其他相关材料,依法批复的部门预算、部门决算,年度预算执行情况

(8)审计报告及决定、财政监督检查报告

(9)其他相关资料

3.评价指标体系及评价方法

(1)绩效评价指标

绩效评价指标是指衡量绩效目标实现程度的考核工具。依据财政部《关于印发〈预算绩效评价共性指标体系框架〉的通知》(财预[2013]53号),_____项目绩效评价指标主要类型如附表6-8所示。

绩效评价指标主要类型　　　　　　　　　　　　　　　　附表6-8

序号	指标类型	定义	评价指标	评价内容
1	项目投入指标	按照建设项目的性质不同及项目准备及实施阶段工作内容和实现固定资产的方式不同,从直接计入固定资产的项目投入和分摊计入固定资产的费用两方面设置的绩效评价指标	项目立项	1.主要评价项目立项是否按照规定的程序设立并申请,评价项目立项过程是否符合相关要求;评价项目的可行性研究、专家论证、风险评价、集体决策的情况; 2.主要评价项目建设及规划是否符合国家相关法律法规、国民经济发展规划和党委政府决策,是否与项目实施机构或委托单位职责密切相关并为项目预期产出效益和效果符合正常业绩水平打好基础
			项目资金落实	1.对项目建设过程中的资金到位情况、项目阶段性投入成本、资金使用情况进行分析; 2.评价检查项目资金拨付及使用的合理性和有效性,是掌握项目资金使用标准和监督手段

续表

序号	指标类型	定义	评价指标	评价内容
2	项目过程指标	对项目的管理体制进行评价，检查项目是否设立严格的审批、核准及备案制度是对项目各阶段工作进行监督的法律基础	项目业务管理	1. 评价项目是否制定或具有相应的业务管理制度及各项业务管理制度的合法、合规、完整性； 2. 对项目合同管理，质量检查及鉴定、验收等工作实施及管理进行分析
			项目财务管理	1. 评价项目是否有项目资金管理办法且符合相关财务会计制度规定； 2. 评价项目资金使用是否符合国家财经法规和财务管理制度以及有关专项资金管理办法的规定； 3. 评价项目是否制定或具有相应的监控机制并采取了相应的财务检查等必要的监控措施或手段
3	项目产出指标	反映根据既定绩效目标项目各项产出的产品及服务情况，并能做出评价	数量指标	反映根据既定绩效目标完成的公共产品和服务产量
			质量指标	反映提供公共产品或服务达到的标准、水平和效果
			时效指标	反映提供公共产品或服务的及时程度和效率情况
4	项目效益指标	与绩效目标相关联的效益，能反映财政支出预期效果实现的程度	社会效益	项目实施对社会发展所带来的直接或间接影响情况
			生态效益	项目实施对生态环境所带来的直接或间接影响情况
			可持续影响	项目设备运行及成效发挥的可持续影响情况
			服务对象满意度	社会公众或服务对象对项目实施效果的满意程度

（2）评价指标体系的设置原则

财政支出绩效评价的指标体系是指为实现评价目的，由一系列反映财政支出各个侧面目标和相关指标集合的系统结构。财政支出绩效评价指标必须充分反映评价对象的性质和特征，体现评价的基本内容，围绕评价的各项基本目标，建立逻辑严密、相互联系、互为补充的体系结构。构建科学规范的地方财政支出绩效评价指标体系需要遵循以下的原则：

1）全面性与精简性相结合的原则

财政支出的范围广、内容复杂，支出的效益涉及多个方面，在设计指标体系时不仅要考虑支出对象的层次性，还要考虑支出内容的多样性；不仅反映支出的直接效益，还要反映间接效益；不仅反映支出的短期效益，还要反映支出的长期效益。

_____。

2）科学性与可操作性相结合的原则

由于财政支出管理工作是一个长期渐进的完善过程，因此，评价指标的设计要有一定的前瞻性和科学性。_____。

3）目的性与系统性相结合的原则

任何指标体系的设计都要为一定的目的和需要服务，_____
_____。同时，要注意指标体系内部的逻辑关系，不要对指标进行杂乱无章的罗列，而应在指标体系中尽量考虑研究对象之间的有机联系，从而综合全面地反映社会现象之间的数量关系和内在规律。_____。

4）完整性和导向性相结合的原则

完整性评价指标的设置应与财政改革的战略目标一致，并能从不同角度反映公共财政支出的内涵和特征，_____。同时，要注重指标体系的导向作用和激励作用。_____
_____。

5）定量分析与定性分析相结合的原则

在进行财政支出绩效评价的过程中必须坚持定量分析与定性分析相结合的原则，定量分析可以具体地反映财政支出效益的大小，定性分析可以反映财政支出与产出在因果关系以及同其他因素的相关性。_____
_____。

6）规范性与公正性相结合的原则

规范性是评价行为和结果始终贯穿和反映财政资金运作的全过程，强化、规范财政支出项目的选项、审批、监管、审核功能，增强财政资金分配和使用的责任制，使绩效评价对财政支出和预算管理起到激励和约束作用。公正性是对评价成员的要求，以确保评价工作的相对独立性。_____。

【根据项目具体情况自行补充】

据_____项目特点，结合财政部的参考指标体系，我们给出了本次绩效评价的指标体系如附表6-9所示。

_____项目绩效评价指标体系   附表 6-9

一级指标	二级指标	三级指标
投入	项目立项	项目立项规范性
		绩效目标合理性
		绩效指标明确性
		项目资金价值
		经济环境
		政治环境
		市场环境
		政府方/社会资本对PPP模式理解与掌握程度
		双方达成的相互承诺和责任分担
	招投标	竞争性招标程序
		融资结构合理性
		方案技术经济性
	资金落实	资金到位率
		到位及时率
过程	特许权授予	有效的沟通协调
		与政府良好关系
		合理定价机制
		特许权期合理性
	设计施工	质量管理
		风险管理
		成本管理
		安全措施与管理
产出	项目运营	产品质量和服务
		政府补贴
		政府监督

续表

一级指标	二级指标	三级指标
产出	项目运营	良好的运营管理
		合理收益
	项目移交	技术转移
		运营状况
		维修担保
		移交范围标准程序
效果	项目效益	经济效益
		社会效益
		生态效益
		可持续影响
		社会公众或服务对象满意度

（3）项目评价标准

项目评价标准是指衡量绩效目标实现程度的尺度。绩效评价标准具体包括内容如附表6-10所示。

项目绩效评价标准具体内容　　　　附表6-10

序号	评价标准类型	评价内容
1	计划标准	以预先制定目标、计划、预算、定额等数据作为评价财政支出绩效的标准
2	行业标准	参照国家公布的行业指标数据制定的评价标准
3	历史标准	参照同类指标的历史数据制定的评价标准
4	经验标准	根据长期的财政经济活动发展规律和管理实践，由专家经过严密分析研究后得出有关指标标准
5	标杆标准	把本行业曾经达到的最高水平作为标准，将当年实际达到的水平与本行业最先进的水平进行比较
6	平均标准	就是把本地区或全社会的平均绩效水平作为标准，将实际达到的水平与之进行比较

（4）绩效指标评价方法

结合 ＿＿＿＿＿＿＿＿＿＿＿＿ 项目的绩效评价指标特点，选用的绩效指标评价方法主要包括三种：

1）比较法：通过对绩效目标与实施效果、历史与当期情况、不同部门和地区同类支出的比较，综合分析绩效目标实现程度。

2）因素分析法：通过综合分析影响绩效目标实现、实施效果的内外因素，评价绩效目标实现程度。

3）公众评判法：通过专家评价、公众问卷及抽样调查等对财政支出效果进行评判，评价绩效目标实现程度。

（三）绩效评价工作过程

1. 前期准备

按照财政部《关于印发〈财政支出绩效评价管理办法〉的通知》（财预[2011]285号）、《关于推进预算绩效管理的指导意见》（财预[2011]416号）及《关于印发〈预算绩效评价共性指标体系框架〉的通知》（财预[2013]53号），＿＿＿＿＿＿文件的规定，由＿＿＿＿＿牵头，组织＿＿＿＿＿＿（单位名称）于＿＿＿＿＿＿（时间）对"＿＿＿＿＿＿项目"进行项目绩效评价。

本绩效评价中包括的内容有：＿＿＿＿＿＿＿＿＿＿＿＿＿＿＿＿＿＿＿＿＿＿＿＿＿＿。

＿＿＿＿＿＿＿组建专家作小组。专家小组成员包括：＿＿＿＿＿＿＿＿＿＿＿＿＿。

专家工作小组成员基本情况＿＿＿＿＿＿＿＿＿＿＿＿＿＿＿＿＿＿＿＿＿＿＿＿＿＿。

2. 组织实施

＿＿＿＿＿＿＿项目绩效评价工作采取＿＿＿＿＿＿＿制度，主要组织设计如图＿＿＿所示。

3. 分析评价

通过前期准备及有效的工作实施，同时结合财政部《财政支出绩效评价管理暂行办法》(财预 [2011]285 号)、＿＿＿＿＿＿文件中关于"绩效评价工作程序"的相关规定及项目实际情况,制定出了绩效评价工作整体的流程图,如图＿＿＿＿＿所示。

三、绩效评价指标分析情况

（一）项目投入情况分析

1. 项目立项阶段分析与评价

（1）指标确定

不同工程项目以及不同评价机构对项目投入的评价要求有所不同,建筑节能项目的前期投入过程后评价主要评价可行性研究是否全面深入完整、前期预测是否准确、决策水平的高低等。水利项目投入后评价主要对项目的立项依据以及决策程序进行评价。节水灌溉项目的前期工作后评价主要是评价勘察设计单位的资质、前期工作各阶段勘察设计产品质量情况、项目目标的明确性、水资源开发利用的合理性和先进性等内容。高速公路建设项目的前期投入工作后评价主要针对项目可行性研究报告、项目评价报告和项目批复批准文件等。

通过以上分析,归纳出项目投入阶段评价包括的内容主要有：项目可行性研究、项目立项依据、决策程序、项目评价、项目目标、决策审批、决策水平、政府方/社会资本对PPP模式理解与掌握程度等内容。其中,最主要的是项目可行性研究、项目立项依据和项目评价。

（2）指标分析

该项目立项规范、绩效目标规范、实施准备工作完备,在立项阶段总体工作＿＿＿＿＿＿＿＿＿＿＿＿＿＿＿＿＿＿＿＿＿＿。

2. 项目招投标分析与评价

（1）指标确定：＿＿＿＿＿＿＿

（2）指标分析：＿＿＿＿＿＿＿

3. 项目资金投入情况分析与评价

（1）指标确定：＿＿＿＿＿＿＿

（2）指标分析：＿＿＿＿＿＿＿

（二）项目过程分析

1. 项目特许权授予分析与评价

（1）指标确定：_____

（2）指标分析：_____

2. 项目设计施工分析与评价

（1）指标确定：_____

（2）指标分析：_____

（三）项目产出评价

1. 项目运营分析与评价

（1）指标确定：_____

（2）指标分析：_____

2. 项目移交情况分析与评价

（1）指标确定：_____

（2）指标分析：_____

（四）项目效益分析

项目社会效益情况分析与评价

（1）指标确定：_____

（2）指标分析：_____

【项目投入、过程、产出、效益情况分析，根据评价指标中相应内容，重点针对_____指标进行评价分析，结合项目具体情况，评价内容可参考项目可行性研究报告、物有所值评价报告及财政承受能力论证报告项目实施方案，可通过前期调研收集项目资料，采用案例分析、现场调研、现场访谈等方式确保项目资料准确性】

注：指标分析内容可按照（一）1.内容为例填写，切忌死板硬套，可灵活变通。

四、综合评价情况及评价结论

根据本次绩效评价的评定结果，可以得出，本次绩效评价采用的分析法结果一致，均为_____，定量、定性的表明了本项目较好地完成了预期目标。其中，在投入阶段，项目_____。在过程阶段，项目_____。在项目效益方面，项目_____。

评价结论如下：_____。

专家评审小组通过建立一系列的评价指标体系，按照_____项目的具体情况，并参照相关国家评价标准，评价结果如附表 6-11 所示。

评价结果表　　　　　　　　　　　　　　附表 6-11

一级指标	二级指标	三级指标	评价分析	评价结果
投入	项目立项	项目立项规范性		
		绩效目标合理性		
		绩效指标明确性		
		项目资金价值		
		经济环境		
		政治环境		
		市场环境		
		政府方/社会资本对PPP模式理解与掌握程度		
		双方达成的相互承诺和责任分担		
	招投标	竞争性招标程序		
		融资结构合理性		
		方案技术经济性		
	资金落实	资金到位率		
		到位及时率		
过程	特许权授予	有效的沟通协调		

续表

一级指标	二级指标	三级指标	评价分析	评价结果
过程	特许权授予	与政府良好关系		
		合理定价机制		
		特许权期合理性		
	设计施工	质量管理		
		风险管理		
		成本管理		
		安全措施与管理		
产出	项目运营	产品质量和服务		
		政府补贴		
		政府监督		
		良好的运营管理		
		合理收益		
	项目移交	技术转移		
		运营状况		
		维修担保		
		移交范围标准程序		
效果	项目效益	经济效益		
		社会效益		
		生态效益		
		可持续影响		
		社会公众或服务对象满意度		

五、绩效评价结果应用建议

（一）以后年度预算安排

_____ 项目在建设过程中，项目决策、组织和管理实施情况良好，合理安排采购进度，在保证工期的前提下严把质量关，以项目质量为核心，实现了项目预期的投资、进度和质量目标。

【根据项目具体情况补充描述】

（二）评价结果公开

_____项目属于公共服务类项目，评价结果为_____，根据_____规定项目应在征询_____同意后予以公开。根据_____规定可通过_____予以公开。

六、主要经验及做法、存在的问题和建议

（一）主要经验及做法

1._____
2._____
3._____
……

【根据调研过程积累的经验和做法并结合PPP项目的特点展开叙述。例如，可从采购策略方面说明本项目如何提高采购效率；政府和社会资本之间如何有效沟通；有何种方法能使合同更好地履行等】

（二）问题、建议

1._____
2._____
3._____
……

【根据评价过程中打分偏低的指标分析原因、发现问题，并针对问题提出相应建议。例如，针对PPP项目实施过程中政府与市场的职能界限不清，可提出建议：合同订立时双方应明确约定政府购买的资金来源、偿付机制及违约处罚机制，保障政府方履约；合同履行时，政府方需构建多重监管体系，确保社会资本方履行义务，保证项目进度及质量等】

范本七：PPP 项目咨询服务合同参考模板

PPP 项目咨询服务约定书

【封面】

合同编号：

PPP 项目咨询服务约定书

项目名称：

委托方：

（甲方）

受托方：

（乙方）

签订地点：

签订日期：　　年　　月　　日

【正文】

兹由甲方委托乙方对 _____ 项目进行 _____ 咨询服务。经双方协商，达成以下协议：

一、服务内容

乙方接受甲方委托，根据甲方 _____ 项目的实际情况进行如下第 _____ 项内容的咨询服务：【咨询服务内容以甲方的具体委托为准】

1. PPP 项目识别阶段：物有所值评价与财政承受能力论证报告的编写。

2. PPP 项目准备阶段：项目实施方案的编写（项目概况、项目风险分配框架、项目运作模式、项目交易结构、项目监管架构、项目采购方式、项目合同体系、财务测算、其他事项）。

3. PPP 项目采购阶段：协助委托人进行 PPP 项目采购工作，选取合适的社会资本招选方式，确定招选条件、服务内容及评审方式，负责编制全套采购文件等（采购阶段各项咨询服务业务约定书另行签订）。

  4. 协助甲方完成 _____ 项目入库工作。

二、甲方的权利与义务【根据委托项目情况可以增减】

  1. 甲方有权向乙方询问工作进展情况及相关的内容，有权阐述对具体问题的意见和建议。

  2. 甲方对乙方提供的咨询服务建议或报告有审议、修改及最终决策的权利。

  3. 若乙方专业人员不按咨询服务合同履行其职责，甲方有权要求更换乙方专业人员，直至终止合同。

  4. 甲方及相关人员保证向乙方提供资料的真实性和完整性。甲方有责任妥善保存和提供该项目的相关资料，并保证所提供资料必须真实、完整的反映甲方的项目情况。

  5. 甲方应确保乙方为完成本项目咨询服务工作可以不受限制地接触该项目相关人员和与该项目有关的记录、文件和所需的其他信息。

  6. 甲方对其做出的与项目有关的声明予以书面确认。

  7. 甲方应配合乙方开展现场访谈、勘查等事宜，并提供相关工作便利。

  8. 甲方应根据本合同规定向乙方支付咨询服务费用。

三、乙方的权利与义务【根据委托项目情况可以增减】

  1. 乙方在提供咨询服务过程中有权要求甲方提供开展咨询工作所需要的资料；如涉及应由其他相关方提供的资料，甲方应督促和协调相关方按照要求提供资料。

  2. 乙方在提供咨询服务过程中有到现场访谈、勘查的权利。

  3. 乙方在提供咨询服务过程中有权对第三人提出的与本服务相关的问题进行核对和查问。

  4. 乙方应按照国家及项目所在地地方政府颁发的规范、规定，遵守职业道德规范，恰当地运用咨询技术，依照本合同的各项条款为甲方提供咨询服务，并提供相关工作成果。

  5. 乙方在甲方和相关方按照资料清单提供完毕资料之日起预计 _____ 个工作日提交编制好的项目初步实施方案、物有所值评价报告初稿、财政承受能力论证报告初稿；

与甲方沟通后_____个工作日内完成PPP项目实施方案、物有所值评价报告、财政承受能力论证报告，待相关审核确认后_____个工作日内出具正式稿。

6.乙方在甲方及相关方提供完整资料的前提下完成前述第_____款约定的工作内容。若甲方未及时提供相关资料，则乙方可相应顺延提交工作成果的时间。

7.乙方应配合甲方完成项目采购阶段的相关工作，确保项目根据工作计划的要求顺利开展。

8.除下列情况外，乙方应对执行业务过程中知悉的甲方信息予以保密：（1）取得甲方的授权；（2）接受主管单位和监管机构依法进行的质量检查；（3）监管机构对乙方进行行政处罚（包括监管机构处罚前的调查、听证）以及乙方对此提起行政复议。

9.对本项目建立政府协调机制，落实实施机构，建立联评联审机制。

四、咨询成果及质量要求

1.按照国家、省有关规范编制物有所值评价报告、财政承受能力论证报告及项目实施方案的内容及深度，要求完成并确保通过有关部门审查。

2.编制报告成果均必须符合国家现行有关规范要求，并提供所有文字和图表等的电子文件。

五、咨询服务收费【根据委托项目情况和咨询服务内容，参照国家和地方有关部门的规定商定】

1.本次咨询服务收费是参照国家和地方相关项目咨询收费标准及乙方工作人员的工作量为基础进行核算。

经双方协商，本次PPP项目咨询的费用总额为人民币_____元（小写：¥_____）。

2.付费方式：

（1）签订合同之日起_____个工作日内，甲方支付乙方合同金额的____%即_____元整（小写：¥_____）；

（2）提交本项目实施方案之日起_____个工作日内，甲方支付乙方合同金额的____%即_____元整（小写：¥_____）；

（3）完成项目咨询服务内容之日起_____个工作日内，甲方支付乙方合同金额的____%即_____元整（小写：¥_____）。

3.乙方在全部交付PPP方案后6个月的有效时间内，乙方按照甲方要求的调整意见随时对项目报告进行免费修改。但是，如因甲方项目有重大变更，造成乙方要重新编制报告，由此产生的人工费，甲方应按照工程师人工费用标准予以补偿，补偿费用由双方协商确定。

4.协助甲方完成本项目申报省、部级PPP项目示范，若本项目申报成功入选相应级别的示范项目，甲方以相应级别政府部门PPP示范项目奖励资金的_____%，支付乙方作为乙方咨询服务工作奖励。奖励金额以省级PPP示范项目相关政策和财政部《关于实施政府和社会资本合作项目以奖代补政策的通知》（财金[2015]158号）累计确定。本项引用，自示范项目公示之日起_____日内支付给乙方。

5.甲方应将款项转至乙方指定账户。账户信息如下：
公司名称：
开户行：
账号：

六、违约责任

1.如乙方无故终止履行本约定，所收预付款应退还甲方；如果因不可归责于甲方的原因导致合同终止，乙方有权终止报告编制并且不退还所预收咨询服务费用。

2.甲乙双方如一方违反本约定书，应根据《合同法》的有关规定，向对方支付违约金，违约金按服务费的_____%支付；造成经济损失超过违约金金额，还应进行赔偿。

3.若甲方不能按确定时间提供材料，乙方有权延长交付报告时间，由此造成费用增加由甲方负责。

4.甲乙双方因不可抗力无法履行约定的，根据不可抗力的影响，部分或全部免除责任。法律另有规定除外。

5.若甲方未按期支付咨询服务费用，乙方有权中止服务，由此产生的不利后果由甲方承担；若甲方超过约定付款期限_____个工作日仍未支付咨询服务费用，乙方有权解除本合同，甲方应按未付金额的每日千分之_____支付滞纳金。

七、使用法律和争议解决

本约定书的所有方面均适应使用中华人民共和国法律进行解释并受其约束。本约定书履行地为乙方提供咨询服务所在地,因本约定书所引起的或与本约定书有关的任何纠纷或争议(包括关于本约定书条款的存在、效力或终止,或无效之后果),双方选择以下第____种解决方式:

1. 向有管辖权的人民法院提起诉讼;
2. 提交仲裁委员会仲裁。

八、其他

1. 合同经双方法定代表人或被授权人签字并加盖单位公章后生效,遇不可抗力影响工作进行时,工作顺延,双方均不承担责任。
2. 本合同未尽事宜,遵照《合同法》有关条文执行。
3. 本合同正本一式_____份,甲乙双方各执_____份,具有同等法律效力。
4. 本合同经双方签字盖章后生效。

甲　　方:(盖章)
法定代表人:(签章)
委托代理人:(签章)

年　　月　　日

乙　　方:(盖章)
法定代表人:(签章)
委托代理人:(签章)

年　　月　　日

参考文献

[1] 中华人民共和国国务院.国务院关于加强地方政府性债务管理的意见（国发[2014]43号）[Z]. 2014-10-02.

[2] 中华人民共和国国务院.国务院关于创新重点领域投融资机制鼓励社会投资的指导意见（国发[2014]60号）[Z]. 2014-11-26.

[3] 中华人民共和国财政部.财政部关于印发《政府和社会资本合作模式操作指南（试行）》的通知（财金[2014]113号）[Z]. 2014-11-29.

[4] 中华人民共和国中央，国务院.中共中央国务院关于深化投融资体制改革的意见（中发[2016]18号）[Z]. 2016-07-05.

[5] 中华人民共和国发展改革委.传统基础设施领域实施政府和社会资本合作项目工作导则（发改投资[2016]2231号）[Z]. 2016-10-24.

[6] 中华人民共和国发展改革委.国家发展改革委关于开展政府和社会资本合作的指导意见（发改投资[2014]2724号）[Z]. 2014-12-02.

[7] 中华人民共和国财政部.PPP合同指南（财金[2014]156号）[Z]. 2014-12-30.

[8] 中华人民共和国财政部.政府和社会资本合作项目财政管理暂行办法（财金[2016]92号）[Z]. 2016-09-24.

[9] 中华人民共和国财政部.关于印发《PPP物有所值评价指引（试行）》的通知（财金[2015]167号）[Z]. 2015-12-18.

[10] 中华人民共和国财政部.关于印发《政府和社会资本合作项目财政承受能力论证指引》的通知（财金[2015]21号）[Z]. 2015-04-07.

[11] 中华人民共和国财政部.关于印发《政府和社会资本合作项目政府采购管理办法》的通知（财库[2014]215号）[Z]. 2014-12-31.

[12] 中华人民共和国财政部. 关于印发政府采购竞争性磋商采购方式管理暂行办法的通知（财库[2014]214号）[Z]. 2014-12-31.

[13] 中华人民共和国财政部. 关于政府采购竞争性磋商采购方式管理暂行办法有关问题的补充通知（财库[2015]124号）[Z]. 2015-07-07.

[14] 中华人民共和国资产评估协会. 中评协关于印发PPP项目资产评估及相关咨询业务操作指引的通知（中评协[2016]38号）[Z]. 2016-10-13.

[15] 中华人民共和国发展改革委，建设部. 关于印发《建设项目经济评价方法与参数》的通知（发改投资[2006]1325号）[Z]. 2006-07-03.

[16] 中华人民共和国财政部令第8号. 基本建设财务规划[Z]. 2016-4-26.

[17] 中华人民共和国财政部关于印发《基本建设项目竣工财务决算管理暂行办法》的通知（财建[2016]503号）[Z]. 2016-6-30.